中央大学学術シンポジウム研究叢書　8

21世紀東ユーラシアの地政学

滝田賢治編著

中央大学出版部

まえがき

　本書は，2008年4月より2011年3月までの3年間にわたり行われた第23回中央大学学術シンポジウム「21世紀ユーラシアの地政学」の研究成果の一部である。学術シンポジウムが3年もの長きにわたって行われたことに奇異な印象を持たれる向きもあろう。シンポジウムという名称がついてはいるが，実際には学内共同研究プロジェクトであり，その成果を広く学内外に発表することが義務付けられている。そのため，研究メンバーによる研究会での報告や討論，海外でのワークショップと並んで，公開研究会・講演会，ミニシンポを一般市民も含め学内外に公開し，2010年12月3日には3年間の研究活動を締めくくるシンポジウムを，120名にのぼる教員・大学院生・学生・一般市民の参加を得て開催し，活発な意見交換を行うことができた。この総括シンポジウムの全記録は『中央大学　政策文化総合研究所年報』第14号（2011年8月1日発行）に掲載したが，本書の巻末にも〔資料〕として再録した。本書に収められた11本の論文は，海外ワークショップやこの総括シンポジウムでの報告を，このシンポジウムでの議論を踏まえ加筆・修正したものである。中には，最近の情勢変化を踏まえ大幅に書き換えた論文もある。

　「21世紀ユーラシアの地政学」をテーマに選んだのは次のような理由からである。約40年も続いた米ソ冷戦が終結して20年近くも経つのに，新たな世界秩序は明確な姿を現していない。それどころか，我々の眼前では展望不能と思わせる混沌とした状況が展開している。一方で，環境・貿易・金融・麻薬取り締まりなどの機能分野別のレジームが拡大・深化し，多国間（協

調）主義が尊重されるようになり，リージョナリズムの表現としての地域統合体（構想）が拡大し，冷戦期に比べればはるかに国連の機能が回復してきた。しかし他方で，国際テロ組織による無差別テロの蔓延，広く中東地域を覆う「民主化」の波（「アラブの春」），EU を崩壊させかねないヨーロッパ諸国の財政危機，ロシア・ナショナリズムの「逆襲」，「新帝国主義」とも警戒され始めた中国のグローバルな膨張・拡大政策，自国の財政危機のため，こうした世界の変化に有効に対応できないアメリカの覇権性の著しい低下も認めざるを得ない。

　こうした混沌とした状況の中で，BRICS と称される新興国のうち特に，中国，ロシア，インドが飛躍的に向上させた経済力を基礎に軍事力を増強し，東ユーラシア地域で緊張を引き起こしている。中国国内では，新疆ウィグル自治区，チベット，内モンゴルで民族紛争を強権的に弾圧し，南シナ海や東シナ海では海軍力を動員して海洋権益を拡大しようとし，領海権を主張する周辺諸国との緊張が続いているし，日本とは尖閣諸島問題をめぐり一触即発の状態が続いている。インドともアルナチャル・プラデーシ地方の帰属をめぐり緊張が続いている。2011 年末段階で，緊張緩和の兆しが見え始めたが，インドはカシミール領有問題でパキスタンと長年にわたり断続的に軍事衝突を繰り返し，この過程で両国とも核武装化を進め，世界の紛争地域で最も危険な地域となっている。こうした軍事衝突の可能性を秘めながら，NEXT-11 や VISTA といわれる準新興国の多くもこの地域に集中しており，中露印に次ぐ経済成長力を示している。

　ここで問題となるのは，ユーラシア大陸の東部——中央アジアから東アジア・西太平洋地域に至る東ユーラシア地域——が目覚ましい経済成長を遂げつつも，なぜ軍事的緊張が起こっているかである。それは第 1 に，米ソ冷戦が終結し，地政学的に言えばユーラシアの中心部であるハートランドに位置するソ連「帝国」が解体し，「帝国」から独立した東ヨーロッパ諸国ばかり

でなく中央アジアの多くの国家が「従属変数」から「独立変数」になったからであり，中国も長大な国境を接していた旧ソ連との間の国境問題から解放されたからである。即ち，中国は国内に民族問題を抱えながらも，内陸部の軍事超大国＝ソ連「帝国」との軍事的緊張から解放され，経済成長のため海外進出を志向する海洋国家へ変貌しようとしているからである。ニコラス・スパイクマンによれば，大陸国家でありながら海洋国家となることは不可能ということになるが，中国はこのスパイクマンのテーゼを覆す最初の国家となるのだろうか。第2に，冷戦が終結し，経済グローバリゼーションが急激に展開し始め，ハートランドとその周辺に位置する，ソ連の衛星国＝勢力圏に「凝固化」されていた共産主義国家の多くが，市場経済化してハートランドとその周辺地域の国際関係がにわかに流動化し始めたからである。第3に，9・11テロを契機にアメリカ軍を主体とするNATO軍がアフガニスタンやキルギスタンなどに軍事プレゼンスしたため，ソ連の後継国家であるロシアや中国が激しく反発し，すでに結成されていた上海協力機構（SCO）を活性化させたからである。

　地政学は，ナチス・ドイツの生存圏思想に影響を与えたと連合国に理解されたため，第2次世界大戦後は「疑似科学」として忌み嫌われ，また冷戦というイデオロギー対立の現実によって等閑視されたが，冷戦終結とともに各国が自国の領域防衛と経済成長を最重要視し始めたため，「地政学のルネッサンス」という状況が訪れている。地理的条件が国家の対外政策をどのように制約したり影響するのかを考えるのは至極当然のことであるが，航空機やミサイルの発達など技術的進歩により，地政学的条件の拘束性ははるかに緩くなっているのも事実であろう。

　いずれにしても，以上のような問題意識の下に，冷戦後における東ユーラシアの国際関係──安全保障，環境，経済──を考察した論文11本を本書に収めてある。滝田論文「東ユーラシアの国際関係と地政学」は，冷戦終結

が国際関係に与えた影響を踏まえつつ，地政学の効用と限界を再検討し，この地域の国家，とりわけこの地域の大国である中露印3カ国の外交政策とアメリカの軍事プレゼンスを地政学的観点から説明している。本プロジェクトの海外研究協力者である，インドのジャワハルラル・ネルー大学のスワラン・シン教授の論文「多国間関係の中の中印関係」は，中国とインドの関係を従来の2国間関係の文脈でとらえるのではなく，冷戦後にグローバリゼーションが展開している新しい状況の中にある多国間関係の中で捉える試みを行い，この観点から東ユーラシア地域における様々な多国間フォーラムを分析し，日本外交へのインプリケーションを提起している。同じく海外研究協力者であるアメリカン大学（ワシントンDC）の趙全勝教授の論文「中国と中央アジア」は，中国が近年，きわめて強い関心を寄せている中央アジアへの政策を，歴史的アプローチ，国益アプローチ，共同管理アプローチの3つのアプローチによって分析し，中国の中央アジアへの政策は共同管理アプローチを中心とするようになっていると結論付けている。総括シンポジウムで報告した北京大学の徐勇教授の論文「中国沿岸都市ベルトと21世紀地政学の再検討」は，過去200年の間に，中国の沿岸1万8千キロに及ぶ地域には大規模・中規模都市が形成され，この現実が21世紀のユーラシアとアジア・太平洋地域のグローバリゼーションに深い影響を与えると予測している。

深町教授の「討論：アジア地政学の課題と可能性」は，総括シンポジウムで報告した滝田，内田，スワラン・シン，徐勇それに本書には掲載されなかった韓国国防大学のハン・ヨンスプ教授報告「中韓関係：その展望とインプリケーション」（巻末の資料参照）それぞれの論点に対し，あらためて整理し，コメントしたものである。

内田論文「東アジアにおける多国間主義とガバナンス」は，冷戦終結後，経済的台頭の著しい東アジアが1つの地域として纏まっていくのか，東アジ

アは地域内の多国間協調主義や非国家アクターを含めた「ガバナンス」の理念と制度を有しているのか，その可能性を精緻に考察している。

　塩見論文「東アジアの地域主義の進展と地域統合の課題」は，FTA も含め域内経済依存関係の構造を分析し，この地域における広域統合の課題を指摘するとともに，この統合を展望している。

　高橋論文「タイとベトナムの直接投資・人材開発・貿易構造」は，冷戦終結を一大契機とする東アジアの著しい経済成長の背景と理由をタイとベトナムに例を取り，詳細に分析している。国際政治学や国際関係論が冷戦後における東アジアの経済成長をマクロ的に説明しているのに対し，冷戦終結を契機に加速化した海外からの投資，人材教育の提供，その結果，明らかに変化した貿易構造という 3 つの側面から，世界の経済成長のセンターの実態をミクロ的に分析している。

　星野論文「中央アジアの地政学と水資源問題」は，ユーラシアのハートランドそのものであった「単一の政治権力によって統治された世界帝国」ソ連が崩壊することによって，独立した旧「植民地」国家は，市場経済化したこの地域に参入した EU，アメリカ，ロシア，インド，中国との多国間関係に巻き込まれていることを，この地域の水資源を中心に多角的に分析している興味深いものである。

　2008 年 9 月末にトルコで開催したワークショップに提出されたサーティ・チャイジュ論文「ユーラシアと南コーカサスにおける地政学的諸論争の将来」は，この地域の地政学的イシュに関して，コーカサス，中央アジア，ロシア，トルコ，グルジア，南オセチア，アゼルバイジャン，ナゴルノカラバフ，アルメニアを事例として安全保障の観点から考察している。

　最後に，斎藤論文「日本政治外交への新しい視座：「近代国家」視点から「現生人類」視点へ」は，東ユーラシアで地政学的関心を喚起している「原因」ともなっている中国の膨張政策・拡大政策を，中国共産党の政策の変化

と関連付けて考察しつつ，その中国と緊張関係を引き起こしている日本のあり方にも言及している。

　共同研究という性格上，提出された論文が全て強烈に地政学を意識して書かれたものでないことは言うまでもないが，3年間のプロジェクトを通して，東ユーラシアの東端，地政学的に言えば内周クレセントまたはリムランドに位置する日本が21世紀に生存するためには，いかなる国内政策・外交政策を採用すべきかを意識しつつ書かれたものであることだけは疑いない。読者諸氏の批判を仰ぎたい。

　　2012年3月

滝　田　賢　治

目　　次

まえがき

第1章　東ユーラシア国際関係と地政学
　　　　　――歴史的事例と現状分析――　　　滝田賢治

1. はじめに ………………………………………………… 1
2. 地政学の効用と限界 …………………………………… 4
3. 近現代における対立・戦争の地政学的説明 ………… 11
4. 冷戦後における東ユーラシア国際関係と地政学 …… 18
5. おわりに ………………………………………………… 24

第2章　多国間関係の中の中印関係
　　　　　――ユーラシアへのインプリケーション――
　　　　　　　　　　　　　　　　　スワラン・シン
　　　　　　　　　　　　　　　　　（溜　和敏　訳）

1. はじめに ………………………………………………… 33
2. 新しい多国間主義 ……………………………………… 34
3. 多国間関係の中の中印関係 …………………………… 36
4. 多国間フォーラムにおける中印関係 ………………… 38
5. インドの明確なイニシアティブ ……………………… 40
6. インドとSCO …………………………………………… 42
7. 中国と南アジア地域協力連合（SAARC） …………… 44
8. 日本へのインプリケーション ………………………… 46
9. おわりに ………………………………………………… 49

第3章　中国と中央アジア
　　　　──戦略の転換──　　　　趙　全　勝
　　　　　　　　　　　　　　　　（杜崎群傑訳）

1. 3つのアプローチ……………………………………… 56
2. 中国中央アジア政策 …………………………………… 56
3. 歴史的アプローチ ……………………………………… 57
4. 国益主導アプローチ …………………………………… 59
5. 共同管理アプローチ …………………………………… 60
6. 地域におけるリーダーシップ ………………………… 61
7. 中国政府の協調メカニズム …………………………… 63
8. 米露ファクター ………………………………………… 64
9. 新しい安全保障のフレームワーク …………………… 66

第4章　中国沿岸都市ベルトと21世紀
　　　　地政学の再検討　　　　　　　　徐　　　勇
　　　　　　　　　　　　　　　　（張玉萍訳）

1. 中国における沿岸都市ベルトの形成
　 と発展状況 ……………………………………………… 73
2. 沿岸都市ベルトが中国内陸部とユーラシア大陸
　 地政学に与える影響 …………………………………… 79
3. 中国沿岸都市ベルトと「東アジア共同体」
　 およびアジア太平洋国家関係 ………………………… 86

第5章　討論：アジア地政学の課題と可能性
深町英夫

1. 大国／小国：大陸／海洋（1） ………………………… 93
2. 大国／小国：大陸／海洋（2） ………………………… 95
3. 大国／小国：大陸／海洋（3） ………………………… 96
4. 地域主義 ………………………………………………… 98

第6章　東アジアにおける多国間主義とガバナンス
内田孟男

1. はじめに ………………………………………………… 101
2. 「東アジア」，「多国間主義」と「ガバナンス」 ………… 104
3. グローバル化と地域ガバナンス ……………………… 107
4. 地域多国間主義とガバナンス ………………………… 109
5. 東アジアにおける地域公共財 ………………………… 112
6. 地域ガバナンスのアクター …………………………… 115
7. 東アジアの将来認識の格差 …………………………… 119
8. おわりに ………………………………………………… 121

第7章　東アジアの地域主義の進展と地域統合の課題
塩見英治

1. はじめに ………………………………………………… 131
2. 東アジアにおける地域主義の特質 …………………… 132
3. 東アジアの域内経済依存関係の構造と変容 ………… 135
4. FTAと広域経済連携の推進 …………………………… 139
5. おわりに：東アジアにおける地域統合の課題 ……… 142

第8章　タイとベトナムの直接投資・
　　　　　人材開発・貿易構造　　　　　　高橋由明

1. はじめに …………………………………………………… 147
2. タイとベトナムの直接投資（外資系企業）の
   受け入れの歴史的変遷 ………………………………… 149
3. タイとベトナムの学校・職業教育の現状と
   就業者の学歴 …………………………………………… 165
4. タイとベトナムにおける企業教育訓練の状況
   ——アンケート調査結果—— ………………………… 171
5. 東アジアの国際分業の視点からみたタイと
   ベトナムの貿易構造の違い …………………………… 177
6. おわりに ………………………………………………… 186

第9章　中央アジアの地政学と水資源問題
　　　　　　　　　　　　　　　　　　　　星野　智

1. はじめに ………………………………………………… 193
2. 中央アジアの経済と水資源 …………………………… 195
3. 中央アジアにおける水紛争の可能性 ………………… 199
4. リージョナルな水ガバナンスの枠組 ………………… 205
5. 中央アジアのリージョナル・レジームと
   その有効性 ……………………………………………… 209
6. おわりに ………………………………………………… 215

第10章　ユーラシアと南コーカサスにおける地政学的諸論争の将来

サーティ・チャイジュ

（今井宏平訳）

1. はじめに ………………………………………………… *221*
2. 集団安全保障：主要なトピック ……………………… *222*
3. 法的枠組：集団安全保障法 …………………………… *223*
4. 国内における安全保障問題 …………………………… *223*
5. ユーラシアとコーカサス ……………………………… *225*
6. 中央アジア ……………………………………………… *228*
7. ロシア連邦 ……………………………………………… *228*
8. トルコ …………………………………………………… *230*
9. グルジア ………………………………………………… *231*
10. アブハジア ……………………………………………… *232*
11. 南オセチア ……………………………………………… *232*
12. グルジアに対するアメリカの人道的任務 …………… *235*
13. グルジア紛争とトルコ ………………………………… *236*
14. 黒海とトルコ海峡 ……………………………………… *237*
15. アゼルバイジャン ……………………………………… *238*
16. ナゴルノ・カラバフ …………………………………… *239*
17. アルメニア ……………………………………………… *239*
18. おわりに ………………………………………………… *240*

第 11 章　日本政治外交への新しい視座：
　　　　　「近代国家」視点から「現生人類」視点へ
　　　　　　――思考の枠組をとらえ直す――
　　　　　　　　　　　　　　　　　　　　斎　藤　道　彦

1. はじめに ………………………………………………… 253
2. 現生人類の集団移動 …………………………………… 254
3. 日中関係の局面の転換 ………………………………… 256
4. 民主主義をめぐる中国共産党の変身 ………………… 262
5. 地震・津波・福島原発事故 …………………………… 271
6. おわりに ………………………………………………… 274

資　料　篇 ………………………………………………… 277
《資料 1》第 23 回中央大学学術シンポジウム（2010 年 12 月 3 日）
　　　　開催の趣旨，プログラム，討論 ………………… 279
《資料 2》中韓関係の展望とインプリケーション
　　　　　　　　　………………… ハン・ヨンスプ … 326

第 1 章
東ユーラシア国際関係と地政学
――歴史的事例と現状分析――

滝 田 賢 治

1. はじめに

「緩やかな双極体系」(M. カプラン)[1]としての冷戦構造が解体してから約20年も経過したが，新しい世界秩序は明確な姿を現してはいない。冷戦終結直後，アメリカ国民の多くはソ連に勝利したと愉悦感に浸り，内外の親米的な多くの政治家やジャーナリスト，研究者が「アメリカ一極体制」「パクス・アメリカーナⅡ」の到来を囃し立てた。だがそのアメリカでは，ベトナム戦争を超えてアメリカ史上最長となったイラク戦争とサブプライム・ローン／リーマン・ブラザーズの破綻に起因する経済的混乱により，過去長年にわたり深刻化していた財政赤字が危機的レベルに達し，ドルへの信認が急落しつつある。これが2011年末現在の世界経済混乱の一大要因となっている。2008年11月中旬ワシントンDCで開催された金融サミットは，第2次世界大戦後，アメリカが主導してきたブレトン・ウッズ体制が終焉に向かっていることを暗示するものとなった。すなわちこの金融サミットは，IMFと世界銀行を中心とする既存の国際金融の枠組みを再確認したものの，G7ではなく中印を含むG20として開催され，アメリカの最大の盟友であるイギリスのブラウン首相（当時）すら「新たなブレトン・ウッズ体制」創設の可能

性にまで言及せざるを得なかったほどである。アメリカの経済的衰退は，その外交政策や安全保障政策を制約し，オバマ政権はアフガニスタンとイラクからの早期完全撤兵計画を進めざるを得ず，「アラブの春」により不安定化した中東地域に対しても有効に対応できないままである。またG7の多くの国が主導するEUはギリシャをはじめとする南欧諸国（PIGS）の財政危機への対応に苦悩しており，EUという枠組みそのものが解体の危機に瀕している。

一方，BRICSに象徴される新興国とG7/OECDに象徴される先進国との間で，あるいは先進国間――知的財産権や世界標準の獲得競争を伴う技術覇権（テクノヘゲモニー）をめぐる緊張関係――や新興国間でも「対立と協調」という関係，すなわち安全保障政策では緊張を孕みつつも経済的には協調せざるを得ない複雑な国際政治状況が生まれている。

先進国と新興国の間で，先進国間で，新興国間では，一方で緊張・対立しつつも，他方で協調せざるを得ない状況が生まれてきたのは，米ソ冷戦が終結したことを一大契機としていることは明らかである。冷戦は，核兵器（＝核弾頭＋ミサイル）により全人類が全滅するという共滅意識の下で展開されたが，この冷戦期の世界には明らかに秩序が存在していたといえる[2]。しかし1991年ソ連が突如として崩壊し，冷戦が終結したため国際秩序も突如として崩壊したのである。冷戦終結による秩序の崩壊は，現在我々の目の前で展開している複雑な国際政治状況をもたらした。

第1に，アメリカが対ソ冷戦を戦うために軍事専用に開発していたインターネットを民間に開放したため現代グローバリゼーション[3]が急速に進展し始めた。グローバリゼーションはまず経済グローバリゼーション，特に金融グローバリゼーションとして発現し，世界の金融システムを混乱させ始めた。1920～30年代にも国際投機筋により国際金融はしばしば混乱させられたが，コンピューターシステムによる短期資金（ホットマネー）の急激な動

きは市場を攪乱し，特に金融システムの脆弱な国家を破綻の瀬戸際に追いやることになった。

第2にこのグローバリゼーションの急展開に対して反グローバリズムの運動が活性化して，グローバリズム対反グローバリズムの対立が世界各地で顕在化して来ている。世界経済フォーラムと世界社会フォーラムの動きはその典型である。

第3に，グローバリゼーションの急展開に対して，世界の各地域での経済をはじめとする機能的分野や安全保障分野での協力枠組みとしてのリージョナリズムの動きが強まった。拡大ECのEUへの転換，北米でのNAFTA形成，APECの設立，ASEAN共同体への動き，上海協力機構（SCO）や南アジア地域協力連合（SAARC）の設立などがその典型である[4]。

冷戦終結は現代グローバリゼーションを始動させて様々な問題を引き起こすとともに，第4に，各国においてナショナリズムを高揚させた。冷戦という秩序の中で米ソいずれかのブロックに位置づけられていた各国は，冷戦終結による秩序崩壊により自らの民族や国民，宗教，伝統，歴史をアイデンティティの基礎とするナショナリズムの動きに同調する傾向を強めた。

第5に，(旧)社会主義国では権力の正統性を，社会主義の実現から経済成長に転換させる動きが強まった。それはグローバリゼーションの動きに対応するためであり，高揚したナショナリズムを利用しつつ，政治的には権威主義体制を維持しながら海外から資本と技術を導入して経済成長を実現しようとするものであった。

第6に，これら旧ソ連構成国と周辺部の国々は，外資と技術を導入しつつ国内の安価な労働力により経済を高度化するために，高付加価値製品の生産に乗り出した。そのためにエネルギー源と資源，とりわけレアメタルへのアクセスを積極化させ，先進国や，他の新興国とも資源獲得競争を激化させるとともに，自国資源の輸出を制限したり，自国資源を外交のカードとして活

用し始めた。資源へのアクセスは，領土・領海紛争を引き起こし，関係国は軍事力の増強に走っている。

　このように，グローバリゼーションやリージョナライゼーションが進展しつつも，特に旧ソ連構成国やその周辺部の（旧）社会主義国では経済成長を至上命令とし，資源へのアクセスを強化し，軍事力を急激に増強している。特にソ連の後継国家であるロシア，中国，インドの3カ国は，この傾向を強く示している。それは，これら現状打破勢力としての新興国の政治・経済・軍事エリート達が，自国の経済成長と国家安全保障のために地政学的な発想によって対外行動を採用しているからである。本章では，中央アジアから東アジアに至る東ユーラシア——地政学ではハートランドから東部リムランドに至る地域——における冷戦後の国際関係を，ユーラシアの中印露とユーラシア周縁部に位置する日本，ユーラシアの東西に軍事プレゼンスするアメリカに焦点を当て，地政学的視点に立って分析・展望したい。

2. 地政学の効用と限界

　地政学についての明確な定義があるわけではないが，一般的には「地理的条件が国家の存立にどういう政治的，経済的，軍事的さらには心理的な影響を与えるかを考察する研究分野」と言ってよいだろう。あるいは，より広義に「地理的環境や地理的な位置関係が，特定の国家の対外関係に与える可能性のある影響をマクロ的な観点から観察・予測するアプローチ」と定義できるだろう。古くはギリシャ，ローマの時代から地理的条件と政治のあり方を考えるという発想はあり，イマニュエル・カントも地理的条件と国家のあり方を考える論文を書いている。大陸国家か海洋国家か，同じ大陸国家でも海洋に接していない内陸国家（landlocked）か海洋に接している国家あるいは

半島国家か，海洋国家でも後背地を持たない都市国家か島国あるいは島嶼国家かによって，その地理的・自然環境的条件が，これらの特徴をもつ国家に与える影響は異なってくるという前提に立っている。しかし科学技術，とりわけ運輸，通信，軍事技術の飛躍的発展が地理的条件という制約を乗り越える可能性もあり，地理的条件が国家の存立に絶対的な影響を与えるものでないことは明らかである。

　このような制約性のある地政学ではあるが，それは一般的に大陸国家系地政学と海洋国家系地政学の2つに分類される。前者について第1次世界大戦時ドイツ陸軍将校であったカール・ハウスホーファー（1869～1946年）は，国家はその生存に必要なエネルギー・資源を確保するための「生存圏（レーベンスラウム）」を獲得する権利があると主張し，その後ナチス・ドイツの拡張政策に利用されることになったといわれているが，それは必ずしも立証されていない[5]。

　これに対し後者は，19世紀に英米で発展したものであり，それは英米の海軍力の増強と密接に関係していた。19世紀アメリカ海軍将校であったアルフレッド・T・マハン（1840～1914年）は，国際政治において大きな影響力を持つ国家になるための絶対条件は海洋覇権を握ること，すなわちシーパワーを獲得することであり，大陸国家と海洋国家であることは両立しないと主張した。太平洋と大西洋を結ぶパナマ運河を建設し，この地域をアメリカが支配することもこの理論の影響であった[6]。19世紀から20世紀への世紀転換期にアメリカは，マハンのシーパワー理論に影響を受けて新海軍を建設するとともに，カリブ海と（米西戦争の結果として）フィリピン，グアムを獲得し，さらにハワイを支配下に置き，大西洋と太平洋をリンクするためにパナマ運河を建設して，米ドルを流通させ運河地帯を実質的に支配した。アメリカが太平洋から（マッキンダー的に言えば）ユーラシアの東部リムランド（＝ユーラシア東部沿海地域）である中国への接近政策が，日米関係緊張

の基本的要因といえよう。

　イギリスの地理学者ハルフォード・マッキンダー（1861～1947年）は，マハンのシーパワー理論に対して，海洋帝国イギリスにありながらランド・パワー理論を提唱した。その背後には，人類の歴史はランド・パワーとシーパワーの間の闘争の歴史であるという基本的な歴史観があった。地表の70%は海であるが，実際の人間生活の基盤は陸地であり，その陸地の70%を占めているユーラシア大陸（＝世界島）の中央部に位置してシーパワーの影響を受けない地域を「ハートランド」（ピヴォット・エリア＝完全に大陸的な，世界島の軸とも言うべき地域）と名づけ，その外側に「内周クレセント（周縁部三日月地帯）」（ほぼユーラシア大陸の周縁部に相当する＝半ば大陸的，半ば海洋的)，「外周クレセント（島嶼を繋ぐ三日月地帯）＝完全に海洋的」の存在を指摘した（図1-1）。そしてこの「内部クレセント」においてラン

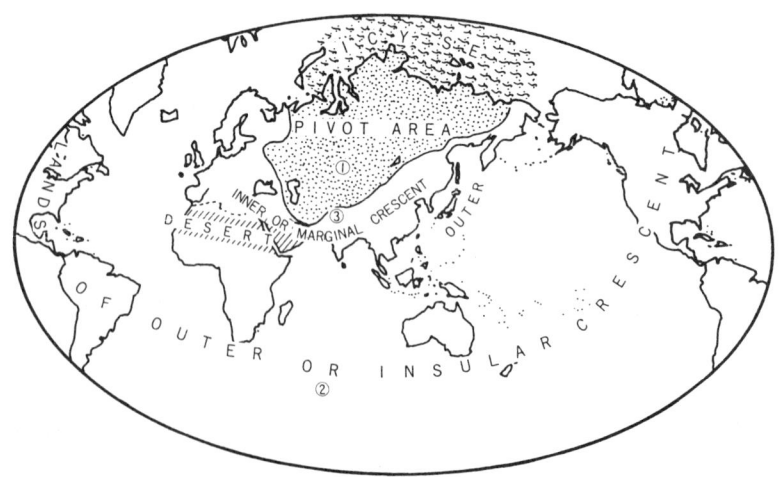

図1-1　マッキンダーのハートランド理論　概念図

出所：H. J. マッキンダー（曾村保信訳）『マッキンダーの地政学――デモクラシーの理想と現実』278頁（原書房，2008年）。

ド・パワーとシーパワーが対決するようになると予測した。すなわち大陸国家が新たにシーレーン（海上交通路）を確保したり権益拡大を狙うと，本来その対外行動が攻撃的でない海洋国家は，それを阻止しようとして大陸国家と海洋国家はその行動領域が交差する領域で対立するようになると主張したのである。歴史観に基づくものであるとともに，第1次世界大戦前のドイツ第2帝国とイギリスとの緊張関係や，第2次世界大戦直前のナチス・ドイツやソ連の膨張という現実を前に，自身の理論を展開したという面もあるといえる。マッキンダー自身は，そのハートランド理論を地政学と呼んだことはなかったが，この理論は現代地政学の基礎と見られている[7]。しかし第1次世界大戦以降，航空機の発達により，マッキンダー理論は時代遅れであると批判されるようになった。

　エール大学教授（政治学）であったニコラス・スパイクマン（1893〜1943年）は，マハンやマッキンダーの理論を援用しつつ，リムランド（ユーラシア大陸の周縁部＝沿海地帯：マッキンダーの「内部クレセント」）理論を提起した。すでに第2次世界大戦中に，スパイクマンは科学・軍事技術の発展により，地理的距離とは無関係にパワー・プロジェクション（軍事力の遠方投射）が可能であると看破し，アメリカとして，①ハートランドへアクセスするリムランドに位置する諸国と同盟を結ぶこと，②このアクセスを妨害する可能性のあるリムランド国家同士を同盟させないこと，③アメリカが加盟しないリムランド諸国家の同盟を形成させないばかりでなく，ハートランド国家がリムランド国家に影響力を行使することを阻止すること，を提案していた。この観点から，スパイクマンは日本によるパールハーバー攻撃直後の段階で，「アメリカは将来，日本と同盟を結ばなければならないだろう」と予言していた[8]。アメリカ外交の伝統的原則は孤立主義であったが，それを保障した最大の要因は，大西洋と太平洋という「自然の要塞」であった。しかし第1に航空機の飛躍的発達，第2に戦艦の高性能化により，2つ

の海洋は「防波堤ではなく，高速道路となった」と看破し，孤立主義に拘ることに警告を発した。

　第2次世界大戦前，軍国日本が掲げた大東亜共栄圏も，八紘一宇という思想とともに地政学的発想によってとなえられた勢力圏思想であることは疑いない。この地政学的発想に基づく大東亜共栄圏という言葉は，陸軍中野学校，登戸研究所，京都産業大学の創設に関わった岩畔豪雄（いわくろひでお）（1897〜1970年）によって使われ始めたという説が強力である。前述したハウスホーファーは，1908年から1910年まで東京のドイツ大使館に駐在武官として滞在しており，28歳年下の岩畔と直接交流があった可能性は少ない。しかし帰国後に

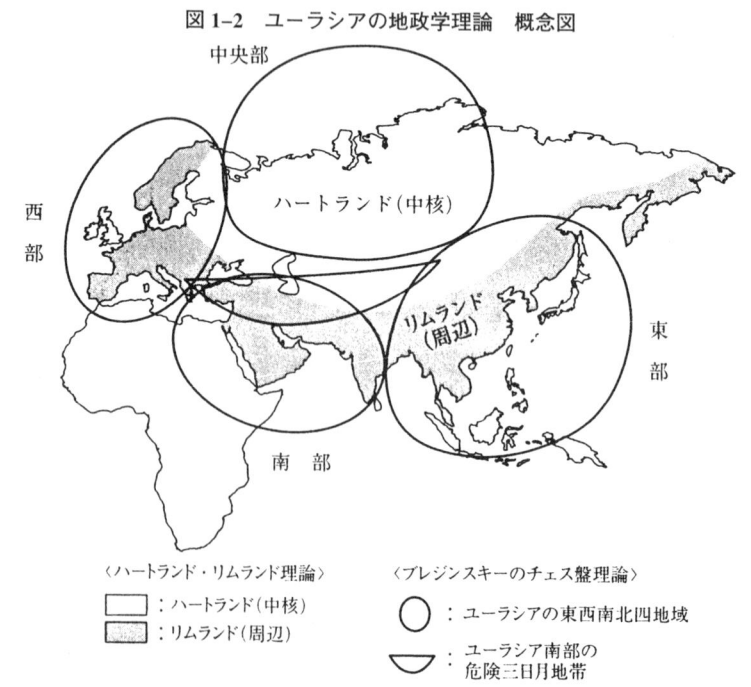

図1-2　ユーラシアの地政学理論　概念図

〈ハートランド・リムランド理論〉
□：ハートランド（中核）
▩：リムランド（周辺）

〈ブレジンスキーのチェス盤理論〉
◯：ユーラシアの東西南北四地域
⌒：ユーラシア南部の危険三日月地帯

出所：石郷岡建『ユーラシアの地政学』147頁（岩波書店，2004年）。

博士号を取得しミュンヘン大学正教授に就任することを可能にした博士論文『日本の軍事力，世界における地位，将来に関する考察』の中で，日本が戦争によらず韓国併合を実現したことに着目していたこと，そしてドイツ学士院総裁（1934～1937年）として研究者としても認められていたこと，さらにベルリンの日本大使館武官（のちドイツ大使）であった大島浩（1886～1975年）とも親しく日独提携を模索していたこと，などから，岩畔がハウスホーファーの思想に影響を受けていた可能性はかなり強い[9]。

また第2次世界大戦後，ソ連も自国の安全保障のために衛星国という名の勢力圏を構築し，ワルシャワ条約機構軍（WTO）とコメコン（東欧経済相互援助会議）によって自国中心の勢力圏を維持しようとした。対独戦争を中心に2,000万人もの国民を犠牲にしたソ連が，その周辺部に防壁（＝衛星国）を構築しようとしたのは自然な発想であったが，マッキンダーの言うユーラシアのハートランドに，ハウスホーファー的な「生存圏」を構築したという見方も成り立つであろう。ブッシュ政権期に打ち出された再編米軍の任務対象としての「不安定の弧」や麻生政権が提起した「自由と繁栄の弧」は，多かれ少なかれ地政学の議論に影響されたものであることは明らかである。

そして今また，経済成長を権力の正統性の根拠とした中国が地政学的発想によって俄かに拡張主義的対外行動をとり始めている。大陸国家と海洋国家として両方の国益を追求することは両立しないとスパイクマンは強調したが，現在の中国はこの両立を狙い，東ユーラシア東部の広大な大陸と第1列島線さらには第2列島線までの広大な海洋に自国勢力圏あるいは生存圏を構築しようとしているようである。

上述したように，地政学には様々な類型・系譜があるものの，第2次世界大戦期に連合国はナチス・ドイツがその勢力圏拡大に利用したと認識していたため，第2次世界大戦後は「忌み嫌われ」一顧だにされなかったどころか，疑似科学としてアカデミアからも排斥されてきた。大戦後間もなく発生した

米ソ冷戦により世界が二極構造化――1950年代中葉以降は非同盟諸国を中心とした第3世界が形成されていったが――したことも地政学への無関心の原因であった。地政学を地理的条件を絶対視して政治・経済・軍事への影響を考察するものととらえるならば，国家以外のトランスナショナルなアクター――国連，多国籍企業，NGOなど――が存在し，相互依存関係が深化してきている現代国際関係の現実を無視したリアリズム以前の単純なアプローチといわざるを得ない。しかし，地理的，自然環境上の条件が国家の対外行動に一定程度の影響を与える事実は否定し得ない。そこで「はじめに」の冒頭で引用したように，地政学をより広義に「地理的環境や地理的な位置関係が，特定の国家の対外関係に与える可能性のある影響をマクロ的な観点から観察・予測するアプローチ」と定義して使うならば，21世紀の国際関係を予測する上で一定程度の有効性を持ちうるであろう。今から13年前の1997年にZ. ブレジンスキーが著した名著 *"The Grand Chessboard: American Primacy and Its Geostrategic Imperatives"*[10]が，2011年末現在のきわめてクリティカルな国際関係を地政学的に的確に予測したものであったことは，地政学の一定程度の予測可能性を示したものといえるであろう。

　ところで，人間（集団）の社会的行動を説明する場合，「意図と能力」のみがしばしば問題とされるが，人間（集団）は自らが存在する環境をどう認識するかが前提となっており，この認識に基づいて特定の意図を持つのである。しかし意図を持っても，それを実行する（＝目的を達成する）能力があるかどうかを判断し，あると判断した場合にのみ行動に移すのが合理的な決定といえる。しかしそう判断して行動しても目的を達成できないことも起こりうる。行動の結果を自ら評価し，再度，自らの環境を認識し直すことが不可欠となる。この（環境）認識→意図（政策目標）→能力→行動→結果（→認識）というフィードバック（自己修正）させるプロセスを従来の地政学は決定的に欠いていたのである。大陸国家系地政学（近代地政学）も海洋国家

系地政学（現代地政学）も，地理的条件を所与のものとして政策決定者の意図と能力のみに焦点を当て，地理的環境ばかりでなく自然環境や政治的・経済的・文化的環境を含む総合的な国際環境を，政策決定者がどのように認識し，その行動の結果を環境認識にどうフィードバックするかについての考察が欠けていたといわざるを得ない。地理的・自然的環境は，特定国家の存立に極めて重要な要素ではあるが，科学技術の進歩や国際関係の変化による国民意識の変化により，この国家の国際環境は変化するという極めて当然の事実を考えると，環境認識を結果認識と比較することは重要な作業となる。このフィードバック機能を不可欠な手続きとするなら，本章で暫定的に定義した地政学は国際関係を分析し予測する一定程度の効果を持ち得るであろう。

3. 近現代における対立・戦争の地政学的説明

　過去においても現在においても世界各地域で，その地域の国々の政治・経済・軍事エリートが地政学的発想で対外行動をとり，時には当該国の国益が増大したとエリート達が認識する場合もあるし，時には関係国同士の紛争に発展することもある。新興国のエリート達は領域防衛と経済発展を死活的国益と認識するため，新興国でその傾向が強いことは歴史が証明している。陸地の70％を占めるため，マッキンダーが「世界島」とすら呼んだユーラシア大陸をめぐる地政学的対立や緊張が，近現代の国際関係を左右してきたと言っても過言でない。そこで冷戦後ユーラシアの国際関係を地政学的に考察する前に，近現代における，ユーラシア大陸をめぐる地政学的対立――地政学的発想に基づきエリート達が対外行動を採用したため発生した対立や戦争――を取り上げ，それらが地政学的にどの程度説明できるかを確認する。

　第1に，19世紀末から三国協商成立まで展開された――マッキンダーの

名付けた——ユーラシア大陸の「内部クレセント（＝周縁部三日月地帯）」をめぐる英露対立である。第2に，「帝国主義の時代」に対立し合っていた英仏露が最終的には連携して，独墺（・ブルガリア・トルコ）と戦った第1次世界大戦である。第3に，ユーラシア大陸西部——マッキンダーの言葉を借りれば「ハートランドから内部クレセント地域」——で発生したドイツ（・イタリア）と英仏米ソとの**第2次ヨーロッパ大戦**，ユーラシア大陸東部＋西太平洋海域——マッキンダーの言葉によれば内部クレセントと外部クレセント——での，日中戦争に起因する日本と東南アジアの欧米植民地との戦争，さらにはその帰結としての日米戦争（・日ソ戦争）からなる**アジア・太平洋戦争**，という「世界島」東西での2つの戦争が，日独伊とアメリカ主導の連合国という構図により結びついた第2次世界大戦となったのであった[11]。第4に，第2次世界大戦後，発生した米ソ冷戦は構造論的に見れば「緩やかな二極構造」であり，米ソの国家成立の基本的原理としてのイデオロギー対立の表現であったため，地政学的解釈は馴染まないように思われるが，具体的な軍事・経済戦略は地政学的発想によって構想され実行されたといえる。

　第1の英露対立は地政学から見ると，どのように説明できるであろうか。19世紀後半から20世紀初頭にかけて展開された英露対立は，しばしばグレート・（パワー・）ゲームと表現される。「世界島」であるユーラシア大陸で，帝国化した大国同士が勢力圏（sphere of influence）を構築しようとして長期にわたり対立し，そのために周辺諸国をはじめとする多くの国家が対立に巻き込まれ，国際政治を左右する状況を生み出したために，グレート・ゲームと呼ばれる。英露間のグレート・ゲームはユーラシア大陸の周縁部，すなわち内周クレセントを「戦場」として戦われたが，それは英露両国のエリート達の地政学的発想に基づいていた。「多様な異民族を支配する統治形態」という意味で紛れもない「帝国」となっていた英露両帝国が，同じく帝

国化していた仏独伊墺とともにオスマン・トルコ帝国や清帝国などの前近代的帝国の版図＝内周クレセント＝「戦場」に地政学的発想に基づき勢力圏を築こうとしたのである[12]。

　ユーラシア大陸の周縁部をめぐる長期にわたる大規模な闘争を展開した英露それぞれの要因は非対称的であったということである。それは基本的には両国の政治経済的条件・段階が大きく異なっていたためである。第1次・第2次の産業革命を遂行して製品販売・原料獲得市場ばかりか資本輸出市場の確保・拡大を至上命令としていたイギリスは，ロンドンからジブラルタル海峡・地中海・スエズ運河（完成1896年）・インド洋を経てカルカッタ・シンガポールを経て香港に至るユーラシア大陸に沿った長大なシーレーンの維持を不可欠としていた。そのために維持・行使したシーパワーは，単に海軍力ばかりか商船隊，寄港地（商業港・軍港）あるいは情報伝達のための海底ケーブルなどからなる壮大なシステムであった（図1-3）。

　一方，ロシアは冬でも凍結しない「不凍港」を通商上も軍事的にも確保することも理由の1つとしつつ「南下政策」を長期にわたり執拗に追求し，その南下政策は大英帝国の生命線である内周クレセントに沿ったシーレーンを脅かすことになるため，イギリスとの長期にわたる厳しい緊張を引き起こしていったのである。ハートランドそのものであるロシアは，地理的に見れば，北は北極地帯，バルト海は冬には凍結し，西は伝統的なヨーロッパ世界が存在しており，南下可能な地域は黒海からボスポラス・ダーダネルス海峡を経て地中海東部へのルートか，中央アジアやチベットの過酷な自然条件と闘いながらペルシャ・インドに向かうルートか，シベリア方面から中国東北部・沿海州に進出するルートしかなかった[13]。地中海東部への進出はイギリスがトルコと提携して阻止し続け，1907年の英露協商で妥協を図り，ロシアのペルシャ・チベット経由の南下政策を挫折させたのである。ロシアが唯一成功したのは沿海州への進出であった。対外行動原理を異にする「海洋帝国」

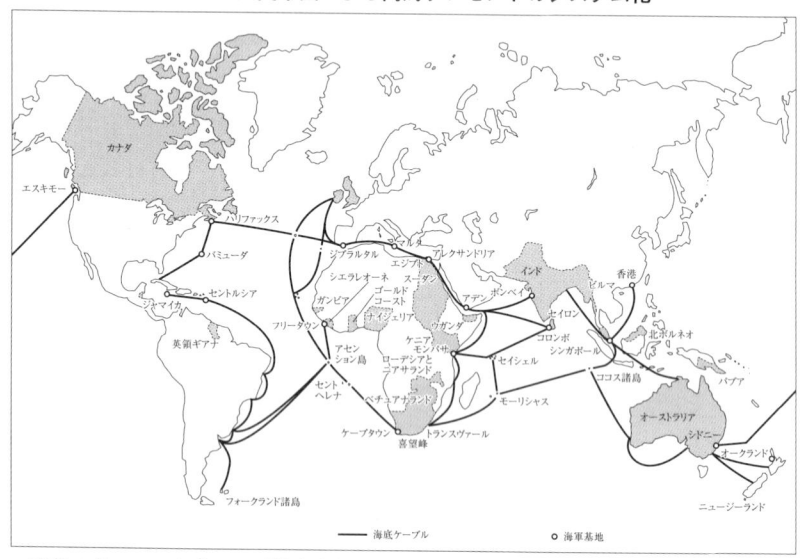

図1-3 大英帝国による内周クレセントのシステム化

出所：ポール・ケネディ（鈴木主税訳）『大国の興亡（上巻）』339頁，草思社，1988年。

と「大陸帝国」のユーラシア大陸周縁部＝内周クレセントをめぐる対立であり，リヴァイアサンとビヒモスの闘争そのものであった。

　地政学的発想に基づき英露両帝国が展開したグレート・ゲームは，英露二極体系の下での覇権闘争ではなく，仏独伊墺などの諸大国が並立する「多極体系」の下で展開された。「パクス・ブリタニカの時代」とはいえ，まさに「帝国主義の時代」に展開されたものであり，パワーの配分が圧倒的にイギリスに偏在していたわけではなかった。その上，世紀転換期になるとそれまでの世界的規模でのオーバー・ストレッチに加えブーア戦争の泥沼化により国力を衰退させ，極東の新興国家＝日本と同盟関係に入らざるを得なかった。それは君主制という同じ政治体制に基づく親近感ばかりでなく，ロシアの南下政策の阻止を同盟国に委ねようとする地政学的発想にも影響されたも

のといえる。

　第2の第1次世界大戦は，マルクス主義的立場からは単一原因論で説明される。すなわち帝国主義段階に至った英仏資本主義とドイツ資本主義との間の，世界市場再分割をめぐる帝国主義間戦争ということになる。しかし現実には単一原因論で説明できるような単純なものではなく，英独間の経済的・軍事的対立，独仏間の領土紛争・民族対立，独露間の民族対立などが複雑に錯綜して，第3次バルカン戦争として発生した戦争が，全ヨーロッパ規模での戦争へと発展したものである。これを地政学的にみると，ユーラシア大陸周縁部（＝内周クレセント）に沿ったイギリスの生命線たるシーレーンを，ウィルヘルム2世統治下のドイツが中東湾岸地帯の石油利権とインド洋へのアクセスのために侵そうとしたために英独対立が先鋭化し，この状況の中で地域紛争として始まった戦争が大規模戦争に発展したのである。イギリスは，ユーラシア周縁部における自国の生命線がロシアに続いてドイツにより侵犯されるのを阻止するために，地域紛争を利用したと解釈できる。

　第3の第2次世界大戦は，ユーラシア大陸の西部内周クレセントと東部内周クレセント＋東部外周クレセントを戦場に，アメリカ主導の連合国と日独伊三国同盟が戦った戦争であるが，地政学的に見るとどのように解釈できるのだろうか。建前としては（顕教的には）民主主義国が全体主義国家を打倒するための戦争と連合国は喧伝したが，連合国の中心には紛れもない全体主義国家＝ソ連が存在していたのであり，民主主義の擁護という側面はあったものの，地政学的発想が看取される。まず当面，日独伊三国を打倒することを主目的としつつ，この目的を達成した後，スパイクマン理論に従えば全体主義国家＝ソ連というハートランド国家がリムランド国家である日独伊を同盟国に組み込んでいくことも視野に入れていたと見ることができる。

　すでに見たようにスパイクマンは，第2次世界大戦中に，アメリカはハートランドへアクセスできるリムランド諸国と同盟を結ぶことを大前提に彼の

理論を展開したが，それは逆に言えばハートランドにアクセスできる位置にあるリムランド諸国と敵対した場合には，これらリムランド諸国をアメリカのハートランドへのアクセスを阻止する勢力として打倒する対象となることを意味する。「地政学的に言えば，アメリカ大陸はユーラシア大陸と海を挟んで向き合う大陸である。ユーラシア大陸の資源と人口はアメリカ合衆国のそれをはるかに上回っている。冷戦中から冷戦後を通じて，ユーラシア大陸の2つの主要な圏域——ヨーロッパとアジア——が1つの勢力に入ることが，アメリカにとっての戦略的脅威であることに変わりはない。(下線部：筆者) そのような勢力の結合は経済的に，そして結果的には軍事的にも，アメリカを上回る可能性があるからだ。その支配的勢力が一見好意的に見えても，そのような危険は阻止しなければならない。なぜなら，その意図が変わった時，アメリカはそれに十分抵抗できるだけの力を持たなくなっており，その国際政治における影響力は減少してしまっているからである」[14]。少々引用が長くなったが，9・11テロ以前に出版された『外交』の中でキッシンジャーが強調したこの認識は，スパイクマン理論にも影響されたものであるだろうし，第2次世界大戦期のアメリカのエリート達にも共有されていたと考えていいであろう。Z. ブレジンスキーもその著書 "The Grand Chessboard" で基本的には同じ認識を示している[15]。

第4の米ソ冷戦は，政治体制と基本劇イデオロギーの対立を背景に，直接的には戦後における勢力圏の形成，具体的には打倒したドイツ——マッキンダー的に言えば内周クレセント，スパイクマン的に言えばリムランド——をどの国がどのように支配するか，また打倒した日本とその植民地をどう「処分」するかをめぐって対立を深めた結果，発生したのである[16]。イタリア占領に関しては，同じ連合国のソ連に相談なく英米だけで進めたため，ソ連も赤軍が単独で解放した東欧地域を単独で支配することができると考えたのは当然であり，かつ対独戦争を中心にソ連国民を2,000万人犠牲にした（軍事

要員850万人，一般市民1,500万人）ために，ドイツとの間に防壁――英米から見れば衛星国＝勢力圏――を構築しようとしたのも当然であった。この認識の基本的相違が冷戦発生の根底にある。

このソ連に対してアメリカがとった対応は，G. ケナンが提唱し，P. ニッツが推進した「封じ込め政策」であった。彼らをはじめ，冷戦初期のアメリカの政策決定者達がどの程度，地政学的発想を持っていたかは定かでないが，結果から推しはかると，第2次世界大戦中にスパイクマンが著したリムランド理論に沿ったものであった[17]。ハートランドのソ連がユーラシア西部の内周クレセント＝リムランドである西欧諸国や，同じくユーラシア東部の内周クレセント＝リムランドおよび外周クレセント地域の日本・韓国・台湾・フィリピン・オーストラリア・ニュージーランドなどに影響力を行使するのを阻止しつつ，これらリムランド諸国と同盟を結んだのであった。この場合，西欧諸国とはマルチラテラルなNATOを，ユーラシア東部のリムランド諸国とはアメリカを中心とするハブ・スポーク型同盟網を構築して「軍事的封じ込め」を展開し，ココム（対共産圏輸出統制委員会）を設置して「経済的・技術的封じ込め」を強化し，さらにソ連通貨ルーブルを主要通貨と交換できないソフト・マネー化する「金融的封じ込め」という「三重の封じ込め政策」によって，リムランド地域への浸透を阻止しようとしたのである。

英露間の地政学的グレート・ゲームはドイツの脅威の前に，フランスも加えて三国協商という同盟関係を形成してゲーム・オーバーとなったが，米ソ間の冷戦ゲームはソ連自体の崩壊によってゲーム・オーバーとなった。ソ連自体の崩壊の要因をめぐっては今なお百家争鳴的状況にあるが，「三重の封じ込め政策」が長期的に効果を持ったこと，レーガン政権が打ち出したSDI構想に対抗する能力をソ連が持たなかったこと，アメリカ・ブロックの情報が「情報革命」によりソ連国内に流入したことなどが要因として考えられる[18]。

4. 冷戦後における東ユーラシア国際関係と地政学[19]

　紛れもない秩序であった冷戦が終結して秩序が崩壊したため，国際関係は突如として一変した。それは中央アジアから東アジア・西太平洋——ハートランドから東部リムランドに至る——東ユーラシア地域の国際関係にも当てはまる。当てはまるという以上に，この地域においてこそ国際関係の最も著しい変容を認めることができる。それは第1に，社会主義の「祖国」＝社会主義の基本的モデルであったソ連が崩壊し，その周辺の「衛星国」も程度の差はあれ政治的には民主化への道を歩み，経済的には市場経済を導入したからである。第2に長年にわたるソ連への「従属」への反発もあり，ヨーロッパへの傾斜——拡大EC（→EU）やNATOへの接近——を進める国家も現れたからである。ハートランドそのものと，その周辺地域の社会体制が崩壊し不安定化したからである。第3に冷戦終結により世界戦略の変更を余儀なくされたアメリカが，RMA（ハイテク軍事革命）を背景に，特にユーラシア大陸のハートランドとリムランドの不安定化した中間地帯を睨みつつトランスフォーメーション（世界規模での米軍再編）を進めたからである。

　いつの時代においても国家のエリート達，とりわけ独立を果たした国家のエリート達は，まず国家安全保障をいかにして確保するかを考え，次に経済発展を考える。冷戦終結のいくつもの影響を受けつつ，冷戦から「解放された」この地域の国々のエリート達が，まず国家安全保障のため，次に経済発展のために，地政学的発想に基づく対外行動をとったことは不思議でない。特にそれは，社会主義の桎梏から解放された（かに見える）ロシア，中国——社会主義市場経済という妙なスローガンは，政治は中国共産党による独裁ないし権威主義体制，その下で経済は市場経済を容認するというものである——，インドの冷戦後の政策に表れている。冷戦終結による国際関係の変化

と，それを受けたこれらユーラシア諸国の政策対応にその戦略を対応させようとして，冷戦後もユーラシア周縁部＝内周クレセント＋外周クレセントにプレゼンスしつつアメリカは米軍の再編を進めたのであるが，それがまた，これら諸国の反応を生むことになった。

　(1)　冷戦期アメリカのグランド・ストラテジーが「対ソ封じ込め／前方展開戦略」と「核抑止戦略」であり，冷戦後は「核抑止戦略」の維持と新たな「二正面戦略」[20]であった。しかし冷戦後，ユーラシア大陸のハートランドとリムランドの中間地帯が急激に不安定化したため──9・11テロはその最も深刻な表現であった──を受けラムズフェルド国防長官が，冷戦後の大戦略であった「二正面戦略」の放棄と軍事革命（RMA）を背景としたアメリカ軍のハイテク化による地球規模の再編（トランスフォーメーション）への動きを主導したのである。「二正面戦略」はテロ攻撃や大量破壊兵器による攻撃など予測不可能な脅威には対応できないので，予測不可能な脅威にも対応できるように，より機動的で柔軟な軍事体制に再編することを目的としたものであった。冷戦時代のソ連の脅威に対応する「脅威対応型＝脅威ベース」から予測不能な脅威に即時に対応できる「対応能力重視型＝能力ベース」への転換を主張したものであった。ハートランドのソ連ブロックに集中していた脅威が，冷戦終結とこれをも一大要因として始動し始めた現代グローバリゼーションによってグローバル化したという認識を持ってこれへの対応しつつも，ハートランドとリムランドの中間地帯──「不安定の弧」と表現された──と，中印を意識した内周クレセント──アメリカの安全保障にとって脅威となる可能性のある「地域大国」と認識された──へ地政学的発想により対応していったといえる。

　大局的に見ると，冷戦後の地政学的発想から開始されたアフガン・イラク戦争からの撤兵を進めつつ，オバマ政権は現在，すでに核保有した北朝鮮と核開発を強行しつつあるイランとの対立を外交交渉によって解決しようとし

ている。大量破壊兵器を開発・保有しつつあるとの理由でイラクに対する戦争を国際世論を無視して開始したのに，現実に核開発を成功させて核を保有している北朝鮮や，国際社会の非難を浴びつつも核開発を強行しているイランに対しては交渉により問題解決を図ろうとしている。それは第1には財政的制約があるからであるが，第2には両国ともユーラシアのハートランドとリムランドに位置する大国である中露との友好関係を維持している上に，地政学的にも北朝鮮は中露と国境を接しているからであることは疑いない。

(2) ソ連の後継国家となったロシアでは，一部では共産主義時代へのノスタルジーも感じながらロシア・ナショナリズムをアイデンティティとする動きが強まり，これを利用したプーチンのリーダーシップによってハートランドとその周辺地域の再統合への動きが強まっている。中央アジアとカフカスの一部では独立を容認したものの，チェチェンをはじめとするロシア国内共和国の独立に対しては徹底的な弾圧で答えた。今なお，ハートランドとその周辺地域の間は不安定な状態が続いている。

9・11テロと，これを契機とするアメリカ主導のアフガン・イラク戦争は，一方で「テロとの戦争」を戦うために中露とアメリカに共同戦線を組ませたが，他方でユーラシア中央部におけるアメリカの軍事的プレゼンス——2001年12月以降のアフガン戦争によるアメリカのアフガンやウズベキスタンにおける駐留——が，ロシアばかりか新疆ウィグル地域を内陸部に抱える中国の安全保障環境を著しく不安定化させ，上海協力機構の結成に象徴されるような中露関係の緊密化を促す結果となった。アメリカの軍事的プレゼンスを中央アジアから削減することには一定程度は成功している。2001年12月以降のアフガン戦争によってアメリカ軍やNATO軍はウズベキスタンとキルギスタンに駐留していたが，2005年7月上海協力機構の声明を背景に中央アジア諸国はアメリカに軍隊の撤退を要求し，これ以降，アメリカ軍とNATO軍が駐留するのはキルギスタンのみとなりアメリカ主導のアフガン

戦争の遂行に障害が生まれた。その上，2009年7月にキルギスもアメリカ軍の同国からの撤退を要求してきた。2005年に親露政権が崩壊した後，キルギスには米露両国軍が駐留するという異例の状態が続いてきたが，2010年には親米政権が打倒され国内紛争が続いている。キルギスは，カザフ，タジク，ウズベクの中央アジアばかりか中国とも国境を接し，アフガンにも近く，ユーラシアの中心部に位置しており，2001年12月のアフガン戦争以来，アメリカとロシアはキルギスでの影響力を争ってきた。アメリカが撤退を余儀なくされたウズベクも含め，キルギス，タジクを中心とするユーラシアのハートランドをめぐる米露（中）の覇権争いがアフガニスタン情勢と相互作用して，ユーラシア国際関係を不安定化する可能性が高い。

　冷戦初期に，ケナンやニッツが認識していた旧ソ連をめぐる地政学は大きく変化した。ハートランドとリムランド（あるいは内周クレセント）の間の中間地帯が流動化し始めたことであり，固定的な冷戦期の「封じ込め政策」や，冷戦後の「二正面戦略」では対応できなくなっているのである。この不安定化した中間地帯にアメリカ軍を駐留させたことは，かえって中露の反発を呼び緊張を引き起こしたのである。

　(3) 冷戦終結期に発生した第1次湾岸戦争で，中国は軍事革命（RMA）を背景にしたアメリカの軍事力の圧倒的優越性を認識し，かつグローバリゼーション（全球化）に対応して中国経済を世界経済に接合し安定的に成長させていくためには，巨大なアメリカ市場に安定的にアクセスし，アメリカの了解の下WTOに加盟するためには，アメリカとの協調関係を維持せざるを得なかった。1995年ベオグラードの中国大使館がNATO軍に誤爆され，2001年にはアメリカ海軍哨戒機と衝突した中国軍戦闘機が墜落した事件に対しても中国指導部は抑制的態度を取ったのである。否，取らざるを得なかったのである。人口では世界全体の4.3％しか占めていないのに，世界経済の25～30％以上を産出し，軍事費は世界の40～50％を占めているアメリカとの軍

事的緊張は絶対に回避しなければならなかった。

　しかし一方で静かにアメリカを牽制する枠組みも作りつつある。冷戦終結後，中国指導部は国際政治構造をアメリカ中心の単純な一極構造としてではなく，相対的に国力の大きいアメリカを，中国をはじめとする大国が包囲する「一超多強」構造と捉え，アメリカの一超性を低下させ，国際政治構造を多極体系に作り変えていく長期的戦略を描いていた。それは協調と対立の相矛盾する側面をもつようになったイラク戦争以降の時期においても維持されている。中国は2003年10月はじめて有人宇宙船「神船5号」の打ち上げに成功し，さらに2005年10月にも「神船6号」の打ち上げを成功させた。「両弾一星」（原爆・水爆・人工衛星）の開発という国家目標の下に宇宙開発を1955年に開始してから実に半世紀かけて，ほぼ独力で技術開発進め，旧ソ連とアメリカに次いで有人宇宙飛行を成功させたのである。宇宙の平和利用という側面はあるが，アメリカが開発しつつあるMD（ミサイル防衛計画）への対抗策の第一歩という側面も看取される。またアメリカ中心の世界的傍聴システムであるエシュロン[21]に対抗してEUが構築しようとしている衛星ナビゲーション・システム「ガリレオ計画」の開発と投資に参加しつつある。対米協調を外交の中心に据えつつ，アメリカに対抗する国力を慎重に開発・蓄積しつつあるように見える。

　中国は周辺諸国との関係改善を積極化させてきた。（ソ連・）ロシアやインドとの関係改善に努め，ロシアとは1991年に中ソ（露）東部国境協定，1994年に中露西部国境協定を締結し，未解決の国境部分に関しては2004年に協定を締結してユーラシア内陸部の紛争の可能性を低下させた。また長年にわたり緊張関係にあったインドとも2003年以降，国境紛争を解決する枠組み作りで合意しデタントの過程に入った。長年にわたり係争の対象となっているインド東北部のアルナチャル・プラデーシ地方の帰属をめぐり2009年にはホットライン設置協定を締結して，未解決ながらも緊張緩和を実現してい

る。2003年インドのバジパイ首相が訪中し，2005年の中国の温家宝首相の訪印に続いて2006年11月には胡錦濤国家主席が訪印した。過去5年間で中印貿易は6倍に増大した。

　また中国は1997年のアジア通貨危機を契機にASEAN＋3の＋3の一員として参加した以外，東アジア共同体構想には関心を寄せていなかったが，21世紀に入ると東アジア諸国との関係強化に積極的になった。2001年11月，中国・ASEAN首脳会議で朱鎔基首相はASEANとの間で今後10年間でFTA（自由貿易協定）を締結することで合意し，さらにASEANの基本条約である東南アジア友好協力条約（TAC）——域外国でもこれに調印するとオブザーバーの地位が与えられる——にも調印した[22]。またロシア・中央アジア諸国との上海協力機構（SCO）設立に主導的役割を果たし，2005年8月にはロシアと中ロ合同軍事演習を行うなど軍事的関係を強めている。

　(4) 冷戦期，とりわけ1960年代以降の冷戦期，領土・国境問題で中国——1960年初頭以降，中ソ対立が激化した——やパキスタンと厳しく対立していたインドは，1964年に核保有に成功した中国に対抗して，1974年地下核実験を成功させて核保有を宣言し世界で6番目の核保有国として自国の安全保障を高めたが，同時にソ連とも政治的，経済的，軍事的に緊密な関係を強化していった。一方，パキスタンは，インドと対立関係にあった中国と長期にわたり友好関係を維持しつつ，アメリカからの主要な軍事援助を受け入れた国であった——パキスタンが米中両国と友好関係を維持していたことが1970年前後の米中接近を仲介しえた最大の理由であった。1970年代末以降，イスラム革命を推進してアメリカと対立していたイランを封じ込めるためにも，さらに2001年12月以降のアフガン戦争を遂行するためにもアメリカにとってパキスタンは地政学的に死活的な兵站拠点であった。1998年5月にインドが地下核実験を強行したのに対し，その直後にパキスタンも——中国の技術援助があったといわれているが——地下核実験を行って世界で7番目

の核保有国となった翌年に発生したカシミール紛争では両者の対立が極度に高まり，全面核戦争の危機が危惧されるに至った。

　強力な友好国であったソ連が崩壊して冷戦が終結し，この終結も一大契機とするグローバリゼーションが展開し始めると，インドはソ連（ロシア）にとって代えてアメリカとの協商関係を深めざるを得なくなっていた。アメリカは1999年の全面核戦争も危惧されるカシミール紛争を機に印パ両国への影響力を行使して全面戦争を阻止しつつも，中国の軍事大国化と勢力圏拡大政策に対抗するためインドとの関係を強化しつつある。2010年11月オバマ大統領のインド訪問には，この外交的意図が明確に表れていた。アメリカの南アジア政策の重点が変化したことにより，パキスタンは中国，ロシアとの関係を強化し始めており，ユーラシアの中央部とともに，ユーラシア南部周縁部も核戦争の可能性も含め緊張が高まっている。

5. おわりに

　地政学を「地理的条件が国家の存立にどういう政治的，経済的，軍事的さらには心理的な影響を与えるかを考察する研究分野」あるいは「地理的環境や地理的な位置関係が，特定の国家の対外関係に与える可能性のある影響をマクロな観点から観察・予測するアプローチ」と定義しても，それは何も地理的条件を絶対視するものではなく，外交政策あるいは対外行動を立案・計画する場合に十分に考慮すべきものであるという意味である。スパイクマンは，その著書 *The Geography of the Peace* の中で "Geography is the most fundamental factor in foreign policy because it is the most permanent"（地理［的条件］は，最も変わらないものであるので，外交政策を立案する場合に最も基本的な要因である）という有名な言葉を残しているが，地理的条件が絶対

的に変わらないということはなく，変化する可能性がある．

　第1に，新しい大陸や航路の発見などにより，地理的条件は変化する．新大陸の「発見」によってヨーロッパ大陸の西岸都市が繁栄するようになり，地中海は長い間，繁栄からとり残された．またスエズ運河が完成することによって（1869年）アフリカ南端のケープタウンは以前の活況を失ったばかりでなく，イギリスが支配権を握ることによりロンドンから香港までのユーラシア周縁部＝内周クレセントに沿って大英帝国の生命線たるシーレーンを構築できた．さらにパナマ運河が完成することによって（1914年）アメリカ海軍は大西洋と太平洋をスウィングすることができるようになり，その軍事力を向上させた．

　第2に，環境の変化により地理的条件は変化する．この環境の変化は多くの場合，環境悪化あるいは環境破壊である．人口増加により森林伐採が進み，森林が消滅して最後は砂漠化が進み人が住めなくなり，移動を余儀なくされた歴史的事例が多い．あるいは農業用や飲料として地下水を大量に組み上げたために，地下水が枯れ，人が農地を棄て移住する例も多々ある．巨大地震，巨大津波や火山爆発により自然条件が変わってしまい，経済活動や人間活動が不可能となる場合もある．近年では，温暖化のために海水面が上昇して島嶼国家そのものの存続が危ぶまれる場合も出てきている．こうした地理的条件の変化は，多くの住民に移動を余儀なくさせ，時には大量の難民（環境難民）を生んだり，紛争を引き起こしたりする．北極海も温暖化の影響により，冬でも航海できるようになり，東北アジアからヨーロッパへの航路が開発されつつある．経済的にはプラスの効果もあるが，ロシアをはじめ北極海に面する国家の安全保障が脅かされるというマイナス面も生む．

　第3に，科学技術の発達により地理的条件が本来持っていた利点が消滅する場合も多い．アメリカは大西洋と太平洋という自然の要塞によって防衛され，それがアメリカ外交の大原則であった孤立主義を担保していた．しかし

アメリカで開発された航空機がアメリカの安全を脅かすことになった。それ以上に、人工衛星やミサイルの発明はアメリカばかりでなく多くの国家が歴史的に享受していた、安全保障上の地理的利点を失ったのである。

このように地理的条件が絶対的でないことを前提に、地理的条件が国家の対外行動に与える影響を考え、逆に国家の対外行動が地理的条件によってある程度影響されているという関係を考察することは、今後も国際関係を分析・展望する上で不可欠であろう。しかし冷戦終結は現代グローバリゼーションを生み出し、伝統的な地政学だけでは説明できない現象を生み出しているのも事実である。グローバリゼーションの原因の一つであり、結果でもあるIT技術の急激な進歩である。特に2011年初頭から展開した「アラブの春」に象徴されるソーシャル・メディアの発達は、地理的条件を超えて政治体制や外交政策に影響を与え始めた。また皮肉なことにグローバリゼーションが生み出したリージョナリズムによる地域間の協力体制の深化が、かつては伝統的な地政学から必然的に引き出された政策や方向性を無意味にしてしまう可能性も出てきた。またグローバルなレベルでもリージョナルなレベルでも、金融・環境・災害救援などの機能的分野ごとのレジームが発達してきており、このレジームでの協力が伝統的地政学の想定しがちな政策を乗り越えてしまうことが多くなって来た。

また地政学が大前提としていたのは、国家であり個人やその他の集団ではなかった。しかし、とくに第2次世界大戦後、国家以外のいわゆる超国家主体、脱国家主体、非国家主体といわれるような多様なアクターが出現し、有形・無形の希少資源（価値を含む）の配分現象としての国際政治に、より積極的に関与するようになったことにも留意しなければならない。同時に、伝統的なアクターである国家も、その主権性が変容してきていることにも留意する必要がある。

こうした留保条件をつけつつ、敢えて今、地政学が重要であると主張する

のは，中国，ロシア，インドなどの BRICS や VISTA，あるいは NEXT-11 など G 20 に参加するようになった新興国のエリート達が，以上のような国際関係の変化を認識しつつも，彼らが規定する国益のために自国及び自国周辺の地理的条件を重視しつつ，安全保障や航空網・海上輸送路の確保に積極的になっているからである。

　本章では，21 世紀においても覇権性を維持しようとしトランスフォーメーションを展開し，今また TPP を主導しているアメリカ，世界第 2 位の GDP を誇り，資源・エネルギー確保のためにアフリカへ進出し，中東・アフリカに至るシーレーン確保のため南シナ海での海洋権益を主張し，さらにはインド洋へのより安全なルートを確保するためにメコン川にアクセスしている中国，旧ソ連圏の国家を勢力圏に引き戻し，強力なハートランドを再構築するために資源・エネルギー・石油パイプラインのルートを外交カードにしているロシア，旧友好国であった（ソ連）ロシアとの友好関係を維持しつつ，アメリカとの関係強化を進めたインド，の 4 カ国を考察対象とした。

　21 世紀の国際関係を展望する上で不可欠なのは，冷戦後，顕著になった国際関係の新しい傾向と，伝統的な地政学的センスの両方を複眼的に動員することであろう。

1) モートン・カプラン（Morton Kaplan）はその著書 *System and Process in International Politics*, Wiley & Sons, 1957 の中で，国際システムを固い二極体系，緩い二極体系，普遍的体系，階層的体系，単位拒否体系，勢力均衡体系などに分類し，冷戦は非同盟諸国が存在していたため，緩い二極体系であると規定した。
2) 秩序とは一般的には組織や構成の整った状態を指すが，国際秩序とか世界秩序という場合は，構造の基本的な構成単位が明確で，その単位の間に規範やルールが相互に理解されていて，相互の行動が予測可能なより安定的な状態にあること，と理解していいであろう。冷戦を 1 つの秩序と捉える場合でも，2 つのモデルによる理解が可能であろう。1 つは米ソそれぞれをブロック・リーダーとする 2 つのブロックの対立状態と見るが，そのどちらにも属さない第 3 のブロック（政治

的には非同盟諸国であり，南北問題の文脈では「南」の属すいわゆる第3世界である）も想定したモデルである。ブロック・リーダーである米ソは，核の報復能力を保有するため核戦争に発展しかねない軍事衝突を回避するメカニズムを様々な形で構築しつつ，ブロック構成国に対しては経済・軍事援助と引き換えに影響力を行使してブロック内を安定させようとした。2つ目は，基本的にはパクスアメリカーナ，すなわちアメリカが覇権国として——国連体制・ブレトンウッズ体制・GATT体制・ココム体制・NATOおよびユーラシア東部地域のハブ-スポーク同盟網によって——維持・統制する世界秩序の中で，アメリカのヘゲモニーに対抗しようとソ連が——コメコン体制・ワルシャワ条約機構・中ソ同盟（後，中ソ対立で崩壊）によって——地域的な枠組みを構築し，その結果，ユーラシアの東西で米ソ間の緊張が発生したというものである。いずれのモデルでも，米ソの圧倒的な軍事力・経済力により，相互に一定程度緊張しながらも均衡状態を保ち，内部的には統制力を維持したのである。この意味で，冷戦は秩序といえるということである（滝田賢治「冷戦概念と現代国際政治史」7-13頁。細谷千博・丸山直起編『ポスト冷戦期の国際政治』，有信堂，1993年）。

3) 多くの研究者ばかりか政治家，ジャーナリストがグローバリゼーションという言葉を頻繁に使うようになったが，それぞれに人がこの言葉に抱くイメージや内容はバラバラであり，グローバリゼーションをめぐる議論は百家争鳴的状況にある。A. G. マグルーは「グローバリゼーションとは世界的規模での結合過程が拡大・深化・加速化すること」と定義した上で，相互依存概念が国家間の対照的な力関係を前提としているのに対し，グローバリゼーションは階層性と不均等性という概念を体現し，地球的規模での階層化の過程であるため，単一の地球社会を想定したものではないと考える。そして増大する相互関連性は，共通の恐怖心や根深い憎悪を生み出すばかりか，協力よりも激しい紛争を生み出す源泉となる可能性を指摘している（Anthony McGrew, 'The Globalization Debate: Putting the Advanced Capitalist State in its Place', pp. 300-302. *Global Society,* Vol. 12, No. 3, September 1998, Polity Press）。A. ギデンズは，グローバリゼーションの特徴として「時間の圧縮」を強調した上で，グローバリゼーションを「互いに遠く隔たった地域を結び付ける世界的規模での社会関係のつながりの強化」と定義している（Anthony Giddens, "Consequences of Modernity", pp. 18-19, Polity Press）。D. ヘルドもA. マグルーとの共著の中で，グローバリゼーションを「社会関係や取引のための組織で生じる変容を具体化し，大陸間・地域間における活動・相互作用・パワーの流れとネットワークを生み出す過程」と定義している（David Held, Anthony McGrew, et. al. "Global Transformations", Polity Press, 1999）。これら論者の

グローバリゼーション概念に共通しているのは，①時空構造が圧縮されていったため，②遠隔の地相互間の社会関係が政治・経済・文化・環境などすべてのレヴェルで連関性を強め，③世界のある地点の出来事が，世界中の人々にほぼ同時に認識されるようになり，直ちに反応が起きるようになったという指摘である。
4) グローバリゼーションを肯定的に捉え，さらにこれを加速化させようという主張や政策，あるいはそれを具体化するための組織やメカニズムをグローバリズムと理解すべきである。このグローバリズムがグローバリゼーションを引き起こす場合と，逆に運輸・通信技術の発展により価値中立的に現実に展開しつつあるグローバリゼーションを肯定的に捉えるグローバリズムの思想・政策が生まれる場合があるといえよう（滝田賢治「グローバリゼーションと東アジアの経済リージョナリズム」7-8 頁，内田孟男編『地球社会の変容とガバナンス』中央大学出版部，2010 年）。
5) ハウスホーファーの地政学が，ナチス・ドイツの侵略政策に大きな影響を与えたと連合国側では評価していたため，ニュルンベルグ国際軍事法廷でも戦争犯罪人として告訴しようという動きがあったが，高齢であり，立証が困難との理由で告訴されることはなかった。その後の研究では，ヒトラー自身が彼の地政学を理解しておらずハウスホーファーを疎んじていたこと，とくに独ソ戦に対しては地政学の観点から反対していたこと，などが明らかにされている。また日本滞在中にはアジア各地を訪問し，アジアの言語や歴史，宗教を広く研究して，その地政学理論構築に役立てたといわれている。

①曾村保信『地政学入門―外交戦略の政治学』中公新書，1984 年。②カルル・ハウスホーファー,『太平洋地政治学・地理歴史相互関係の研究』，日本青年外交協会研究部訳（服田彰三），東京：日本青年外交協会，昭和 15 年。③クリスティアン・W・シュパング,「カール・ハウスホーファーと日本の地政学 一 第 1 次世界大戦後の日独関係の中でハウスホーファーのもつ意義について」,『空間・社会・地理思想』，第 6 号（2001 年），2-21 頁。④クリスティアン W シュパング,「日独関係におけるカール・ハウスホーファーの学説と人脈 1909-1945」，中田潤博士訳,『現代史研究』，第 46 号（2000 年 12 月），35-52 頁。
6) The Influence of Sea Power upon History, 1660-1783 (1890 年, http://www.gutenberg.net/etext/13529). A. T. マハン（北村謙一訳）『海上権力史論』原書房，2009 年（但し，抜粋訳）。
7) Democratic Ideals and Reality: A Study in the Politics of Reconstruction (Constable, 1919). H. ハルフォード（曾村保信訳）『マッキンダーの地政学―デモクラシーの理想と現実』原書房，2009 年。

8) The Geography of the Peace (Harcourt, Brace, 1944). N. スパイクマン（奥山真司訳）『平和の地政学――アメリカ世界戦略の原点』芙蓉書房出版，2008 年．

9) 「岩畔豪雄氏談話速記録」日本近代史料叢書 B-7，日本近代資料研究会，木戸日記研究会，1977 年 6 月．

10) Z. Brzezinski, *The Grand Chessboard: American Primacy and Its Geostrategic Imperatives,* Basic Books, 1997. 山岡洋一訳『地政学で世界を読む――21 世紀ユーラシア覇権ゲーム』日経ビジネス文庫，2003 年．

11) 1939 年 9 月 1 日，英仏がナチス・ドイツに宣戦布告することによって第 2 次世界大戦が始まったとする説明が一般的であるが，ユーラシア大陸の東西での戦争が結びつきまさに世界的規模での第 2 次世界大戦となったと考えられるのは，日米戦争開始以降であると理解するのが適切である．1939 年 9 月 1 日以降の戦争は，あくまで第 2 次ヨーロッパ大戦であり，日独伊三国軍事同盟という枠組みと，アメリカ主導の連合国という枠組みとの間の世界規模での戦争が始まったのは日米開戦，より正確に国際法的に表現すれば 1942 年 1 月 1 日にワシントン DC で連合国が結成され，日独伊の打倒を宣言してからのことである．39 年 9 月 1 日以降に第 2 次世界大戦が開始されたという解釈は，ヨーロッパ中心史観というべきであろう．

12) 帝国と帝国主義は密接な関係にはあるものの一応区別する必要がある．帝国とは「（多くの場合，遠隔の）異民族を支配する空間とその統治形態」であり，帝国主義とはやはり産業資本主義・金融資本主義の「発展」を背景として製品販売・原料獲得さらには資本輸出市場を確保するためにまず政治的・経済的に干渉し，最終的には軍事的にも影響力を行使していく政策を指すと見るべきであろう．もちろん公式帝国，非公式帝国の議論も踏まえなければならないが，帝国主義段階の国家は帝国であるが，帝国は必ずしも帝国主義段階の国家ではないことになる．なお帝国論については，滝田賢治「アメリカ帝国論：その論理と心理」『情況』(2003 年 4 月号，情況出版）と山本吉宣『帝国の国際政治学』(2006 年 11 月，東信堂）を参照のこと．

13) この点について，第 2 次大戦後，G. F. ケナンは「ソ連邦の行動の淵源」の中で，その長年のロシア観察から「アメリカの対ソ政策の主たる要因は，ソ連の膨張傾向にたいする長期の，辛抱強い，しかも確固として注意深い封じ込めでなければならないことは明確である」と述べている．革命以前のロシア帝国時代においても，現代においても，ロシアのエリート層の発想，それは多分に地政学的感覚に基づくものであろうが，変わっていないように思われる（G. F. ケナン，近藤晋一・吉田藤次郎訳『アメリカ外交 50 年』124–148 頁，岩波書店）．George F, Ken-

nan, American Diplomacy 1900-1950, University of Chicago Press, 1951.
14) Henry A. Kissinger, Diplomacy, A Touchstone Book, 1995. ヘンリー・A・キッシンジャー（岡崎久彦監訳）『外交（下）』（日本経済新聞社，1996年）509-510頁。
15) Zbigniew Brzezinski, "The Grand Chessboard", (Basic Books, 1997), pp. 197-208. 山岡洋一訳『地政学で世界を読む──21世紀ユーラシア覇権ゲーム』日経ビジネス文庫，2003年。
16) 三国同盟のうちイタリアは，その南部・中部が1943年段階で英米の占領下に置かれ，同じ連合国のソ連を排除した「イタリア方式」を採用したため，ソ連は単独で解放した東欧諸国を自国単独で「処分」出来ると考えたが，英米はソ連による「東欧支配」に激しく反発し，これも冷戦発生の要因となった。
17) アメリカのパワー・エリート達には国家や世界を生物や病原菌にたとえる傾向が強い。この「封じ込め政策」も，ソ連を病原菌になぞらえ，これへの酸素や養分の供給を断つことによってその生存を不可能にするという発想が看取できる。また，1937年10月5日ルーズヴェルト大統領がシカゴで行った「隔離演説」では，日独を病原菌ととらえ，健全な肉体である英米などの民主主義国を守るため，日独を隔離（quarantine）すべきであると強調した。
18) 滝田賢治「冷戦後世界とアメリカ外交」『国際政治』150号，日本国際政治学会，2007年。
19) 本節は，以下5本の滝田賢治を基にしている。①「米中グレート・ゲームの可能性」『海外事情』1月号，拓殖大学海外事情研究所，2007年，②「冷戦後世界とアメリカ外交」『国際政治』150号，日本国際政治学会，2007年，③「東ユーラシア国際関係の変容」『法学新報』第117巻11・12号，中央大学法学会，2011年，④「冷戦後のアメリカ外交と東アジア」『経済学論纂』第51巻3・4号合併号，中央大学経済学研究会，2011年，⑤「現代アメリカの世界軍事戦略」『法学新報』第118巻，3・4号，中央大学法学会，2011年。
20) ほぼ同時に発生する二つの大規模な地域紛争，具体的には中東と極東での紛争に対処できる戦力を保持し，その可能性のある地域に前方展開軍を維持し，そのために海兵隊の削減を抑制して機動力を堅持しようとする戦略であった。
21) ダンカン・キャンベル「通信諜報包囲網・エシュロンの実態」209-223頁『世界』10月号，2000年，岩波書店。
22) 滝田賢治「東アジア共同体構想の背景と課題」滝田賢治編『東アジア共同体への道』（中央大学出版部，2006年3月）。

第 2 章

多国間関係の中の中印関係
――ユーラシアへのインプリケーション――

スワラン・シン[1]

(溜　和敏訳)

1. はじめに

　ウェストファリア体制からブレトン・ウッズ体制へといたる有力な多国間制度とそれら制度による諸規範は，中位ランクの新興国が国際的な経済・政治・安全保障問題をめぐる舞台の中心に位置を占めるようになるにつれて，次第に新興国の協議による挑戦を受けるようになってきた。これまでの間，新興国の間では異なる世界観が併存してきたが，それは容易なことではなかった。そして，これまでくすぶってきたこの現実により，激しい政治的競争をも潜在的には引き起こしかねないような不安定が新たにいくつも生み出されている。そのような不安定な紛争では，新たな手段が用いられたり，新たな形態が表れたりするかもしれない。第2の冷戦というような明白な紛争形態が存在しないなかで，このような相互依存の深化とパワー・ポリティクスの継続の共存が，多国間主義による21世紀国際関係のあり方を形作ることになるだろう。

　こうした状況の中で，先進工業国における2008年以降のグローバル経済の減速は，前述のような国際関係における様々な断片的変化のペースをさら

に加速させたにすぎない。現代のグローバルなイシューのすべてにおいて――気候変動から，国連の再編，G20の機能の拡大，G20内の力関係の変化，さらにはエネルギー安全保障や，テロリズム・国際犯罪・薬物取引・人身売買に対するグローバルな戦線の過剰拡大，という長年続く他の問題にいたるまで――，国際関係の重点が明らかに新興国に利する方向に変化してきた。新興国の中で規模の大きな2つの国家である中国とインドで，購買力がかなりの程度増大して，消費がますます増大しているという事実，ならびに両国が海外投資を行うために多額の外貨準備を蓄えているという事実により，中印両国は，先進国経済を回復させるためのグローバルな取り組みにおける新たなパートナーの候補となっている。

　このような背景のために，多国間関係の中でチンディア[2]（中国とインド）を把握しようとするトレンドが，ユーラシア全体の多国間主義におけるより大きなトレンドにとって重要となっている。同様に，中国とインドの2国間関係におけるトレンドが両国の多国間主義への取り組みにとって重要となり，さらには両国が新たな多国間の枠組みを共に発展させるにあたって様々な多国間フォーラム内における中印両国の協力が重要となっている。そして本稿は，こうした文脈において，国際関係において最も好ましいメカニズムとしての多国間主義の不可避性，ならびに中国とインドにおける多国間主義の受容，多国間フォーラムにおける両国の交流の展開，さらには1つのパラダイムとしての多国間主義の展開における両国の影響力とユーラシア地域全体に与えるインパクトについて検討する。

2. 新しい多国間主義

　過去20年間の経験を通じて，我々は重要な教訓を学んだ。それは，いか

に強力な国家であろうとも，単一の国家が，安全保障を発展させるという課題に対してすべてを自力で，すなわち多国間パートナーシップと関与せずに取り組むことはできないということである。しかし，多国間主義それ自体に障害があり，また多国間主義は依然としてパワー・タクティクス（訳注：パワーに基づく駆け引き）に支配されている。同様に，多国間主義は問題のあるアクターやイシューへの取り組みにおいて比較的に容易かつ効果的であるかもしれないが，一般に交渉で速やかな進展をもたらすことは難しいメカニズムであり，コンセンサス形成の見通しが立たないこともある。

　新興国の参加に関しては，新興国自身がしばしば懐疑的であり，21世紀の現代世界の現実を反映できていない第2次世界大戦後の多国間取り決めに基づいたままの強力な規範により縛られていると感じている[3]。それゆえに，新興国の関与はせいぜい自国の国際社会への順応について最小限の保障を与えるものであり，新興国にとって古い多国間主義は多国間交渉における国家の行動を完全に決定するものではなかった。もしあるとしても，1960年代の従来型の多国間主義において新たなプレーヤーが急増したことは，現在までに表れている変革力学の前兆となっていたにすぎない。

　一方で，こうして現れている新興国の新しい多国間主義では，2国間主義が依然として中心を占めている。とりわけユーラシアにおいて，多国間の取り決めにおける新たな概念や考えは，まず2国間のチャンネルで事前に検討されたものに依然として依拠している。あるいは少なくとも，多国間協議で特定の問題に集中することを可能にするために，厄介な問題の一部は2国間のレベルで事前に解決されている[4]。それゆえ，アジアの新興国の2国間関係の性質が重要となっている。とりわけ台頭する中国とインドの場合，多国間フォーラムへの参加と，長きにわたる両国の歴史的な伝統や両国の複雑な2国間関係が結びついたままである。しかし，両国は様々な多国間フォーラムにおいて礼儀を保った関係を維持しており，今や両国の2国間関係には多

国間主義の影響が見てとれるようになっている[5]。

　結果的に，中印関係は2国間のみの関係から徐々に多国間での交流へと重心を移している。そのため，両国の2国間関係が健全であれば，多国間フォーラムにおける交渉に関わる他国に先んじて，多国間主義の発展に向けた基礎となれる可能性がある[6]。同時に，多国間フォーラムを通じた両国の接点が拡大することにより，その副産物として両国の2国間における政策および認識に前向きな変化が期待される。そうなれば，ユーラシアにおける多国間主義の発展に対する両国の持続的な貢献は確実となる。そして本章は，多国間主義をめぐる議論の展開とユーラシアの情勢の急激な変化という背景に基づいて，変化する印中関係の新たな形態を検討し，両国関係の見通しとユーラシアの多国間主義へのインプリケーションを明晰に示すことを試みる。

3. 多国間関係の中の中印関係

　多国間フォーラムにおける中印の関与は，2国間・地域・グローバルのいずれのレベルにおいても，相互に平和的で抑制された態度を維持することにかなりの程度成功してきた。しばしば相手国に対して冷淡であり，また最小限のリップサービスしか行われないこともあるが，多国間フォーラムにおける両国の交流はつねに相互に礼儀を保ってきた。台頭する中国とインドは当初，両国が東南アジアの新興経済諸国に関与しはじめるにつれて衝突すると予測されていたが，両国はこれまで努力して両国関係を調整し，まれに小規模な問題を起こすだけで済ませている。そのため，中国とインドはともに東アジアサミット（EAS＝East Asia Summit）の創設時メンバーとなり（訳注：2005年12月の第1回首脳会議には，ASEAN諸国，日中韓3カ国，オース

トラリア，ニュージーランド，インドの 16 カ国が参加），両国は東アジアサミットの討議や参加国拡大において重要な影響力を発揮してきた）[7]。

　数多くの分析において，中国を封じ込めようとするアメリカの陣営にインドが加わろうとしていることや，中国政府がユーラシアにおけるアクセスと影響力を自由に拡大するためにパキスタンを支援してインドを南アジアの問題に縛りつけるとの意図が指摘されている。しかし（中印関係に関して）最も冷淡な分析者の間ですら，中国のパワー・エリートの国際社会への順応にとって，インドが有効なパートナーになりうると考えられている。多国間主義への取り組みに加えて，限定的ではあるが，インドは中国政府による民主的なイニシアティブを象徴し，支援することが可能である。これは，インドが全面的な経済発展を達成する前に政治的な民主主義を実現した代表的な事例となっているためである。実際に，中国とインドはともに，国際関係および多国間フォーラムの民主化を推進している。他方で，公式レベルの交流において，両国の指導者は相手国の国内問題への言及において一般に抑制と礼儀を保っている。

　地域的・国際的な関係を「民主化」すること——それは両国の国内政策に影響を及ぼすと考えられる——は，両国にとって共通の願望である。中国とインドはともに，ロシア・中国・インドの戦略的トライアングルや BRICS（ブラジル，ロシア，インド，中国，南アフリカ）といった多国間フォーラムにおいて，多国間主義と国際関係の民主化の促進に向けた呼び掛けを繰り返している。こうした決議は，ユーラシアにおける多国間プロセスとレジームの強化に向けた両国共通の戦略に向けた連合の形成へと，両国の 2 国間関係を変容させる取り組みと政治的意志の強さを示している。疑いの余地なく，多国間レジームの民主化の強化にとって中国やインドのような台頭するアクターの役割は重要であり，このことは両国の 2 国間パートナーシップに対しても非常にポジティヴな結果を生じさせる可能性がある[8]。

4. 多国間フォーラムにおける中印関係

ユーラシアにおいて，中国とインドは，東南アジア諸国連合（ASEAN：Association of Southeast Asian Nations）に関連して設立された様々なフォーラムへの参加に長く豊富な経験を有している。両国は，1990年代前半から，ASEAN + 3 + 1 や，ARF（ASEAN Regional Forum），東アジアサミット，および後に設立された環インド洋地域協力連合（IOR-ARC：the Indian Ocean Rim Association for Regional Cooperation）や南アジア地域協力連合（SAARC：South Asian Association for Regional Cooperation），さらには上海協力機構（SCO：Shanghai Cooperation Organization）を基盤とする諸機構でともに取り組んできた。現在，これらのフォーラムが中国とインドの戦略的行動に及ぼす影響を確認できる[9]。こうした経験は，相手国を支持するうえでの限界や消極性を認識するための相互理解を強化することにもつながっており，また両国は相手国に活動の余地を与えることを学習している。たとえば，中国はSAARCへの関与を強めることで南アジアにおける自国政府の影響力を強化してきたが，台頭するインドがSAARCへの取り組みを強化したため，中国は地域内の力関係においてインドを弱体化せしめるような影響を及ぼす意思をもたなくなった[10]。

両国の用心深いアプローチや学習意欲は，唯一残る超大国であるアメリカが他の友好国や同盟国とともに引き続きグローバルな意思決定を支配しているなかで，両国がのけ者（notch）とされてきたことにより部分的には引き起こされている。時折，両国の新たな多国間主義は，両国それぞれとアメリカの2国間関係の脆弱さの表れと見られることもある。中印両国はともに，アメリカと他の国々との友好関係を信頼していない。ワシントンDCの戦略国際問題研究所（CSIS：Center for Strategic and International Studies）のテレ

ジッタ・C・シェイファーは，2002年の論文において，「今後10年にわたり，中国とインドは根本的には競争的である関係を平和的に管理しようと試みるだろう」と論じていた。今後10年間，「(中印両国の) 競争の領域は主として政治的な領域にとどまるだろう。両国は，アメリカと他の国々との関係を警戒している。また，中国は東南アジアにおけるインドの関係拡大の取り組みを注視しつづけるだろう。経済的競争が重要な要因となりうるのは，インドが経済的成長の軌道をさらに加速させることができた場合のみであろう」とシェイファーは記している[11]。これまで中国とインドは，多国間フォーラムへの取り組みや多国間フォーラム内での関与のために，このような予測を裏切ることができたのである。

しかし同時に，中国とインドの経済力の増大は，規範に基づく多国間枠組みを発展させることに向けては実質的な貢献をしていないが，両国の台頭は，ずっとバランスのとれた多極世界を保つことにも貢献してきた[12]。西欧諸国による封じ込めという中国特有の歴史的経験を考慮すると，中国が第2次大戦後の多国間主義への強烈な懐疑心を1990年代後半に至るまで一貫して示してきたことは，今日をもってしても当然である[13]。確かに，分離独立後の当初から多国間フォーラムを重視して馴染んできたインド政府の原則的なアプローチとは対照を成している。他方でインドは，冷戦時代のパワーに基づく多極主義に懐疑的であった。外国の援助を受けるに際して，インドへの供与を行うのがつねに多国間の国際借款団であったのに対して，中国は2国間供与——日本が供与国の筆頭である——からより多くの恩恵を受けてきた[14]。なお，言うまでもないことだが，その後，インドは日本の政府開発援助の最大の受け入れ国となっている。

5. インドの明確なイニシアティブ

　ここで強調しなければならないのは，インドの政策決定が従来と同じ原則によって導かれていること，さらに台頭するインドが多国間枠組み内において中国とのバランスの取れた関係の発展を支持する議論を続けていることである。インドは，中国政府に対するいかなる封じ込めの輪に加わる可能性をもたびたび否定してきた[15]。中国の場合，次第に国連システムをはじめとする多国間フォーラムの一部に加わるようになったのは，ようやく1970年代前半からの中米接近以降のことであった。したがって，共産主義インターナショナル (Communist International) を除けば，インドは共産主義諸国以外の中で伝統的に多国間フォーラムへの中国の参加を促進してきた数少ない国の中の1つであった。まず，インドは1947年3月から4月にかけてニューデリーで催された第1回アジア諸国会議 (Asian Relations Conference) に中国を招待した（訳注：インドがイギリスからの分離独立を果たすのは同年8月）。この第1回会議では，永続的な組織としてアジア諸国会議機構 (Asian Relations Organisation) の設立を採択し，第2回会議を2年後に中国で開催することを決定した。中国の共産主義革命に伴う混乱のために，第2回会議は実現できなかった[16]。しかしインドが1948年アジア諸国会議の中国での開催に信頼を示したことは，中国をアジアの問題に引き入れるというインドの明確なビジョンを表している。

　つづいて，インドは（セイロン，インドネシア，パキスタンとともに）第1回アジア・アフリカ会議を1955年4月にバンドンで開催し，そこには再び共産主義中国が公式に招待されて参加した[17]。それまでの間，インドは1951年の朝鮮戦争に際して中国を侵略者と呼ぶことを拒否しており，またインドは国連安全保障理事会における常任理事国の地位を要求する中華人民

共和国の主張への強力な支持国の1つでもあった。後者の問題に対するインドの支持は，1962年の中印戦争の間でさえも強固なままであった[18]。後には同様に，インドは中国の世界貿易機関（WTO：World Trade Organization）への加盟申請を支持し，そのために2000年2月に中国との2国間協定に署名した[19]。中国はWTOに2001年に加盟し，2003年にはインドと中国が公式に「相互の利益のためだけでなく，発展途上国全体の利益のためにも，世界貿易機関における協力を強化すること」に合意した[20]。両国はWTOに関して定期的に対話しており，両国のドーハ・ラウンドにおける相互の政策調整がメディアで報じられてきた。

多くの研究者は，中国とインドの台頭が，両国のリージョナル／グローバルな多国間フォーラムへの関与の増加と符合してきたと考えている[21]。また，両国がともに急速な経済成長を経験しなければ，こうしたことは起こらなかったかもしれないと言われている。インドは（そして中国さえも独自の方法で）多国間主義の一部の形態には常に関与してきたが，ソヴィエト連邦の崩壊ののちに，アメリカが単独主義の傾向を強めて，自国の国益の追求のためのメカニズムとして多国間主義を弱体化させかねないような形で軍事力を行使する傾向を強めたことが，中国とインドの両国における多国間主義への熱意の高まりをもたらした。このことは，ユーラシアにおける多国間主義の高まりの原因でもあり，また結果でもあると考えられる。ただしユーラシアでは，汎アジア的パラダイムに関するコンセンサスを発展させることのできる段階にはなく，コミュニティ形成に向かう段階にある。こうしたコンセンサスの欠如の原因が，一部には中国とインドにあることは確かである。

中国とインドはともに，それぞれの枠組み形成に関して幅広い意見の相違を抱えている。しかし両国はこれまで，中国とインドがそれぞれに中核的プレーヤーとなっていて両国にとり中心的な地域機構であるSCOやSAARCに，相手国がオブザーバーとして参加することを，前述の不一致のために妨

げることのないようにしてきた[22]。そして，これら2つの重要な多国間フォーラムにおいて両国の役割が発展すること，そしてアジア太平洋地域におけるASEANを中心とするフォーラムに両国がともに参加することにより，ユーラシアにおける多国間主義の将来に道筋がつく可能性もある。しかし同様に，これらの多国間フォーラムへの両国の取り組みを見ると，相手国を完全には孤立させないまでも，活動の余地を与えることについては相互に懐疑心と消極性を抱き続けていることがわかる。

6. インドとSCO

加盟国間の2国間関係に確かな進展をもたらした上海5は，程なくして主要な地域フォーラムへと発展し，ウズベキスタンが6番目の加盟国として招かれた2001年からSCOと名称を改めた。SCOは今やエネルギー安全保障やテロリズムといった地域的イシューを扱うようになり，加盟国の拡大についても議論をしている。そうした目的に向けて，2004年のタシュケントでの首脳会議でモンゴルにオブザーバーの地位を認め，2005年のアスタナでの首脳会議ではイラン，インド，パキスタンをオブザーバーとした。以上の4カ国はすべて正加盟国となることへの関心を表明しており，もはや「if（正加盟を認めるかどうか）」の問題ではなく「when（いつ認めるか）」の問題となっている[23]。その間，SCOは原則として新規加盟に門戸を開くことで合意し，インドは正規加盟の希望を維持し，その後はインド政府とアメリカとの緊密な関係のためにSCOへの加盟にあまり関心がないという印象を打ち消す努力を続けている[24]。

中国とインドはこの問題で最初のハードルを越えようとしているかのようにも思われる。しかしインドのSCOへの参加に向けた機運は高まっていな

い。それは，SCO で中国が最大の影響力を保持しており，その中国が SCO の意思決定にインドが関与する余地を認めることに対して最も消極的であることの，原因であり結果でもあると考えられるかもしれない。地域においてインドに積極的な役割を認めることに関して SCO の全加盟国の中で中国が最も消極的であり，インドの SCO への正規加盟を未だに受け入れていないことは理解できる。他の SCO の指導者は，2000 年代前半からインドの正規加盟への支持を表明している。インドの古くからの友好国であるソヴィエト連邦／ロシアだけでなく，カザフスタンのナザルバエフ大統領も，2002 年 2 月にニューデリーを訪問した際，インドが SCO に加盟するよう説得したいとの願望を表明していた。訪問の最後に行われた共同声明では，SCO へのインドの加盟が「機構に強さを加える」と述べられた[25]。中国はインドにオブザーバーの地位のみを認めたが，後に，中国政府だけがインドのオブザーバー参加に反対していたという事実が明らかになった。

　SCO におけるオブザーバーの地位を認められた 2005 年以降を含む数年間，中国政府の消極性によるものかどうかはともかく，インド自身の SCO に対するアプローチにも不熱心さが見られたことも強調に値する。それゆえに一部の専門家は，インドがアメリカの「大・中央アジア（Grand Central Asia）」戦略に従ったのだと仄めかしている。この戦略の一環として，アメリカ国務省の南アジア局と中央アジア局は統合されたほか（訳注：2006 年に統合され，南・中央アジア局となった），アメリカはユーラシアの資源へのアクセスを確保するためにインドの支援を模索しているとされている。SCO は 2007 年の首脳会議で，アメリカに対して中央アジア共和国諸国（CAR：Central Asia Republics）からの軍の撤退を求めた。それゆえ，この局面において，インドはこの中央アジア地域における伝統的なロシアの影響力（ならびに徐々に高まる中国の影響力）に対するカウンターバランスとしてアメリカのゲームを演じていると見られていた[26]。専門家は，「インドとア

メリカの戦略的パートナーシップの強化がSCOの重要性を弱める」と信じていた[27]。しかし，2008年にホワイトハウスの主が交替して以来（訳注：2008年のアメリカ大統領選のことを意味すると思われる。実際に大統領が交替したのは2009年1月），インドはSCO首脳会議において，端的に言えば従来よりも積極的な姿勢を取るようになった。こうした変化の一部は，BASIC（ブラジル・南アフリカ・インド・中国）やBRIC（ブラジル・ロシア・インド・中国）フォーラム，ロシア・中国・インド戦略的トライアングル会合のような他の関連する会合における中印の友好関係でも観察された。

G20やASEANといった数種の関連する会合も，多国間会合の傍らで2国間の問題を解決する機会を両国に提供してきた。しかしインドがアメリカや日本と接近していることは，しばしば中国政府のネガティブな反応を引き起こしており，また近年，領土問題をめぐる主張や，アジア開発銀行（Asian Development Bank）や原子力供給国グループなどの多国間フォーラムでのインドに反対場合，中国は今まで以上に攻撃的になることが観察されてきた。このことは，両国の友好関係が上辺だけのものであり，現実政治に対して脆弱であることを示した。

7. 中国と南アジア地域協力連合（SAARC）

次に中国の事例を検討すると，インドはSAARCにおける中国の役割を認めることに懐疑的であった。歴史的に，インドは周辺の小規模国家がSAARCを利用して団結してインドに対抗することに危惧しており，またインドを囲う小規模な周辺国を中国が利用することについても危惧していた[28]。しかし，インドがSCOへの関心をあまり示さなかったのとは異なり，中国は何年にもわたってSAARCへの参加を公に追求してきた。2003年1

月にパキスタンのイスラマバードで開催された第 12 回 SAARC 首脳会議において，中国の温家宝首相はパキスタンの首相に祝意を表す書簡を送り，パキスタンの首相が首脳会議開幕時の演説でその書簡に言及した。翌 2004 年の会合から公式に中国が SAARC への参加に関心を示している問題について検討を始め，2005 年 12 月に中国は公式に SAARC のオブザーバーの地位を認められた。インド政府は最終的には中国のオブザーバー加盟を認めたが，それはアフガニスタンを SAARC の正規加盟国の候補とすることにパキスタンが同意するのと引き換えであったと考えられている。さらにインドは，中国が SAARC で支配的なプレゼンスを占めることがないように，アメリカと日本，欧州連合（EU：European Union），オーストラリア，およびイランを SAARC のオブザーバーに加えさせた[29]。

　中国の李肇星外相は，2007 年 4 月にニューデリーで開催された第 14 回 SAARC 首脳会議に中国代表として初めて出席した。李外相は，中国が SAARC での機会を利用して「南アジアの安定と発展，良き善隣関係にむけて」取り組むことを目指していると表明した[30]。それ以来，中国はこのオブザーバーとしての地位を利用して積極的に南アジアの多国間フォーラムに参加している。また，SAARC は依然としてインドに支配されており，そのインドと中国の関係が 2005 年から悪化しているにもかかわらず，SAARC 加盟国は中国との経済関係の強化に関心を示しており，2008 年半ばからは中国と SAARC 諸国の間での自由貿易圏（FTA: Free Trade Area）を形成する提案がなされている[31]。それらの提案はインドの周辺の小国によって発議されているが，統合の深化に向けた取り組みは中国側がより熱心に推進している。中国と SAARC の間の FTA の合意は結ばれておらず，SAARC 内ではすでに合意されている特恵貿易も合意されていないが，2004 年以来，パキスタンやバングラデシュといった国々と中国の 2 国間貿易額は，インドとそれらの国々との 2 国間貿易の額を上回っている[32]。同様に，2010 年から，中

国がインドを抜いてネパールにおける最大の投資国となっている。

したがって，中印関係発展のペースは両国の複雑な2国間関係に影響されるかもしれないとしても，ユーラシアにおけるこれらの多国間フォーラムが，様々な地域制度において両国がともに取り組み協力するように，多国間主義という共通の枠組みを認識する「機会」を中国とインドに提供してきたことは間違いない[33]。中国に関して，専門家は，主として自国の国益に従って実際的かつ選択的に多国間主義を自由に用いてきたと指摘し，そうした観点によって「経済の多国間主義における中国の超積極主義，非伝統的安全保障問題における協力への熱意，および東アジアや中央アジアにおける紛争予防に対して見られる異なるアプローチ」を説明できると考えている[34]。中国はまた，安全保障問題の多国間主義となると，消極的で懐疑的な姿勢となり，2国間交渉を好む[35]。しかし，このことはまた，多国間主義において中国が最小限の順応を達成していることを示しており，この影響は専門家による研究でも十分に認められ，またユーラシアの政策決定者からも評価されてきた。インドは，アジアの問題への影響に関しては限られた行動の余地や影響行使の手段しか持たないままであるが，その信頼と責任については比較的に疑いを持たれていない。しかしまさにそれゆえに，インドはユーラシアの多国間主義に取り組む必要があり，また自国のポテンシャルを最大化するため，またより大きな地域での新たな地域秩序の発展において役割を果たすため，新たなパートナーシップを開拓する必要があるのだ。

8. 日本へのインプリケーション

ユーラシアの多国間フォーラムへの取り組みにおいて，日本は次第にインドの対外政策形成における重要なパートナーとして現れてきている。第2

に，多国間フォーラムにおけるオブザーバーとしての地位は，一部のオブザーバー国が加盟国に影響を及ぼしたり，難しい関係を抱える他国と関与したりするための，中立的な共通基盤を提供している。例えば日本にとって，SAARCへの参加は中国との緊張緩和やメディアの注目を浴びない中での交渉を行うことに役立ちうる。このことは，日本がとりわけエネルギー安全保障や自然災害に関連する取り決めに重大な利害を有するSCOに加盟する可能性をも開きうるだろう。第3に，SCOやSAARCの拡大はこれらの多国間フォーラムの成熟と自信を反映しており，このことは，これらのフォーラムに関与するオブザーバー諸国にとって新たな展望が切り開かれることを約束している。さらに，これらの協議の場は一定の成果を示しはじめており，日印関係に前向きな展開が見られたことも一部には日本のSAARCにおけるオブザーバーの地位という観点から説明されうる。

　日本がすでに中国やインド，さらには地域的取り決めやイニシアティブにおいて大きな影響力を有していることも強調に値する。日本はこれまで，南アジア，中国，およびCARに対する最大の援助供与国であった。しかしながら，日本とインドとの貿易の規模は，日本と中国との貿易額に比べて小規模にとどまっている。だが近年，南アジアと中央アジアにおける日本の政治的プレゼンスは決定的に増大しており，東アジアの問題においても日本は依然として主要なプレーヤーである。日本がアフガニスタンにおけるアメリカの軍事作戦や経済復興を海上から支援したこと，ならびにスリランカやネパールの和平プロセスに積極的に関与したことは，アジア南部における日本の新たなプレゼンスをはっきりと示している。日本が（ロシアやインドとともに）中国の台頭に反応するようになり，日本政府は他の地域大国との戦略的パートナーシップの構築に焦点を合わせてきた。同様に，南アジアや中央アジアへの中国の進出に緊張を高めたインドと日本はともに，地域的協力へのより洗練された戦略を通じて，伝統的に存在した経済的優越性（訳注：イ

ンドがかつては現在よりも世界において経済的プレゼンスが高かったことを意味する）を緊急に取り戻すべきことを認識した[36]。

しかし日本のSAARCへの参加とは異なり，日本のSCOへのアクセスは，日米同盟に対する中国の懐疑心のために，議論されることすら考えがたい。とはいえ，日本は控えめな形での地域への関与の取り組みを継続しており，1990年代前半からはCARへの援助を拡大してきた。2004年8月と2006年6月の提案に端を発する，日本政府による「中央アジア＋日本」対話（トラック2の専門家対話を伴う）は，SCOの門戸を日本に開く可能性を提供する，最も効果的なフォーラムの1つとなってきた[37]。しかし日本は，SCOの討議における中国の支配的地位を踏まえて，CARには好意的な姿勢を取りながらも，SCOに対しては直接的な警戒ではないとしても一定の用心をもって観察している。日本のメディアは，SCOを「反米」の機構として，あるいは中国が「中央アジアのエネルギー供給を囲い込む」ことを試みるための「排他的組織」として表現することがある[38]。そして，日印協力について中国が，自国に対する封じ込めを目的とした反中の試みと考えることにより，日本は次第に中印関係における一構成要素として浮上してきた。疑いの余地なく，インド政府と日本政府の双方にとって中国は共通の懸念材料であり，日印2国間の協議にはつねに中国の影が存在している。しかし日本とインドはいずれも，中国の平和的台頭を促したいと考えている。実際に，汎アジア地域における平和と安定を確かなものとするために中国・インド・日本の戦略的トライアングルを提案する研究も行われてきた。しかし，他の多くの戦略的トライアングルとは異なり，（三角形における）日印の辺は通常の状態であるが，中印と日中の二辺には問題が山積しており，戦略的トライアングルの形成を困難としている。しかし，3国はいずれも，平和が不可分であること，ならびに3国すべてにとっての繁栄と平和を確保するために，多国間主義を発展させ，関与し，強化することが相互の利益となるという認識を強

めている。

9. おわりに

これまで，外交官や研究者が話すためだけの場として多国間フォーラムを軽視することが一般的であった。アジアの多国間主義は，多国間主義の目的に沿った力学ではなく国力と国益によって動かされる，未熟な段階にあると信じられてきた[39]。研究者も，（リベラル制度主義に基づいていると言われる）EUや（コンストラクティビズムに基づいていると言われる）ASEANというのレンズを通してアジアの多国間主義を観察する誘惑に駆られ，また多国間主義が中国のように急速に台頭する大国を制御するための手段と考えられることもある。同様に，中印関係を味方か敵かという非常に単純な観点から叙述することがたびたび行われてきた。たとえば，99％の良い関係と1％の悪い関係と叙述されたり，あるいは工場とオフィス，すなわち世界全体に向けてハードウェアとソフトウェアを生産する国と呼ばれたりしている（訳注：中国がハードウェアを製造する工場であり，インドはソフトウェアを生産するオフィス）。ユーラシアにおける多国間フォーラムへの参加という観点においてすらも，中印の一方が他方と対峙しているという見方をする誘惑に不可避的に駆られる。おそらく，協力や共存，対立，競争の影が織り成すモザイク──それらの影がそれぞれに，時によっては熱い風や冷たい風となって両国関係に吹いている──として捉えられる両国関係の複雑な諸相を理解するためには，より細部に目を向けた注意深い描写が必要である。両国の複雑でダイナミックな関係を認識することによって，両国の多国間主義への貢献や，多国間フォーラムが両国の2国間関係に及ぼすインパクトを評価することができるのだ。

疑問の余地はあるとしても，今日，中国とインドは，ユーラシア大陸において最も規模が大きく，かつ最も急速に成長する 2 つの経済および社会として存在している。しかし高い成長率のストーリーは，1970 年代前半の日本の高度成長でも見られたものであり，インドと中国には日本の経験から学ぶところが大いにある。数十年後，中国とインドの関係は，地域およびグローバルの安全保障に甚大な影響を及ぼすようになるだろう。このことは，両国にこれまで以上の責任を課すことになる。両国の行動はこれまで以上に衆目に晒されるようになるだろう。また，両国の多国間主義へのインパクトがポジティブであることや，両国が多国間主義をめぐる議論に何らかの価値を貢献できることへの期待が高まるだろう。他方で，ある程度の競争も避けられない。中国がインドに対して中国と同程度のパワーと影響力を持つような余地を与えるとは考えがたく，このことはアジア太平洋経済協力会議（APEC）や国連安保理常任理事国（P–5），核兵器保有国（N–5）などのフォーラムへのインドの加盟に中国が引き続き反対していることからも理解される。多国間の統合に関する中国の懐柔的なレトリックが，中国版のパワーに基づく多極協力のカモフラージュに過ぎず，中国の根本的な利益や政策は変わっていないと信じる研究者もいる[40]。しかし，両国が経済力を備えた大国として台頭した後でも，現在の非対称性（訳注：中国がインドよりもパワーと影響力を有している状態）を維持すべく中国が努力するのは自然なことである。したがって，インドの外交上のレーダーに中国の姿がますます現れるようになり，インドは中国との外交的関与の深化を模索するだろう[41]。こうした状況で，ユーラシアにおける多国間主義を強化することによって中国とインドのようなアジアの新興大国の間の安定的なバランスを保つうえで，日本のようなアジアの大国が決定的な役割を有するのである。

第 2 章　多国間関係の中の中印関係　51

1) ジャワハルラール・ネルー大学（インド，ニューデリー）国際学研究科国際政治・国際組織・軍縮センター教授ならびに同センター長。アジア研究者連盟（Association of Asia Scholars: AAS）代表およびアジア太平洋研究インド会議（Indian Congress of Asian and Pacific Studies）事務局長を務める。連絡先は，ssingh@mail.jnu.ac.in。
2) 詳細については以下を参照されたい。Swaran Singh, "Multilateralizing Chindia", in *Asia Pacific Bulletin* (East West Centre), No. 108, April 28, 2011, pp. 1-2.
3) Paul Charles Irwin Crookes, *Intellectual Property Regime Evolution in China and India: Technological, Political and Social Drivers of Change* (Lieden: Koninklijke Brill NV, 2010), p. 116.
4) Paul G. Harris (ed.), *Global Warming and East Asia: The Domestic and International Politics of Climate Change* (New York: Routledge, 2003), p. 97.
5) 詳細については以下を参照されたい。Swaran Singh, "Paradigm Shift in China-India Relations: From Bilateralism to Multilateralism", in *Journal of International Affairs* (New York), Vol. 64, No. 2 (Spring/Summer 2011).
6) *World Migration 2008: Managing Labour Mobility in the Evolving Global Economy* (Geneva: International Organization for Migration, 2008), p. 387.
7) Minoru Koide, "A Japanese Perspective on the Rise of China and India: Opportunities, Concerns, and Potential Threats", in Peng Er Lam, Tai-Wei Lim (eds.), *The Rise of China and India: A New Asian Drama* (London: World Scientific Publishing, 2009), p. 88.
8) Mario Telo, "European Union and India: A Longue Duree Approach to the Evolving Relationship between Two Civilian Powers", in Shazia Aziz Wulbers (ed.), *EU-India Relations: A Critique,* (New Delhi: Academic Foundation, 2008), pp. 124-125.
9) Timo Kivimaki, "The EU-India-China Strategic Partnership and the Impact of Regional Constructs", in Bart Gaens, Juha Jokela and Eija Limnell (eds.), *The Role of the European Union in Asia: China and India as Strategic Partners* (Burlington, US: Ashgate, 2009), pp. 9-10.
10) Swaran Singh, "China's South Asia Policy: From Bilateral to Multilateral", in Smruti S. Pattanaik (ed.), *South Asia: Envisioning a Regional Future* (New Delhi: Pentagon Press 2010), pp. 230-231.
11) Teresita C. Schaffer, *Rising India and U.S. Policy Options in Asia* (Washington DC: Center for Strategic and International Studies, 2002), pp. 2-3.
12) Marina Yue Zhang with Bruce W. Stening, *China 2.0: The Transformation of an*

Emerging Superpower and the New Opportunities (Singapore: John Wiley & Sons, 2010), p. 256.
13）Guoguang Wu and Helen Lansdowne (eds.), *China Turns to Multilateralism: Foreign Policy and Regional Security* (New York: Routledge, 2008), p. 38.
14）*China & World Economy*, Vol. 10, Institute of World Economic and Politics, Chinese Academy of Social Sciences, Beijing, 2002, p. 30.
15）C. Raja Mohan, "India and the Asian Security Architecture", in Michael J. Green and Bates Gill (eds.), *Asia's New Multilateralism: Cooperation, Competition, and the Search for Community* (New York: Columbia University Press, 2009), pp. 146–147.
16）Anjali J. Dharan, "Indo-Tibetan Political Relations: Past, Present, and the Future of Tibet", at http://abroad.emory.edu/_customtags/ct_FileRetrieve.cfm?File_=5991, p. 13.
17）バンドン会議は，中印関係が悪化を始めた契機であったと指摘する専門家もいる。
18）Zannou Andre Corneille, "The Taiwan Factor in Sino-Indian Relations", in Anita Sharma and Sreemati Chakrabarti (eds.), *Taiwan Today* (New Delhi: Anthem Press, 2010), p. 113.
19）Chen An and Chen Huiping, "China-India Cooperation, South-South Coalition and New International Economic Order: Focus on the Doha Round", in Muthucumaraswamy Sornaranah and Jiangyu Wang (eds.), *China, India and the International Economic Order* (New York: Cambridge University Press, 2010), p. 114.
20）以下を参照されたい。*Declaration on Principles for Relations and Comprehensive Cooperation between China and India,* Beijing, June 2003.
21）Guoguang Wu, "Multiple Levels of Multilateralism: The Rising China in the Turbulent World", in Guoguang Wu and Helen Lansdowne (eds.) *China Turns to Multilateralism: Foreign Policy and Regional Security* (New York: Routledge, 2008).
22）Ma Jiali, "Relations between China and SAARC" in Upendra Gautam (ed.), *South Asia and China: Towards Inter-Regional Cooperation* (Kathmandu: China Study Center, March 2003), p. 80; Marie Lall, *The Geopolitics of Energy in South Asia* (Singapore: Institute of South East Asian Studies, 2009), p. 159; Swaran Singh, "India and Regionalism", in Alyson J. K. Bailes et al, *Regionalism in South Asian Diplomacy* (Stockholm: SIPRI Policy Paper 15, February 2007), p. 29.
23）Hooman Peimani, *Conflict and Security in Central Asia and the Caucasus* (Santa Barbara, Ca.: Greenwood, 2009), p. 320.
24）"India Keen to Become Member of SCO", *The Times of India* (New Delhi), 01 June

第 2 章　多国間関係の中の中印関係　53

2010 at http://timesofindia.indiatimes.com/india/India-keen-to-become-member-of-SCO/articleshow/5995619.cms
25) Ajay Patnaik, "Central Asia's Security: The Asian Dimension", in R. R. Sharma (ed.), *India and Emerging Asia* (New Delhi: Sage, 2005), p. 223.
26) M. K. Bhadrakumar, "India Begins Uphill Journey with the SCO", *Asia Times* (Hong Kong), 25 March, 2009.
27) Phunchok Stobdan, "Shanghai Cooperation Organisation and Asian Multilateralism in the Twenty-first Century", in N. S. Sisodia and V. Krishnappa (eds.), *Global Power Shifts and Strategic Transition in Asia* (New Delhi: Academic Foundation, 2009), p. 240.
28) Kishore C. Dash, *Regionalism in South Asia: Negotiating Cooperation, Institutional Structures* (New York: Routledge, 2008), p. 196; J. Mohan Malik, "India-China Relations in the 21st Century: The Continuing Rivalry", in Brahma Chellaney (ed.), *Securing India's Future in the New Millennium* (Hyderabad: Orient Longman, 1999), p. 365.
29) Marc Lanteigne, *Chinese Foreign Policy: An Introduction* (New York: Routledge 2009), p. 68.
30) Su Qiang, "China Makes First Visit to SAARC", *China Daily* (Beijing), 03 April 2007.
31) Marc Lanteigne, *Chinese Foreign Policy: An Introduction* (New York: Routledge, 2009), p. 68.
32) Aparna Sawhney and Rajiv Kumar, "Rejuvenating SAARC: The Strategic Payoffs for India", *Global Economy Journal*, Vol. 8, issue 2, (2008), p. 10; Hu Shisheng, "On the China-SAARC Restraint Factors in Economic and Trade Cooperation and the Ways of Economic Integration", in *South and Southeast Asian Studies*, 2010.
33) Christian Wagner, "India's New Quest for Intra- and Inter-regional Politics", in Sebastian Bersick, Wim Stokhof and Paul van der Velde (eds.), *Multiregionalism and Multilateralis,: Asian-European Relations in a Global Context* (Amsterdam: Amsterdam University Press, 2006), p. 55.
34) Li Mingjiang, "China's Participation in Asian Multilateralism: Pragmatism Prevails", in Ron Huisken, *Rising China: Power and Reassurance* (Canberra: ANU E-Press, 2009), p. 148.
35) Yong Deng and Fei-Ling Wang (eds.), *China Rising: Power and Motivations in Chinese Foreign Policy* (Lanham, Maryland: Rowman & Littlefield, 2005), p. 159.
36) C. Raja Mohan, "China and Japan Set to Redefine South Asian Geopolitics", *RSIS Commentaries,* 30 March 2007, pp. 2–3.

37) David Walton, "Japan and Central Asia", in Emilian Kavalski (ed.), *The New Central Asia: The Regional Impact of International Actors* (Singapore: World Scientific Publishing, 2010), p. 273.
38) Maqsudul Hasan Nuri, "Japan and the SCO", *The Express Tribune*, 10 November 2010.
39) Bates Gill and Michael J. Green, "Unbundling Asia's New Multilateralism", in Michael J. Green and Bates Gill (eds.), *Asia's New Multilateralism: Cooperation, Competition, and the Search for Community* (New York: Columbia University Press, 2009), p. 3.
40) Hans J. Giessmann, "'Chindia' and ASEAN: About National Interests, Regional Legitimacy and Global Challenges", *Dialogue on Globalization* (Berlin: Friedrich Ebert Stiftung, May 2007), p. 3.
41) Vikram Sood, "Beijing's Strategy and Implications for India", in Hsin-Huang Michael Hsiao and Cheng-yi Lin (eds.), *Rise of China: Beijing's Strategies and Implications for the Asia-Pacific* (New York: Routledge, 2009), p. 249.

第 3 章
中国と中央アジア
―― 戦略の転換 ――

趙　全　勝
（杜崎群傑　訳）

　本章は中国の中央アジアに対する対外政策について論ずるものである。歴史的に見て，中央アジアは戦略的な重要性と，政治的な特徴を有していた。近年，豊富な石油埋蔵量とエネルギー資源によって，中央アジアはさらに世界政治の中でも重要な地域となった。長い間，中央アジアは中国やロシアなど，この地域周辺の主要国にとっての焦点となってきた。程度の差こそあれ，これについてはヨーロッパ，インド，日本も同様である。近年，世界的に支配的な力を有する米国も，この地域に進出すると同時に，この地域の主要なプレイヤーとなった。従って本章は，その包括的な背景を分析し，中国と中央アジアとの関係に関する展開を明らかにするものである。

　本章は，特に中国の対外政策におけるアプローチと戦略の変化についての分析枠組みを提示する。その上で，中国が上海協力機構（SCO）などの，多国間による安全保障組織に着手していったことを立証する。さらに中国のこの地域への構想におけるアメリカとロシアの要因について詳細な分析を行う。そして結論では，SCOが当該地域における新しい安全保障のフレームワークを提示する可能性について論述する。

1. 3つのアプローチ

筆者はまず初めに,中国の対外政策におけるアプローチと戦略が変化してきたことを検証する[1]。中国の対外政策は3つの異なるアプローチに分けることができる。第1に,(中国の)歴史的な遺産は政策の策定に重要な役割を果たしてきた。これは中央アジアに関する問題も例外ではない。筆者はこれを歴史的アプローチと呼ぶ。

第2に,近年の中国の経済的政治的パワーの強化とともに,中国においてはナショナリズムが高揚している。この場合,国益はイデオロギーよりも優先される。このアプローチを筆者は国益主導アプローチによる対外政策と呼ぶ。

第3に,中国政府は世界における自国の強さのみならず,関係国家の様々な利益を尊重した上で,これら諸国と対等な能力を有すると確信するようになった。このアプローチは大国による共同管理アプローチと呼ぶことができるであろう。本章では近年まで中国は,最初の2つの考え方を強調していたが,次第に新しいアプローチ,とりわけ主要国との共同管理アプローチに移行していることを主張する。

2. 中国中央アジア政策

中国と中央アジアとの関係は長い歴史を有する。中国の関心は戦略的,経済的,政治的な側面に向けられてきた。近年,特にポスト冷戦期にあって,中国によるこの地域との関係強化の取り組みは,SCOの設立に象徴されている。

ここでSCO発展についての簡単な歴史を振り返りたい。1996年4月26日，中国，ロシア，カザフスタン，キルギスタン，タジキスタンの5つの国家が上海において，国境紛争解決をテーマとした会議を開催した。この会議は上海5としても知られている。中国はロシアのみならず，中央アジア諸国とも長い国境線を有している。例えば，中国とカザフスタン，キルギスタン，タジキスタンとの国境線は3,000 km以上に及ぶ。2000年には，ウズベキスタンがSCOのオブザーバーとなり，2001年には，正式なメンバーとして認められた。そしてこの組織は上海6を形成し上海協力機構（SCO）と名づけられた。

近年，SCOには，モンゴル，イラン，パキスタン，インドがオブザーバーとして参加しており，またここではアフガニスタン特別会合（contact group relations with Afghanistan）が設立された。SCOは組織として国連総会のオブザーバーの地位を有している。SCOは，独立国家共同体（CIS：Commonwealth of Independent States）や，ASEANなどの，その他の地域組織との関係も有している。

前回のSCOサミットは2011年6月にカザフスタンの首都，アスタナにおいて開催された。このサミットはSCOにとって開催10回記念となり，地域の安全保障，経済，文化における協力を高めることを誓約するコミュニケを採択した[2]。次のSCO参加国首脳会議は，2012年に中国で開催される予定である[3]。

3. 歴史的アプローチ

中国の中央アジアに対する対外政策は，明らかに中国政府の歴史的な関心に影響されている。中国の中央アジア地域に関する歴史的観点は，いくつか

の段階を経てきた。古代，中国は通商を目的としたシルクロードによって中央アジアとつながっていた。近代に入ってこの地域において，中国とイギリスやロシアのような帝国主義国との間の紛争が起こり，清朝後期には，中国はロシア帝国との軍事衝突を経験した。左宗棠は中国の歴史において，新疆地域におけるロシアの進出を防いだことで有名である。中華人民共和国建国後においては，中国とソ連との間には短いハネムーン期間があったが，すぐに2つの巨人による紛争が生じた。初めはイデオロギー上の論争から始まり，その後中国の極西部にあたる新疆などにおける，国境地域をめぐる軍事紛争へと発展していった。これにより，中央アジアは中国にとって西部国境における紛争地帯となった。

また，中国は多民族国家であるために，民族問題も抱えている。新疆はチベットや内モンゴル地域とともに主要な問題となっている。これら少数民族は，独立支持派として知られている。これらの分離主義者は，中国政府にとって，国内の安定や対外政策の悩みの種である。例えば，中央アジア諸国には，多くの離散ウィグル族が存在しており，カザフスタンには300,000人，キルギスタンには50,000人いると言われている[4]。1991年にソ連邦が崩壊したとき，中央アジア諸国は，その他のソ連邦の国家と共に独立を模索した。このような状況において，ウィグルの分離主義者は独立心を強めた。中央アジア諸国の政府も，時としてウィグルの兄弟に対してある種の共感を示し，これが状況をより複雑化させた。これにより事態がより悪化し，中央アジアに居住するウィグル族が中国の領土保全を不安定にする潜在的な「第5列」となるのではないかと中国の不安を強めたのであった[5]。このような歴史的要素は常に中国政府の対外政策の策定に影響を及ぼしてきたのである。

4. 国益主導アプローチ

　中国による中央アジア政策は，国益主導アプローチの影響も受けてきた。中国はロシアやその他の中央アジア諸国と国境紛争を抱えていた。加えて，新疆においては分離主義者による積極的な活動があった。例えば，東トルキスタンのイスラム教運動は，新疆内外において活動しており，中国の国益にとって重大な関係を持つ，中国西部の安定を脅かしている。経済発展における優先権が与えられているにもかかわらず，安定の維持や民族分離主義との闘いは，引き続き新疆においてきわめて重要な問題である[6]。

　中国政府は，2001年の9・11の後，アメリカ主導の反テロリズムのキャンペーンが起こったときに，これにすばやく反応した。中国は明らかにアメリカの反テロリズムの側についた。中国は「3つの悪」という言葉を用い，分離主義，原理主義，テロリズムを主要なターゲットとした。中国はウィグルやチベットの分離主義に対する戦いにおいては，分離主義とテロリズムという言葉を使用した。

　中国のエネルギー需要も，中央アジア政策を推し進める動力源となっている。中国は当該地域において，エネルギー資源が豊富な国に注目し，これらの国家と関係を築くことに励んできた。例えば，中国はカザフスタンの石油産業の主要な投資者である[7]。中国と中央アジア諸国との経済協力や貿易もエネルギー問題に重点が置かれている。中国政府は毎年トルクメニスタンから400億m^3のガスを購入する契約を結んでおり，中国へと続くパイプラインの建設を行っている[8]。中国石油天然気集団公司（China National Petroleum Company）は，MangistauMunaiGazというカザフスタンにおいて4番目の石油のシェアを有し，5億バレルの石油を貯蔵し，カザフスタン政府に対して100億ドルの貸し出し限度額を持ち，かつ世界金融危機によって弱体化した

企業の主要な株主である[9]。中国の経済的関心は道路建設のような，その他の分野にまで及んでいる。中国はタジキスタンを「親しい友人（原文："big friend"）」として言及したことがある。タジキスタンは新しい道路の建設のために，中国から2億9,600万ドルの融資を受けた[10]。

中国の関心は戦略的な観点に基づいている。中国の中央アジアへの進出はその他の主要国，特に米国やNATOによるいわゆる東側拡大へのカウンターバランスと見なされている[11]。

5. 共同管理アプローチ

理論的に言えば，国際関係における国家間の協力には，3つの要素が必要とされる。第1に，有志の国家による提携の存在である。ロバート・コヘインやヘンリー・キッシンジャーは，有志国家間には協力することによって相互に利益をもたらすような，国益の重複部分があると主張している[12]。第2に，協力関係を維持することが困難なために，国家間における相違点を克服する意志を有する時である[13]。ケネス・ウォルツやジョン・ミアシャイマーは，国益の重複は，協力の構築を容易にする一方で，利益を継続する強い意思がない場合は，参加国の間で利益が異なったり対立したりすると協力関係を破綻させる可能性が高くなるということを立証した。第3に，ロバート・コヘインやステファン・クラズナーは，メカニズムや制度は，主要国間の共同管理を容易にする媒体として設立されることを示した[14]。

その上，新興国として，中国は唯一の超大国であるアメリカと協力関係を維持する必要性を有している。同時に，中国はロシアやインドなどのその他の国家と強い関係を発展させる必要がある。従って，中国は地域において新しい安全保障の枠組を発展させる必要があるのである。

第3章　中国と中央アジア　61

"Managed Great Power Relations"において筆者は，主要国間の共同管理について以下のような6つの条件を提示した：
1) 強化された相互信用のための基礎を準備するという共通認識
2) 2国家間における協力する上での十分な動機
3) 国内政治を統制することに関する建設的方法
4) 制度構築と効果的なメカニズム
5) 危機予防の手段
6) 共通の土台を維持し大きくするための重層的な接点[15]

中国の中央アジアに対する対外政策は，特にアメリカやロシアと関わる問題を取り扱う場合，この共同管理戦略に基づいている。

6. 地域におけるリーダーシップ

ソ連の崩壊と共に，中央アジアには権力の空白が生じた。中国とアメリカはこの地域に進出することによって，その影響力を及ぼしてきた。中国はSCOなどの地域組織を設立することによって，そのリーダーシップを示してきた。

　SCOの参加者には日常的な協力関係がある。中国政府のシャトル外交は，異なった参加者を引き合わせるのに有効であった。誰もが想像できるように，SCOは技術的な意味においても，言葉の解釈に関して，決して容易な仕事ではない。ここでは，多言語（中国語，英語，ロシア語）の解釈が必要とされる。恐らく，現在のSCOにとってより難しいことは，違った地位，立場，関心の協調であろう。幸いにも，これらを克服するのに共通の立場が違いを十分広いために，全ての参加国の立場は中国によってかなりうまく調整されてきた。

それにもかかわらず，経済という目的のために，中国政府の中央アジアに対する影響力は引き続き強化されている。中国は世界的な不況によって揺さぶられたが，その他の隣国と比べて，かなりうまく暴風雨を乗り切った[16]。ロシアやアメリカはグローバルな金融危機に対応するための予算に苦しんでいるために，中国は中央アジアへの援助のための財布の紐をゆるめてきた[17]。ロシアの経済契約やカスピ海地域におけるエネルギーの独占を維持するコストが増加するに伴い，中国はこれに介入し，戦略的資源を確保するのに都合のいい状況になった[18]。

(1) 協　　調

SCOの6つのメンバー，4つのオブザーバー，1つの接触国家を含む，全ての関係国と協調するために，中国政府は国家間の一致点を求め，相違点を解決する必要がある。

(2) 一　致　点

全ての関係国にとって，最も緊急に必要としているものは，地域の安定と平和である。従って，関係国は自国の安全保障を達成するために，反テロリズムを強調する必要がある。紛争中の国境問題についても，解決する必要がある。その上，経済協力や文化交流もこれらの国家にとって共通の願望である。

(3) 異った関心

ごく自然のことではあるが，これらの国家間においては，優先事項に関しての違いがある。例えば中国にとって，最も主要な関心事は自国の国境の安定である。従って，中国は反分裂主義を第1のアジェンダに置いている。その他の中央アジア諸国はロシアの意志に関心があるようである。SCOの中

のいくつかの指導者は，国内の不安定化を引き起こす，「カラー革命」にも関心を有する。これには例えば，キルギスタンのチューリップ革命，ウクライナのオレンジ革命，グルジアのバラ革命が含まれる[19]。

7. 中国政府の協調メカニズム

中国はSCOにおいて指導的役割を演じるだけではなく，制度的組織の先頭にも立っている。SCOにおける政策決定の主要機構は，首脳会談として知られている1年毎のサミットである。同時にSCOには，政府首脳／首相，閣僚級会合，議会議長，委員会／部局レベルなど，その他の政策協調メカニズムがある。

SCOには2つの常設機関が設けられている。すなわち，SCO事務局（SCO Secretariat），地域対テロ機構（RATS: Regional Anti-Terrorist Structure）であり，いずれも北京に設置されている。事務局は30人の委託されたスタッフから構成されており，その人員配分は参加国のSCO予算に対する財政的貢献度合いに応じている[20]。予算の半分は中国とロシアから出資されており，残りは4つの中央アジアの国家が比例分担している。

中国とSCOメンバーとの間には，少なくとも5つの協調の手段がある。第1に，6カ国首脳の間では，政策調整のための頻繁な会合と議論が行われている。加えて，首脳以外にも，指導的な政治家や指導者達は，相互に訪問し，地域の問題について議論する機会を有する。第2に，中国政府はシャトル外交を利用し，参加国の違った立場を協調させている。第3に，中国政府は最近，中露間で戦略的対話を行うように提案した。第4に，外交チャネルを通した情報交換が，中露政府や他の中央アジア政府の間で行われている。第5に，様々な問題を議論し，サミットやハイレベル会合の準備を行うために，

毎年少なくとも4回のワーキンググループによる会議が行われている。その他にも、さらに低いレベルでのワーキング・ディスカッションも頻繁にとり行われている。

　これらの制度構築の努力は、中国政府による多国間主義という新しいアプローチを反映している。このような新しい方向性の中で、中国は過去数年間、SCOに加えてASEAN＋3、北朝鮮の核問題に関する6カ国協議、APEC、ARFなど複数の多国間組織・フォーラムの発展に努力し、またこれに参加してきた。

8. 米露ファクター

　言うまでもなく、中国は他国、特にアメリカやロシアなどが、中央アジア地域において中国と同じような活動を行うようになったとき、これらの国々が得る利益を無視することはできない。以下、これら2つの国家と中国の相互作用についてより詳細に見ていく。

　2001年の9・11の後、アメリカはキルギスタンとウズベキスタンから、軍事基地を使用する許可を得た。従ってアメリカは、これら両国のハーナーバードとマナスの空軍基地にそれぞれ3,000人の軍隊を展開した[21]。この事実は、アメリカ軍による中国の国境への接近が、わずか数百マイルにまで達したことになり、これに対する中国政府の関心を高めた。

　2005年6月、中国はその他のSCO加盟国と共に、アメリカ軍の撤退について期限を要求しようとした。上述のように、アメリカは2005年にSCOのオブザーバーとなることを打診したが、拒否された。SCOの決定に関してアメリカに不満を抱かせたのは、アメリカが拒否されたのと同時に、イランはオブザーバーとして受け入れられたことである。

しかし中国政府が当該地域におけるアメリカの全ての行動に否定的であるかといえば、それは間違いである。いくつかのケースにおいて、2つの国家は団結を示すために共に行動することがある。例えば、東トルキスタン・イスラム運動として知られている、新疆内外における分裂主義運動について、アメリカはこれをアメリカのテロリストのリストに含めている。その上、2002年8月にはブッシュ Jr. 大統領はアルカイダとのつながりを理由に、このグループの資産を凍結し[22]、中国政府はこれを歓迎した。

同時に、SCO は中国にとってロシアとともに活動する上での重要な媒体であり、この新しい組織は両国にとって相互に利益があるように改良されてきた。中央アジアはすでにロシアの裏庭ではないが、この新しい組織はロシアとその他の現地国との関係を安定させてきた。同様に、中国はこの地域に素早くかつ静かに進出することができた。

中国の中央アジアにおける影響力の増大は、現地国において一定程度歓迎されてきた。周知のように、ソ連時代からロシアはタジキスタンやキルギスタンに軍隊を駐留させており、このため中央アジアはロシアの意志に関心を持ってきた[23]。SCO など、中国政府によるこの地域への進出は、このような関心を減少させる効果もあった[24]。

それにもかかわらず、中国政府は SCO を西側に対抗する政治的あるいは軍事的同盟とは見なそうとはしていない。最も主要な例は、2008年8月に始まったロシアとグルジアの紛争である。グルジア軍が南オセチアに侵入した直後に開催された SCO サミットの会談において、ロシアはグルジアにおけるロシア軍の行動を認め、かつグルジア軍を南オセチアとアブハジアにおける反乱軍と認定することを要求したが、中国はこれを拒否した。中国の外相は後に、「対話と協議を通して、関連する国家が問題を適切に解決することが望ましい」と述べた[25]。ここから、中国政府はこの紛争において注意深くバランスを取ろうとしていたことが分かる。

その他の関係国も中央アジアへの関心を示している。この地域における中国の潜在的な競争相手であるインドは，SCO のオブザーバーとなった。しかし，インドはまだこの地域における活発な国家ではない。トルコにとって中央アジアは，トルコの関心対象である EU，クルド人分裂主義者，イラク情勢の展開と比べて，対外政策の優先事項ではない[26]。日本と韓国はこの地域に関心を持っているが，これは主にエネルギー問題に関してである。日本と韓国は，この地域におけるいかなる活動も，それぞれの利益を危険にさらさないことを確信したがっている。

9. 新しい安全保障のフレームワーク

　中国と中央アジアの関係を検証することによって，本章は国内的・国際的状況を包括的に考察した。本章では，伝統的な歴史的アプローチあるいは国益主導アプローチに加えて，中国は地域の国際問題について共同管理アプローチへと移行していることを主張した。中国によるこの重要な地域におけるアプローチと戦略の変化は，中国の対外政策に対する信頼性の増加と，中国周辺地域への国際的な影響力の高まりを反映している。

　ではこれらの事実は，この地域における力関係への影響や安全保障体制の基本的方向性も含む，アジア太平洋の国際関係に対して，何を意味しているのであろうか。SCO は，長期にわたって地域の平和と繁栄のために協力すべく，参加国に対して交渉のテーブルにつくことに関心を持たせてきただけではなく，この地域における新しい安全保障のフレームワークを制度化する方向性を提示してきた。

　中央アジアにおける全ての地域紛争に対応する上での重要な要素は，アメリカ，ロシア，中国を含む大国間の関係をいかに管理するかであることは明

白である。中国は新興国であり，現状維持国としてのアメリカとは異なる。一方でロシアは，過去20年の間に，上昇と下降を経験し，現在はその岐路にある。従って，いずれの国家も当該地域において特定の重要な関心を有している。安全保障環境に対する新しいアプローチとともに，中国政府はSCOのような多国間による安全保障のフレームワークにますます傾斜していくであろう。ARF（ASEAN地域フォーラム）が東南アジアの安全保障問題を取り扱い，6カ国協議が北朝鮮の核問題に取り組むように，中国の見方によれば，SCOは中央アジアの安全保障の問題を取り扱うメカニズムへと発展していくようである。

インセンティブやその他の好機を含む，当該地域における多国間主義の構造的発展に関する，積極的な傾向に注目することは重要である。例えば，9・11による国際的な危機に直面したとき，アメリカ政府が当然ながら推進したのは，グローバルな反テロリストのネットワークを構築することであった。これは，その他のプレーヤーにとって多国間主義に基づいて，アメリカの単独主義への傾斜を抑制させるという結果をもたらした。主要国は利益を争うというよりも，協力のために基本的な利益を重複させることを強調するようになった。また，重要な問題に関するリーダーシップも強調するようになった。大国がリーダーシップを発揮できる地域の多国間的フレームワークを発展させていくことが重要である。このフレームワークの相対的成功は，大国間の協力の重要性を示した。次のステップは，全ての安定した安全保障フレームワークが発展していくのに必要不可欠な，制度構築のプロセスを継続させることである。

中国の中央アジアに対する対外政策とSCOの発展は，斬新なコンセプトを有する新しいモデルを生み出すであろう。例えば，1つの行動原理は，この組織に参加している国家の信用と快適さを保証する，国内問題への不干渉と相互尊重である。加えて，SCOは反テロリズムと経済協力を目標に掲げ

ており，複数の合同軍事演習を組織している。同時に，中国とその他の参加国は，この組織が西欧に対抗するための政治的，軍事的な同盟ではないことを確認しようとしている。従って，いかなる国家も脅威に感じる必要はないのである。

1) 中国によるこのような対外政策の展開の分析については，Quansheng Zhao, "Moving toward a Co-management Approach: China's Policy toward North Korea and Taiwan," *Asian Perspective,* vol. 30, no. 1 (April 2006), pp. 39–78 を参照。
2) "SCO Summit Vows to Boost Regional Security, Economic and Cultural Ties". 〈http://news.xinhuanet.com/english2010/china/2011-06/15/c_13931647.htm〉 Accessed August 31, 2011.
3) "SCO Heads of State Council Meeting Commemorating SCO's 10 th Anniversary Held in Astana". *SCO News* 〈http://www.sectsco.org/EN/show.asp?id=292〉 Accessed August 31, 2011.
4) Chien-peng Chung, "The Shanghai Co-operation Organization: China's Changing Influence in Central Asia" *The China Quarterly,* 2004. 〈http://euroasia.cass.cn/Chinese/Production/Yellowbook2007/005.htm〉
5) Martha B Olcott, "Is China a Reliable Stakeholder in Central Asia?" Carnegie Endowment for International Peace. August 4, 2006.
6) Shan Wei and Weng Cuifeng, "China's New Policy in Xinjiang and its new changes". 〈http://www.eai.nus.edu.sg/Vol2No3_ShanWei&WengCuifen.pdf〉 Accessed August 31, 2011.
7) Martha. B Olcott, "Is China a Reliable Stakeholder in Central Asia?" Carregie Endowment for International Peace. August 4, 2006. 〈http://www.carnegieendowment.org/publications/index.cfm?fa=view&id=18606&prog=zru〉 Accessed August 30, 2008.
8) "Russia's Isolation Plays into China's Hands" *International Herald Tribune* The Associated Press. August 30, 2008.
9) Alexnder Jackson, "China and Central Asia", *Caucasian Review of International Affairs,* Caucasus update No. 33, May 19, 2009.
10) "Building Roads, China Lays Path to Power in Central Asia" *Agencies.* August 31, 2008.
11) Kostis Geropoulos, "The Pipeline Guardians: NATO, SCO." September 1, 2008. 〈fo-

第 3 章　中国と中央アジア　69

rum.prisonplanet.com/index.php?topic=56594.0-30k.〉Accessed September 1, 2008.
12) Robert Keohane, *International Institutions and State Power* (Boulder, Colo.: Westview Press, 1989), p. 138, Henry Kissinger, *Does America Need a Foreign Policy?* (New York: Touchstone, 2001), pp. 152-53 を参照。
13) Kenneth Waltz, *Theory of International Politics* (Reading, Mass.: Addison-Wesley Publishing Company, 1979), p. 106, John Mearsheimer, *The Tragedy of Great Power Politics* (New York: W. W. Norton, 2001), p. 373 を参照。
14) See Robert Keohane, *After Hegemony* (Princeton, N. J.: Princeton University Press, 1984), p. 244, Stephen Krasner, *Problematic Sovereignty* (New York: Columbia University Press, 2001), p. 182 を参照。
15) 詳細な分析については，Quansheng Zhao, "Managed Great Power Relations: Do We See 'One Up and One Down?'" *Journal of Strategic Studies,* vol. 30, no. 4-5 (August-October 2007), pp. 609-637 を参照。
16) Alexnder Jackson, "China and Central Asia", *Caucasian Review of International Affairs,* Caucasus update No. 33, May 19, 2009.
17) "China in Central Asia: Riches in the near abroad", *Economists,* Jan. 28, 2010.〈http://www.economist.com/node/15393705〉Accessed August 31, 2011.
18) Alexnder Jackson, "China and Central Asia", *Caucasian Review of International Affairs,* Caucasus update No. 33, May 19, 2009.
19) Ariel P Sznajder, "China's Shanghai Cooperation Organization Strategy" Editor: Andres Gentry *Journal of IPS* Vol 5, spring 2006.
20) Chien-peng Chung, "China and the Institutionalization of the Shanghai Cooperation Organization" *Problems of Post-Communism,* vol. 53, no. 5. pp. 3-14. September/October, 2006.
21) Chien-peng Chung, "The Shanghai Co-operation Organization: China's Changing Influence in Central Asia" *The China Quarterly,* 2004.〈http://euroasia.cass.cn/Chinese/Production/Yellowbook2007/005.htm〉
22) Niklas Swanstrom, "China and Central Asia: a New Great Game or Traditional Vassal Relations?" *Journal of Contemporary China,* 14(45), 569-584. November, 2005.
23) "Building Roads, China Lays Path to Power in Central Asia" *Agencies.* August 31, 2008.
24) "China Could Gain from Russian moves on Georgia" *International Herald Tribune* The Associated Press. September 2, 2008.
25) Antoaneta Bezlova, "Shanghai Cooperation Organisation Split on Georgia" *Inter Press*

Service News Agency, September 2, 2008.
26) Ariel P Sznajder, "China's Shanghai Cooperation Organization Strategy" Editor: Andres Gentry *Journal of IPS* Vol 5, spring 2006.

参 考 文 献

Alexnder Jackson, "China and Central Asia", *Caucasian Review of International Affairs*, Caucasus update No. 33, May 19, 2009.

Antoaneta Bezlova, "Shanghai Cooperation Organisation Split on Georgia" *Inter Press Service News Agency*, September 2, 2008.

Ariel P Sznajder, "China's Shanghai Cooperation Organization Strategy" Editor: Andres Gentry *Journal of IPS* Vol 5, spring 2006.

"Building Roads, China Lays Path to Power in Central Asia" *Agencies*. August 31, 2008.

Chien-peng Chung, "The Shanghai Co-operation Organization: China's Changing Influence in Central Asia" *The China Quarterly*, 2004. 〈http://euroasia.cass.cn/Chinese/Production/Yellowbook2007/005.htm〉

Chien-peng Chung, "The SCO: Institutionalization, Cooperation and Rivalry", *Japan Focus*, October 17, 2005.

Chien-peng Chung, "China and the Institutionalization of the Shanghai Cooperation Organization" *Problems of Post-Communism*, vol. 53, no. 5. pp. 3–14. M. E. Sharpe, Inc. September/October, 2006.

"China and Central Asia" 〈http://chinaperspectives.revues.org/document1045.html〉 Accessed August 30, 2008.

"China Could Gain from Russian moves on Georgia" *International Herald Tribune* The Associated Press. September 2, 2008.

"China in Central Asia: Riches in the near abroad", *Economists*, January 28, 2010. 〈http://www.economist.com/node/15393705〉 Accessed August 31, 2011.

"China, Kyrgyzstan Vow to Enhance Cooperation in Various Fields" 2008-08-29 www.chinaview.cn 02:03:32 〈http://news.xinhuanet.com/english/2008-08/29/content_9731559.htm〉 Accessed August 30, 2008.

Dru Gladney, *Dislocating China: Muslim Minorities and Other Subaltern Subjects*, Chicago: The University of Chicago Press. 2004.

Fravel Taylor "Securing China: the PLA's Approach to Frontier Defense", *Conference on PLA affairs*, CAPS-RAND-CEIP, 10–12, November, 2005.

Gongcheng Zhao, "China: Periphery and Strategy," *SIIS Journal*, Vol. 10, No. 2, May 2003,

第3章 中国と中央アジア 71

pp. 24-33.
"How Might China's Soft Power Impact Central Asia?" 〈http://www.registan.net/index.php/2007/06/26/how-might-chinas-soft-power-impact-central-asia/〉Accessed August 30, 2008.
Kostis Geropoulos, "The Pipeline Guardians: NATO, SCO." September 1, 2008.〈forum. prisonplanet.com/index.php?topic=56594.0 - 30 k.〉Accessed September 1, 2008.
Martha B Olcott, "Is China a Reliable Stakeholder in Central Asia?" Carnegie Endowment for International Peace. August 4, 2006.〈http://www.carnegieendowment.org/publications/index.cfm?fa=view&id=18606&prog=zru〉Accessed August 30, 2008.
Niklas Swanstrom, "China and Central Asia: a New Great Game or Traditional Vassal Relations?" *Journal of Contemporary China,* 14(45), 569-584. November, 2005.
Quansheng Zhao, "Managed Great Power Relations: Do We See 'One Up and One Down?'" *Journal of Strategic Studies,* vol. 30, no. 4-5 (August-October 2007), pp. 609-637.
Quansheng Zhao, "Moving toward a Co-management Approach: China's Policy toward North Korea and Taiwan," *Asian Perspective,* vol. 30, no. 1 (April 2006), pp. 39-78.
"Russia's Isolation Plays into China's Hands" *International Herald Tribune* The Associated Press. August 30, 2008.
"Russia-China Partnership in Central Asia" *Foreign Policy Association: Central Asia.*
〈http://centralasia.foreignpolicyblogs.com/2008/06/16/russia-china-partnership-in-central-asia/〉Accessed September 1, 2008.
"SCO Heads of State Council Meeting Commemorating SCO's 10 th Anniversary Held in Astana". *SCO News,*〈http://www.sectsco.org/EN/show.asp?id=292〉. Accessed August 31, 2011.
"SCO Summit Vows to Boost Regional Security, Economic and Cultural Ties".〈http://news.xinhuanet.com/english2010/china/2011-06/15/c_13931647.htm〉Accessed August 31, 2011.
Sergei Karganov, "New Contours of the New World Order", *Russia in Global Affairs,* Vol. 3, No. 4. October-December 2005. pp. 8-23.
Shan Wei and Weng Cuifeng, "China's New Policy in Xinjiang and its new changes".
〈http://www.eai.nus.edu.sg/Vol2No3_ShanWei&WengCuifen.pdf〉Accessed August 31, 2011.
"Shanghai Cooperation Organization Members Start Anti-Terror Drill in Russia" *The Journal of Turkish Weekly*〈http://news.uzreport.com/mir.cgi?lan=e&id=51028〉Accessed September 4, 2008.
"Shanghai Cooperation Organization Playing Ever Bigger Role" www.chinaview.cn August

28, 2008 ⟨http://news.xinhuanet.com/english/2008-08/28/content_9727926.htm⟩ Accessed August 29, 2008.

Thierry Kellner, "XIVème Comité central du Parti communiste chinois", in *la Chine et la nouvelle Asie centrale,* Document No. 7. GRIP, Bruxelles, 2004. 1996. *Bouleversements et reconfiguration en Asie centrale,* ⟨http://www.cimera.org.⟩.

Valerie Niquet, "China, Mongolia, Central Asia: China on The Edges of the ex-USSR", *China News Analysis,* Taiwan, No. 1532, April 1, 1995. ⟨http://www.informationclearinghouse.info/article20660.htm⟩ Accessed September 2, 2008.

Weiwei Zhang, et Xu Jin, "An Observation of Security Cooperation between China and the Central Asian Countries," *International Strategic Studies,* April, 2005.

Xinhua News, January 19, 2005.

第 4 章
中国沿岸都市ベルトと21世紀地政学の再検討

徐　　勇

（張玉萍訳）

　前近代の中国は農業経済を主体とした大陸国家で，その間に興った中心都市は，沿岸から遠い大陸の内地に多く分布している。しかし19世紀以来の200年間，国内外の様々な要因が結びついて，中国の沿岸地域には次々と多くの数10万ないし100万人以上の住民を擁する大・中都市が現れ，ベルト状の1.8万キロに及ぶ沿岸都市の集合体を形成した。現在，中国最大の都市は内陸ではなく沿岸地域にある。沿岸都市ベルトは，すでに中国の社会・政治・経済・文化の全ての面に深甚な変化をもたらし，21世紀の東アジア地域とユーラシア大陸内陸部という2方面の国際関係に対しても，大きな影響を与えることになる。これは現在，注目を集めている研究課題であり，その研究の視角も多面的でなければならない。以上の問題意識に基づき本章では，地政学と国際関係の両面から中国沿岸都市ベルトの意義を検討していきたい。

1. 中国における沿岸都市ベルトの形成と発展状況

　中国は陸海の両方に優れた地理的条件を備えている国である。しかし，沿

岸ベルトの開発はつねに前工業時代の大陸的な農業経済に制約されていた。歴代の政権は農業を重視し，商工業を軽視する国策を採り，国の政治的中心は内陸に集中してしまい，臨海の豊かな資源はあくまでも内陸部の経済・文化を補充するためのものにすぎなかった。前近代の数千年にわたる中国文明史上において，1.8万キロ余りの海岸線が発揮した主な役割は，国境としての海防上の区画および障壁であったのであり，内陸部の社会経済を全面的に支配する臨海都市が現れず，地中海のような海洋文化をも生まれてこなかったのである。

1982年2月8日に国務院の許可を得て公布された，第1次国家歴史文化都市は全部で24あったが，その中で沿岸都市は杭州・泉州・広州で8分の1を占める。その後，2009年までに歴史文化都市は全部で110に上るが，その中で沿岸都市は上述の3市のほか，上海・天津・寧波・福州・漳州・潮州・臨海（台州）・青島・雷州の計12で，その比率は11%にも満たない。前近代の西安・洛陽・北京・成都などの都市および各都市間の交通路線は，みな内陸部に位置していた。この現象は，中国史上において沿岸都市の数量・規模・影響が，いずれも内陸都市に及ばないことを意味している。

中国沿海地域の開発と沿岸都市の発展は，常に大陸の農業経済に制約されていた。歴代王朝は農業を重視し商業を抑える国策を推し進め，社会・政治・文化の中心は長期間にわたり内陸部に集中し，沿海の富源はただ内地の農業を補うのみで，内陸部の社会経済を支配する臨海都市は一貫して出現しなかった。前近代の中国において，長さ1.8万キロあまりの海岸線が発揮した主な役割は，海洋防衛上の境界および障壁としてのものでしかなかったのである。

明・清以来の鎖国政策は，さらに沿海地域の発展を著しく制約したが，その間に海外との交流もあった。1567年に福建巡撫の涂沢民が，海禁を解くよう主張する上奏文を提出して採用された。その後，「依然として海禁派の

言論が時々聞こえたが，海洋貿易を肯定する意見がずっと官僚階級の主要な思潮であった。」[1] 康熙帝が台湾海峡の戦闘を経て台湾を回復した後，清朝が1684年に自ら広州・漳州・寧波・雲台山（連雲港）の港を開放すると宣言したのは，自主的な開港であった。しかし，乾隆22年（1757年）に発せられた上諭で，通商港は4港から1港に減り，広州のみが海外との交流に残された。100年近くの「鎖国」時代が始まったのである。経済貿易や交通は厳しく束縛され，沿海地域は委縮することになる。当時はヨーロッパの工業化が非常に発展した時期であり，中国はついにヨーロッパ世界に遅れてしまったのである。

1842年8月29日，下関江上のイギリス軍艦コーンウォリス号において，清朝は中英江寧条約（南京条約）を締結させられ，イギリスに賠償金を支払い，香港を割譲し，「清国沿海の広州・福州・厦門・寧波・上海の5港に，貿易と通商を行う障害はなくなった。」[2] 1858年の中英条約・中仏条約は，追加条項で牛荘・登州・台南・淡水・潮州・瓊州などの沿岸都市と，長江流域の漢口などの都市を通商港として開くことを定めた。清朝末期の中国はついに鎖国状態の終結を迫られ，不平等条約の形で開国の幕が開くと，海岸線に最初の開港都市が現れたのである。

19世紀と20世紀の中国では，絶えず動乱や戦争が続き，内陸部住民の沿岸など周縁地域への移住が加速し，沿海地域に絶えず労働力や各種資源が送り込まれ，さらに海外から資金や技術が流入し，これらが沿岸都市の急速な発展を促した。辛亥革命によって帝政が倒れ民国が成立した後，海岸線と沿岸都市の規格・建設に新たな議事日程が提起された。孫文の『実業計画』は，3つの世界的大港湾，4つの第2級港湾，9つの第3級港湾，15の漁業港，計31の港湾都市を構想した[3]。しかし，民国期には40年近く戦乱が続き，この計画は実施できなかった。

1949年に中華人民国和国が成立すると，国共内戦が終了し，また内陸方

面においてソ連および東欧の国々と交流できたという大きな成果を遂げた。しかし，冷戦の影響を受け，共和国の前30年間の発展戦略は，「一辺倒」や「大三線」建設のような内陸で守勢に立つ政策を実施し，沿岸地域を開発する力はなかった。さらに前30年間の共和国の沿岸地域は，北から南へと前後において朝鮮戦争，両岸対峙およびベトナム援助作戦など戦時あるいは臨戦態勢に瀕し，つねに非安全的な地域であり，開発・建設する地域ではなかった。

中国沿岸都市体系の健全な発展は，80年代の改革・開放以後のことである。大きな戦争が勃発しないだろうとの鄧小平の判断に基づき，4つの特区と14の沿岸都市が相継いで開放され，一連の特色ある都市ベルトの形成を促し，海岸線は急速に勃興した。20世紀末になると香港・澳門が相継いで返還され，大陸の海岸線と沿岸都市から主権を分割する政治的障害が消滅したことは，環渤海都市群，長江デルタ・珠江デルタ都市群を中核とする，沿岸都市ベルトの正式な形成を意味し，これにより伝統中国が全面的に海洋時代に入る幕が開いたのである。

上述した歴史は，中国の都市発展史の変遷の特徴を明確に示している。すなわち，中心都市とそれによって代表される中核地域が，一貫して中原地区から東・南へと移っていったのである。もともと黄河流域から育った大陸農業文明とその中心都市は，同地区の土地・降雨・交通といった諸要素に恵まれたものであった。たとえば黄仁宇によれば，「黄土の細かさが，木製のスキのような原始的工具による耕運を可能にし」，15インチ等雨線が「中原農業を栄えさせ人口を増やした。」さらに貨物の運搬が可能で土地を潤沢にする黄河が，中原都市の発展を決定する多くの要素であった[4]。

しかし，黄河流域の過度の開発や，王朝交代時の戦乱，そして周期的な寒冷などの自然災害が，やがては中原の人力と技術を次々に東南へと向かわせ，大陸文化と海洋環境の深いレベルでの結合を促した。その中には，海か

ら伝えられてきたヨーロッパの工業技術の吸収も含まれている。換言すれば，19世紀以来の200年間は，近代ヨーロッパの工業がアジアへ伝わり，海岸線で中華文明と衝突・交錯すると，ついに元来は小都市や漁村・干潟であった所へ次々に沿岸都市が出現し，これらの海岸都市は逆に内陸の都市や鎮に影響を与え，相互連動的に発展を遂げた。また「近代を通じて経済・文化の両方面において，中国近代化の先駆的地位を占めた。」[5]

過去200年間，「沿岸都市ベルト」は海岸線上に分布している都市集合体である。それらには内陸の後背地と異なる点もあれば，近海の大陸型都市とも異なる点がある。それらは海洋と大陸の交錯するところに生まれ，その特徴は「二元中核都市」現象に現れている。たとえば，北京は海から200キロあまり離れており，首都として特殊な政治・経済・交通などの優越した条件を具えているが，北京は同時に天津の海港としての機能に依存せざるをえず，そこで天津は19世紀から急速に海岸線上の大都市として発展し始めた。南京は悠久の歴史を持つ千年の古都であり，水陸経済・交通いずれも便利で，また長江下流の黄金水道に沿って海に入ることができるのだが，全て整っていながらただ海に直接面していないため，ついには上海に取って代わられてしまった。上海は南京を含む広大な後背地に依拠して，200年間で長江デルタの尖端として勃興し，また中国最大の都市となった。類似したものとして，瀋陽・大連や済南・青島といった「二重中核都市」現象がある。

「二重中核都市」は北から南へと綿々と並び，沿岸都市と内陸都市との密接な関係を示していると同時に，外観上から沿岸都市のベルトのような性質および実際に含まれている近海100～200キロ幅のベルト態勢を表しているのである。

現代の「沿岸都市ベルト」の人文地理的な諸特徴を総合すると，経済および人口の比重が次第に増加してきている。筆者の初歩的な統計によると，1994年の全国における行政区画としての市の数はすでに622に達し[6]，同時

期に沿海の中レベルの都市は60あまりあった。主なものとして，丹東・瓦房店・大連・営口・盤錦・錦州・葫蘆島・秦皇島・唐山・天津・黄驊・東営・濰坊・浜州・龍口・威海・烟台・栄城・青島・日照・連雲港・塩城・啓東・南通・張家港・上海・寧波・海門・台州・瑞安・温州・福州・莆田・石獅・晋江・泉州・厦門・漳州・東山・汕頭・汕尾・恵州・深圳・広州・中山・東莞・珠海・新会・陽江・湛江・北海・防城などがある。21世紀に入ると，新たな行政市と経済特区が絶えず現れた。たとえば，渤海湾の曹妃甸および珠江デルタの南沙などが相継いで海岸線上に勃興してきた。

　中国の沿岸都市と沿海地域の人口は，世界的な都市化現象とともに日一日と増えてきた。1992年に国連の環境・発展に関する会議は，全世界の海岸線から10キロ以内の沿海地域に，60％の人口が居住していると推測した。1993年の世界海岸大会では，21世紀に発展途上国で75％の人が沿海地区に居住すると予測している。中国では改革・開放以来，人口が内陸の中西部から沿海へと集中的に移住することが，とりわけ顕著になっている。中でも沿岸都市への移転率は，一般的な意味での東部の沿海地域への移転率より高かった。統計によると，1997年に全国の沿海地域の純移転率は7.89‰であったが，沿岸都市（大連・上海・広州など最大の14都市）への純移転率は，10.66‰となっている[7]。

　今後，中国の人口は沿海に向かって持続的に移転していき，沿海の中でも主に沿岸都市へ移転していくことになる。海岸線上における大・中都市の人口比率は，次第に上昇していくだろう。目下，沿岸都市を含む沿海地域の人口の比率は，約40％である。専門家の予測によると，「中国が中程度の先進国に達すると，8～10億人が沿海地域に居住することになり」[8]，しかも沿岸都市の人々の文化的水準やハイテク人員の比率は，内陸部や周縁都市よりはるかに高くなる。長年来の統計によると，内陸部の受験生で大学を卒業した後，内陸部に戻って就職した者は僅か3分の1ほどしかおらず，大部分は

東南部の沿岸都市へ行き，80年代以来持続的な「孔雀が東南へ飛ぶ」現象が出現した。

近年，中国は西部開発政策を推進し，大学や専門学校および新生代の農業労働者の就職に大きな調節的な役割を果たしてきた。しかし，上述した新生代人口の大多数が沿岸の大中城市へ流れていく趨勢を根本的に変えることができなかった。したがって，依然としてマタイ効果を起こし，沿岸地域および沿岸都市の人的素質と知的レベルを強化することになる。

中国の沿岸新都市の発展は，まだ大きな余地が存在している。しかし先進国と比べると，アメリカは21,600キロの海岸線を持ち，約180キロごとに比較的大きな都市が1つあり，日本は30,000キロの海岸線を持ち，約30キロごとに5万人の沿岸都市が1つある[9]。目下，中国の沿岸都市間の距離は300キロぐらいある。それほどの差があることはその方面における発展性を意味しているのである。中国の沿岸都市に関しては，新たな建設を行なうことが期待されるのみならず，学術領域においても新たな研究を進めることが期待されているのである。

2. 沿岸都市ベルトが中国内陸部とユーラシア大陸地政学に与える影響

19世紀に西洋の勢力が東洋へ進出した際，この外から進入してきた強大な圧力に対応するため，清朝末期の政治家は「塞防」と「海防」という戦略構想を提起した。「塞防」とは簡単に言えば，いわゆる大陸の内陸部の北方および北西方向からの圧力に対応することを指し，「海防」とはすなわち海岸線からの圧力に対応することである。当時「塞防」と「海防」に対する選択と実践は，「ともに重視」あるいは「片方選択」は，必然的にユーラシア

大陸の後背地と海洋方面という2大戦略方向の安全認識と戦略的選択から現れてきたのである。そのような認識と選択は，いまでも様々な形で人々の思考の理論および国家政策の実践に影響している。

　上記2つの戦略の方向性を一貫して強調してきたが，各時期の認識と実践の結果には，大きな差異が生じた。中華人民共和国が建国された当初，「一辺倒」政策を提起し実行した。「一辺倒」政策の地政学的戦略レベルにおける意義は，大陸の後背地を安全保障の拠り所とし，海岸線を境界・周縁とする政策であった。

　中ソ関係が悪化した後，大陸の後背地が有する安全要因は失われ，「一辺倒」政策を放棄した。北方の環境悪化に迫られ，1960〜70年代にはやむをえず「大三線」建設などの政策を実施し，内陸部の南西方面に安全保障上の拠点を探り続け，沿岸方面は依然として臨戦態勢にあった。このような状況下で，海岸線を「全領土」の周縁・境界とする，伝統的な国策が推進され続けたのである。

　1980年代の改革・開放以後，ついに情勢が転換した。中国の国土建設と発展の中心はついに内陸から沿岸線へと移った。深圳など4つの特別区および14の沿岸都市が相継いで開放され，しかも建設の面において急速な成果を収め，さらに沿岸地域全体が勢いよく発展することにつながった。先に述べたように，新しい飛躍的発展として，20世紀末に香港・澳門が相継いで返還されたことにより，中国の海岸線における主権が統合され，伝統的な社会・経済・文化が，全面的な海洋時代に対応していく確実な基礎となった。沿岸都市は，中国および全アジア太平洋地域の都市体系における地位と役割を，本格的に高めた。最近，万博とアジア大会が相継いで上海と広州で開かれた。これは沿岸都市が現在，中国における未曾有の中心的な地位，および大きな役割を発揮していることを意味するものである。

　先に述べた実際の発展状況と並んで，我々は認識・表現と理論・構想にお

ける実際の変化に注目しなければならない。新中国が建国された当初は，革命政権の樹立工程に基づいて，全国を6大行政区に区分していた。80年代中頃になると，改革・開放のテンポが加速し，新しい国家発展計画が制定され，全国を東部・中部・西部という3つの地域に区分した。このような区分は明らかに，東部沿海地域の基本的な特色を顕著に示すことになった。ただし，1996年3月になると人民代表大会の「八・四」会議は，全国に7大経済特区を設けることを提議した。すなわち，①長江のデルタおよび流域，②環渤海地域，③東南，④西南・華南の一部省・区，⑤東北地域，⑥中部5省地域，⑦西北地域である。その指導原則は，「市場の規律と経済の内在的関連，および自然地理的特徴に基づいて，行政区域の境界を打破し，既存の経済的配置の基礎の上で，中心的な都市と交通幹線を拠り所とする」というものであった[10]。同時期に政府機関が改革を行い，国土資源部を新たに設立し，すでに設置されていた国家海洋局を附属させた。上述の構想は，理論的計画の指導性を発揮することを図り，既存の経済区域の相互的な連携・協力を重視した。また中核都市と幹線交通の意義を，特別に強調した。しかし問題は，東部の沿海という特色が直接的には表現されておらず，沿海地域，とくに沿岸都市の管理と開発が各大区域の範囲に収められ，海洋事務を管理する機関の行政上の地位が低かったことである。これらは，いままで全体的に調整されておらず，深く注目すべき問題である。

　上述の数十年間，中国に現れた東部・西部という概念，および大区域計画という国策の背後には，沿岸都市の問題を含む海洋に対する中国人の認識が，まだ模索段階にあることを意味している。新たな認識と理論的解釈を，人々は緊急に必要としており，またそれにより実際に相継いで発生する都市化と海洋との関係をめぐる，実践上の諸問題を指導する必要がある。

　数千年来，中国における大陸的な農業文化の発展の趨勢は，過去200年来の海洋政策と都市政策に対して，慣性的・支配的な役割を果たすことになっ

た。19〜20世紀の租界・租借地のように，植民勢力は海岸線と沿岸都市の主権を分割し，これが一貫して人々の思考・解釈に影響を与えている。これまで多くの人が，「環渤海」「華南経済圏」などの言葉を用いて，円形あるいは方形の「圏」「区」といった概念を表わしてきたが，「ベルト」という概念はあまり用いられなかった。日本の学者である濱下武志が，中国など東アジア諸国の近代化過程における経済関係を論じた際にも，「地域圏」すなわち円環状の「環渤海圏」「環日本海圏」「環黄海圏」などを用いている[11]。しかし，戦後日本の「国土計画」は，前後4回にわたる国土に対する総合的な整理を通じて，東京・名古屋・大阪・神戸など，臨海都市によって構成される「太平洋岸都市ベルト」を形成した。これは日本の国土開発に対して大きな役割を果たしたものであり，「太平洋岸ベルト」というキーワードも，多くの領域で戦略的かつ指導的な役割を発揮している。昭和35年に制定された「国民所得倍増計画」の中にも，「太平洋ベルト地域構想」という語があり，ベルトすなわちbeltである[12]。近年来中国の発展戦略の研究において，研究視角についての検討も現れてきた。皮明庥が「地政・経済・文化などの要素が，都市群・都市ベルト・区域都市体系を形成した。たとえば沿岸都市・流域都市・西部都市・辺境都市などがある。それらについて，全体的な研究を行うことができる」と指摘している[13]。

　沿岸都市ベルトという表現については，例えば「圏」「塊」といった大区画を意味する表現と，ベルトとしての表現とを比較・分析することは，地政戦略の認識と政策決定に関わる。「沿岸都市ベルト」という言い方は，まずその形が「帯（ベルト）」状で「圏」「環」状ではないので，海岸線上の都市集合体をより正確に表わすことができ，また現在の中国および東アジアの国際関係を，認識・考察することにも役立つ。さらに香港・澳門が返還された後に現れた，完全なベルト状の形態について，自ずと有効な研究視角であると思われる。

第4章　中国沿岸都市ベルトと21世紀地政学の再検討　83

　この「都市ベルト」の実際的な意義を認識することは，客観的にみても必要である。80年代以来，中国沿岸都市ベルトの計画・建設および実際的な成果は，すでに社会の生産額，人口および文化の諸領域において，極めて大きな役割を果たしている。また，ユーラシア大陸の後背地と東アジア海域という，2つの対外方向の積極的な変化を直接的に促した。言い換えれば，沿岸都市ベルトの建設と発展の影響は沿岸地域にとどまらず，海岸線と大陸の後背地との交流と協力を促し，ユーラシア大陸自身の地政的統合をもたらすことになる。

　例えば連雲港・日照を起点として，ユーラシア大陸をつなぐ鉄道が開通した後，1992年に国際コンテナ運輸業務が正式に始まった。また，中央アジア地域との航空路が数十本新たに開通した。多くの交流活動によって生じたもう1つの重大な出来事は，「上海協力機構」の成立である。1996年4月26日，中国・ロシア連邦・カザフスタン・キルギスタン・タジキスタンという5カ国の首脳が，反テロなどの問題を検討するために，上海で初めての会合を開いた。その後，2001年6月14～15日に上海で第6回会合を開き，同時にウズベキスタンが完全に対等な地位で上海5に加入した。翌日，6カ国の首脳が会見し，「上海協力機構成立宣言」および「テロリズム・分裂主義・過激主義に打撃を与える上海協定」などの文書に調印し，「上海協力機構」が正式に成立した。

　その後，中央アジア5カ国の内トルクメニスタンを除き，その他の国はすべて「上海協力機構」に加入した。「上海協力機構」に属する加盟国の総面積は3,018.9万平方キロ近く，ユーラシア大陸の面積の5分の3を占め，人口は15億に達し，世界総人口の20％強を占めている。その成立宣言は，「21世紀における政治の多極化，経済と情報のグローバル化の進行が迅速に発展している状況の下で，上海6体制をさらなる協力レベルにまで高めることは，各加盟国がより有効にチャンスを生かし，新しい挑戦および脅威に対応

するために有利であると確信する。」また,「『上海協力機構』の各加盟国は,地域・国際事情に関する協議・協調行動を強め,世界的・地域的問題について互いの立場を支持しあい,密接に協力しあい,本地域および世界の平和と安定をともに促進・強化する。現在の国際情勢の下で,世界的な戦略バランスと安定を維持することは,とりわけ重要な意義を持つ」と指摘している[14]。

「上海協力機構」が成立してから十数年を経て,すでに多方面における交流と協力関係を作りあげた。国家の首脳・総理・検察庁長官・国家安全保障会議スタッフ・外相・国防相・経済貿易相・文化相・交通相・緊急救災部門責任者・国家協調員などの会議制度が確立した。さらに加盟国の国防省は,2007年6月に上海協力機構軍事演習協定を結び,合同軍事演習の目的はテロリズム・分裂主義および過激主義など「3つの勢力」に打撃を与えること,そして地域の平和・安全および安定であると規定している。2011年9月にカザフスタンで,「上海協力機構」の「平和の使命2010」軍事演習が行われた。

筆者が強調したいのは,中国が「上海協力機構」に積極的に参加し実際に活動しているのは,まず中国の西部地域の建設と発展および民生の改善という内在的必要性によるものである。同時に,外交上において,建国当初の「一辺倒」政策がユーラシアの後背地を防壁にしたという戦略的遺産を継承した面があり,同時にまた全面的に自国の安全保障戦略を改善し,後背地の安全保障の成果を生かし,沿海方面における不安定な局面に対応する能力を高める面もあるということである。

また,啓発的な意義に富んでいるのは,「上海協力機構」の強固で多方面にわたる発展が,中国最大の沿岸都市である上海で開かれ,しかも上海にちなんで命名されたことである。上海協力機構の成立と発展は,実質的には改革・開放後,中国の沿岸経済の影響の下で完成されたのである。この組織の成立によって,ユーラシア大陸自体のメカニズムが統合され,同時にまた沿

岸都市ベルトの建設と発展が促された。東部と西部との間の相互作用をさらに注目すべきことは明らかである。

つまり，中国の沿岸都市ベルトの形成と発展により，中国の沿海地域の大きな変化がもたらされたのみならず，中国内陸部やユーラシア後背地の大きな変化がもたらされたのである。以上をまとめれば次のようになるであろう。

第1に，現代中国の沿岸都市ベルトは，近現代以来の西洋文明の影響の下で発展してきた。特に改革・開放以来の30年間，飛躍的に大きく発展した。沿岸都市ベルトの発展は，従来の中国の「一辺倒」や「広州交易会」形式による，開港場貿易という半鎖国的形態を終結させ，また伝統的な中国の地政的戦略態勢を全面的に変えた。

第2に，伝統中国の内陸部の都市と比べると，豊かな海洋資源，大きな輸送量，低コストの海上交通といった有利な条件が，歴史上の（内陸部）中核都市には不可能であった発展態勢をもたらした。これらの都市は海を通じて海外との交流を行なうと同時に，後背地あるいは内陸部の都市との相互連動関係に依存して，内陸部へ進出して西へ向かう発展をも推進した。

第3に，沿岸都市は海洋経済発展の保障と基盤である。両者は，互いに対応・促進しあう函数的な関係である。海水養殖・海底鉱山・海上観光などを含む海洋農業・工業・サービスなどの産業は，技術に対する要求が高く，集約性が強く，生産と販売が密接な関係を持ち，市場に対する依存性が大きいので，一定の規模を持たない沿岸都市はそれらを促進することが難しい。海洋経済が発展すればするほど，沿岸都市の発展が速くなり，しかも内陸部とユーラシア大陸の後背地に恩恵をもたらすことができる。

第4に，沿岸都市ベルトの発展は中国人口の都市化速度を加速し続ける。もしアメリカと日本の沿岸都市の平均密度を基準とし，100キロごとに都市を1つ建てると，中国の沿岸都市は現在より100以上増えることになる。ま

た各都市の住民を20万として計算すると，ほぼ数年来の農村過剰労働力を有効に解決することができる。沿岸都市を構想すること，持続可能な発展方針によって人々の移転を誘導すること，内陸部の生態環境を保護すること，これらは社会発展および国土計画を実施するための，戦略的な課題である。

上述の判断に基づき，もし中国の沿岸都市建設の量・質が，アメリカ・日本といった先進国のレベルに近づけば，「近代都市と工業の配置に極めて大きな改善をもたらし，数千年来の伝統的な農業の性質にも根本的に大きな変化をもたらすことになる」と，筆者はかつて強調したことがある[15]。言い換えれば，中国の沿岸地域と沿岸都市の建設と発展は，中国の伝統文化の更新と再建に影響し，ユーラシア大陸の後背地と東アジア地域など，多方面における人文地理・政治地理および経済地理を変える，世紀の重大な課題なのである。

3. 中国沿岸都市ベルトと「東アジア共同体」およびアジア太平洋国家関係

近代以来，ユーラシア大陸と東アジア海岸線の地政学的意義について，米欧の地政学者達が一貫して重視し，分析しているが，その結論は異なっている。イギリスの地政学者であるハルフォード＝ジョン＝マッキンダー（Halford John Mackinder）は，かつて「ランドパワー（陸権）」と「シーパワー（海権）」という概念を提起し，ユーラシア大陸の「ハートランド（心臓地域）」は，最も重要な戦略地域となると指摘し，著名なマッキンダー3段階論を構築した。すなわち，東ヨーロッパを支配できる者は，大陸のハートランドを支配できる。大陸のハートランドを支配できる者は，世界島（ユーラシア大陸）を支配できる。世界島を支配できる者は，全世界を支配できるというこ

とである。

　その後，アメリカのニコラス＝スパイクマン（Nicholas J. Spykman）は，40年代にマッキンダーの大陸ハートランド3段階論に疑義を呈し，反対の3段階論を提起した。すなわち，「リムランド（周縁地域）を支配できる者はユーラシア大陸を支配できる。ユーラシア大陸を支配できる者は，世界の運命を支配できる」というものである。彼は中国沿岸地域の重要性を，具体的に強調している。「アジアにおいて勢力均衡状態が生れることに対する脅威は，かつて大陸沿海地域を支配した国家によってもたらされた。日本が今回の大戦に負けた後，大陸の沿海地域の支配権はもはや日本に掌握されることがなく，中国がこの地域で最も強大な国家になるだろう[16]。」ただし彼の信念と戦略の目標は，「アメリカの国益は，いかなる単独の強国にも決してリムランドを統一させないことにある」[17]。

　上述の様々な考え方は内陸と海洋の両方面から，沿岸都市ベルトが中国で勃興する必然性，およびそれが東アジアと全世界に多方面の役割を果たすことを説明しているのである。

　歴史における東アジアの関係を検討してみると，一種の線状の交流方式として描くことができる。文化人類学や歴史考古学など諸学科の研究成果によると，東洋文明の発展と輸出の方向は，主に東アジア大陸から島国へ伝わるというもので，北は朝鮮半島から日本列島に入る経路であり，南は東シナ海の黒潮の流路に従って台湾・琉球を経て，日本列島に到達する経路であったことが，すでに証明されている。歴史上の南・北2つの道筋は，東アジア国家の数千年来の線状交流関係を構成している。

　東アジアの伝統的な線状関係が順調に保たれることが，すなわち東アジア平和を保障し，その断裂はすなわち矛盾や衝突の出現を意味した。したがって，南北2つの伝統的な交流線を確保し，改めて近隣関係の基礎とすることが，現在における東アジア国家の共通の任務なのである。歴史の発展がすで

に示しているように，数千年にわたる平和的な交流と文明的発展の歴史を持つ東アジア地域には，19～20世紀の200年の苦痛を経験した後，東アジアの歴史・地理上かつてなかった大陸沿岸都市ベルトが現れた。それは歴史上の交流経路を刷新し，東アジア地域における交流の経路を新たに構築し，さらにグローバル化へとつながる新たな道なのである。

ここ30年来，沿岸都市ベルトの発展過程において，台湾海峡両岸の和解と交流が始まり，中韓両国が国交樹立して安定した関係を発展させ，日中両国の経済貿易も拡大した。中国の大陸沿岸都市ベルトは，すでに東京・阪神・北九州などの都市群により構成される日本の沿岸経済ベルトと連結し，東アジアの新しい経済圏の基本的形態が現われ繁栄している。これらの啓発的な意義に富む事実が証明しているのは，東アジア地域にかつて見られなかった，大陸沿岸都市ベルトの重層的で重要な役割である。

言うまでもなく，東アジア地域の潜在的あるいは公然たる衝突の危機も，厳しい現実問題である。しかし，これは主に歴史が残した問題であり，また現実政治と政策決定の結果であり，経済発展や交流がもたらした危機ではない。その反対に，経済発展と交流は衝突を抑制し，平和を保障することができる。その保障機能は，この沿岸都市ベルト自体が具えている平和的性質に由来する。これは，中国沿岸都市ベルトの形成・発展が平和的・能動的に外資を利用し，内在的開発を主体として進められる内外の均衡の取れた近代化のための協力だからである。これは18世紀以来の西洋工業文明，すなわち実力を後盾にして海外へ拡張し，資本の原始的蓄積を行なう強制型発展モデルと比べると，完全に異なる発展の経路を持っているのである。

平和と協力の視点から，また現実の情勢と関連づけていうと，地政学者が繰り返して論証している東アジアのリムランドは，関連する国々の戦略的利益の結合部なのである。日本の学界・政界の表現を借りるならば，大陸沿岸都市ベルトの形成と発展は，「東アジア共同体」に最も直接的な力を提供す

るはずである。

　近代日本の思想家である中江兆民が描いた南海先生らの三酔人問答，および石橋湛山の小日本主義は，いずれも平和的手段によって経済貿易立国モデルの実践を提起したが，ただ中国の最近数十年の沿岸都市ベルトの勃興だけがこのようなモデルを実現したのである。流血の略奪や強力な詐欺に依存せず，完全で徹底した平和的条件の下で政治的・経済的交流を推進するのである。

　中国にとっていえば，清朝初期の自主的な開港の試みに始まり，19世紀に港湾の割譲を余儀なくされ，さらに20世紀80年代以来の全面的な開放に至るまで，これは中国にとって苦痛で曲折した，涅槃的な意義を持つ3つの段階であった。だが今日に至って，その結論はとりわけ明白である。それは，中国沿岸都市ベルトがすでに平和的に台頭し，香港・澳門の相継ぐ返還が，それに花を添えたことである。その台頭は，決して単一の内的あるいは外的な力によって，左右しうるものではない。それは，中国の社会と都市の近代化が，世界の進歩と交差することの必然的な展開なのである。ここには，東アジア文明の「和」を貴ぶ伝統的色彩も継承されている。

　沿岸都市ベルトの平和的台頭は，すでに中国の伝統的な農業文化の特徴を改変し，また欧米を中心とした世界の政治・経済の構造を平和的に改変した。60年代以来，欧米の学者は太平洋時代の到来を確信している。ここ数十年の蓄積により，太平洋は中国沿岸都市ベルトの連結者としての機能により，1万年にわたり深く眠っていたが，ついにこの海域では豊かな国家が相互に隣接し，世界の3大経済圏が重なり合うようになったのである。したがって，かつて大陸文明に付随していた海岸境界線は，すでに中華民族の新たな黄金の発展線，およびアジア太平洋の新たな経済発展の連結線へと変貌し，しかも21世紀のユーラシア大陸，東アジア地域，ないしはグローバル化の全過程に対して，予測しがたい深刻かつ巨大な影響力を発揮し続けるこ

とになるだろう。

　最近の東アジア国際関係には，まだ多くの矛盾する要因が残っており，中には中国沿岸都市ベルトの発展の勢いを牽制しようとするものがる。これは必然的に東アジアの平和を妨害することになる。その障害要因の1つは，アメリカの戦略的意図から来るものだと指摘すべきである。スパイクマンの意図は，「アメリカの国益は，いかなる単独の強国にも決して統一させないことにある」ということである[18]。このようなリムランド支配論は今日まで続き，アメリカが今日まで踏襲してきた東アジア戦略の基礎なのである。第2次大戦後連合国最高司令官であったマッカーサーと現在のアメリカ戦略安全部門は皆，アメリカの戦略的境界は南北アメリカの西海岸にあるのではなく，アジア大陸の東海岸にあると強調した。90年代にブッシュとクリントンの政権を相前後して，「東アジア戦略構想」あるいは「新太平洋共同体」を提起し，それにより東アジアにおけるアメリカの利益を最大限度に確保し，海軍は「前方展開——海から陸へ（Forward Presence: From Sea to Land）」という，前進型の新戦略を策定した[19]。現在，オバマ・ヒラリー政権は従来の主張を再び提唱しており，アメリカの軍事力の東アジアの海域における支配的・指導的な地位を強調し，それに一方的な保護貿易主義を付け加えている。その実質は，依然として中江兆民の描いた人物である南海先生や，石橋湛山が批判した「豪傑君」式の覇道政策である。

　とにかく，中国沿岸都市ベルトの形成と発展は，アメリカの東アジア戦略に直接的に影響し，韓半島とロシアの政策動向にも関係している。また，それは日本政府が提起している「東アジア共同体」構想，および中国の調和世界論を検証し評価する舞台をも提供している。そこには東アジア文明の「和」を貴にするという伝統的な要素をも継承されるのである。平和的に協力しあい中国沿岸都市ベルトの建設を推し進めることにより，東アジアの危機要素を解消し，平和的な太平洋時代を迎えることができるだろう。

中国沿岸都市ベルトの形成と発展は，中国の近代化建設と対外交流における中心的な要素であるが，中国一国の課題ではなく，また東アジア諸国だけの問題でもない。それは，人類文明の発展に関わる重大な課題である。それゆえ，中国沿岸都市ベルトの課題を認識・研究することは，大きな学術的・現実的な意義を持つのである。

1) 張彬村「十六～十八世紀中国海貿思想的演進」『中国海洋発展史論文集』2，46頁。
2) 王鉄崖編『中外旧約章汇編』第1册，三聯书店，1957年，31頁。
3) 孫中山『孫中山全集』第6巻，中華書局，1985年，254-335頁。
4) 黄仁宇『中国大歴史』三聯書店，1997年，21-22頁。
5) 張仲礼『沿岸都市与中国近代化』上海人民出版社，1996年，18頁。
6) 『中国都市統計年鑑（1995）』中国統計出版社，1996年，3頁。
7) 国家統計局人口与就業統計司編『中国人口統計年鑑1998』中国統計出版社，1998年，387頁の数値により計算。
8) 劉容子・張海峰「海洋与中国21世紀可持続発展戦略（之二）」『海洋開発与管理』1997年。
9) 董鑑泓『中国東部沿岸都市的発展規律及経済技術開発区的規画』同済大学出版社，1991年，15頁参照。
10) 李鵬『関于国民経済和社会発展"九五"計画和2010年遠景目標綱要的報告』人民出版社，1996年。
11) 濱下武志『近代中国的国際契機』中国社会科学出版社，1999年，6頁。
12) 『新国土軸をつくる―21世紀的国土設計』（日本）"新国土軸研究会"東西交流会議，1996年，8頁。
13) 皮明庥「都市史研究略論」『歴史研究』1992年，第3期。
14) http://baike.baidu.com/view/24316.htm?fromenter=%C9%CF%BA%CF%D7%E9%D6%AF.
15) 徐勇「中国人的海洋時代：太平洋熱与辺縁海経略」『戦略与管理』1997年，第1期を参照。
16) （美）斯皮克曼（Nicholas J. Spykman）『和平的地理学』商務印書館，1964年，第108頁。
17) （英）杰弗里・帕克（Noel Geoffrey Parker）『二十世紀的西方地理政治思想』解放

軍出版社，1992 年，133 頁。
18) 杰弗里・帕克『二十世紀的西方地理政治思想』133 頁。
19)（美）多爾頓（John H. Dalton）「"前沿存在…従海到陸"戦略」『当代国外軍事名著精選』軍事誼文出版社，1996 年，上巻，678，680 頁。

第 5 章
討論：アジア地政学の課題と可能性

深　町　英　夫

　(2010年12月3日のシンポジウムにおける) 5人の講演者の議論は，アジアの特定地域・国家を取り上げたハン・ヨンスプ（巻末の資料を参照のこと），徐勇，スワラン・シンの3氏のものと，アジア地政学の一般的課題を論じた内田孟男，滝田賢治の両氏のものとの，2つに分けることができよう。

　本章では，まず前者に関して各論者により提起された地政学上の論点として，大国／小国関係と大陸／海洋関係を吟味した上で，それを踏まえつつ後者に即して，アジア地政学における価値と利害との関係を検討したい。

1. 大国／小国：大陸／海洋 (1)

　徐勇氏は，中国史の展開過程における沿海部と内陸部との関係を概観した上で，さらに1980年代以来の30年間に中国が，沿海部を中心として飛躍的な経済発展を遂げたことをめぐり，これが第2次世界大戦以前の列強が軍事力を背景に勃興したのとは異なり，他に例を見ない平和的な発展であったと説く。

　19世紀中葉に始まる中国沿岸部の経済発展は，西洋列強が東アジアにおいて形成しつつあった新たな海洋国際秩序へと，大陸国家たる中国が次第に組み込まれていったことを意味し，それが中国のいわゆる半植民地化という

側面を持ったことは事実である。経済発展（およびより広い意味での近代化）の代償として，中国各地が列強によって次第に蚕食され，植民地・租界・租借地となった。中華人民共和国が成立すると，一義的には東西冷戦下に置かれたためとはいえ，西側世界に対して鎖国に近い姿勢を取ったのが，このような屈辱の近代史の反動でもあることは，言うまでもない。

しかし，1980年代以後に本格化した改革・開放政策による経済発展は，急速に成長しつつあった東アジア経済に対して，中国が再び沿岸部を開放したことによってこそ，可能になった。当時しばしば雁行型発展モデルが喧伝されたが，確かに日本を先頭に NIES そして ASEAN に続く位置を中国沿岸部が占め，第2次世界大戦以後に主に西側諸国によって形成されていた，国際的な自由貿易体制に参加することにより，中国は今日にまで続く飛躍的成長を遂げたのである。約言するならば，中国はこのような国際秩序の新たな参加者であり，また最大の受益国の1つであった。

戦後東アジアの経済発展は，総じてまさに平和的なものであり，特に海洋国家たる日本は，第2次世界大戦終結から今日に至るまで，他国と1度も戦火を交えることなく，経済大国となっている。これは，大陸国家である中国が数多くの隣国との間で武力衝突，さらには本格的な戦争をすら経験してきたのと，きわめて鮮明な対象を成す。また，中国が核兵器とその運搬手段を保有する軍事大国であり，昨今の急激な軍備拡張が東アジア・東南アジア諸国の警戒を招いていることは，言うまでもない。

これはユーラシア大陸東部において，他に並ぶものがない国土・人口を擁する大陸国家である中国が，飛躍的な経済発展と軍備拡張を遂げることにより，30年前の「巨大な南」という地位を脱して，アメリカ・ロシアにすら対抗しうる世界的な大国となり，海洋国家である周辺の小国に対して，覇権を持ちうるようになったことを意味する。換言すれば，これは大陸国家の物理的規模という最も即物的な要因が，その国際的地位を決定している顕著な

事例であり，地政学において改めて考慮すべき課題ではないだろうか。

2. 大国／小国：大陸／海洋（2）

　ハン・ヨンスプ氏は，2010年に韓国と北朝鮮との間で発生した2つの事件，すなわち天安号沈没事件と延坪島砲撃事件とに関して，その詳細な経緯を解説する。両事件は，いずれもきわめて衝撃的なもので，日本にとっては隣国である韓国が，陸上のみならず海上においても，北朝鮮と一触即発の関係にあることを，改めて示すものだった。

　この朝鮮半島問題は，言わば東アジアにおける東西冷戦の遺産であるが，1920年代以来の国共両党対立や，さらには19世紀末の日清戦争に起源を持つ，中国大陸と台湾との海峡両岸問題とは異なり，周辺の大国の意向や利害関係に左右されてきた側面が顕著だ。そこに，アメリカ・中国・ロシアという3つの大国の狭間に位置するという，朝鮮半島の地政学的要因が作用していることは，しばしば指摘される通りである。

　今日の世界においては，きわめて特異な北朝鮮の支配体制が，長引く経済の致命的な停滞にもかかわらず，21世紀に入った今日も依然として存続しえているのは，まさにこの地政学的要因によるものであろう。周知の通り，金一族・朝鮮労働党による支配体制の維持は，中国からの食糧・燃料供給によって可能となっている。つまり客観的に見れば，朝鮮半島の統一は北朝鮮の支配体制が崩壊せねば実現しえないのだが，これを妨げているのが中国による支援だということになる。

　このような中国の朝鮮半島問題に対する姿勢は，核兵器を保有する3つの大国が朝鮮半島を取り囲んでおり，特に中国とアメリカはかつて同半島で直接に戦火を交えたという，まさに上述の地政学的要因に由来するものであろ

う。韓国には今日もアメリカ軍が駐留しているが，北朝鮮国内に中国やロシアの軍隊はおらず，同国が3大国の間で言わば緩衝国（buffer state）としての役割を果たしていることは，周知の通りである。

そして，しばしば指摘される通り，もし北朝鮮の支配体制が崩壊して，韓国により朝鮮半島が統一されるならば，この3つの核兵器保有国の軍事力が地上で相接することになり，特に中国は1,000キロもの国境線を挟んでアメリカ軍と対峙するという，新たな圧力を受けねばならなくなる。

これは中国にとって，近代史における没落の決定的な契機となった，日清戦争直前の形勢，すなわち大陸国家（清）と海洋国家（日本）とが，朝鮮半島において直接に対峙したことと相似的である。このような事態を避けるために，中国は北朝鮮の現支配体制を存続させるべく，一定の支援を行わざるをえない。これは，周囲の大国の利害関係によって，小国の命運が規定される，地政学の好例だと言えるであろう。

3. 大国／小国：大陸／海洋（3）

スワラン・シン氏は，インドと中国というアジアの2大新興国の類似性を指摘する。第1に，これまで主に西側先進国によって設定・構築されてきた，国際社会における既存の規範や秩序に，両国はいずれも様々な分野で挑戦しつつある。第2に，南アジアと東アジアの地域機構，すなわち南アジア地域協力連合（SAARC）と上海協力機構（SCO）とにおいて，両国はそれぞれ中心的な役割を果たしている。

そうであるならば，そこに1つの可能性が浮かび上がってくるのではないか。それは，SAARCとSCOという2つの地域機構が，将来的には統合へと向かい，あるいは少なくとも相互に協力しながら，国際社会において西側

先進国の覇権に挑戦するようになるという可能性である。もし両機構が，やがて統合するような事態になれば，それはインド・中国およびロシアという3つの巨大な大陸国家や，カザフスタン・パキスタンといった地域大国を中核として，ユーラシア大陸の大部分を占める地域共同体が出現することを意味する。

　これが，アメリカの圧倒的な覇権を前提として形成されている，東半球における既存の国際秩序に対して，重大な挑戦となることは疑いを容れない。それだけでなく，このようなパックス＝アメリカーナに依存する日本や韓国といった東アジア諸国，さらには中国からの軍事的・経済的圧力を受けつつある東南アジア諸国連合（ASEAN）加盟国にとっても，言わば悪夢となるのではないか。これは古典的な地政学の説く，ランド＝パワー（大陸国家）とシー＝パワー（海洋国家）とが，相互に対峙する形勢である。

　だが，こういった事態が生じる可能性は，決して高くなかろう。最大の理由は，インドと中国とが今日の国際社会において，ゲームのルールを自己に有利なものへと変更しようと図る，新たなプレーヤーだという点では共通しているものの，その利害関係が完全に一致しているわけでは，まったくないことである。

　むしろ両国は，過去に軍事衝突を経験したことからも明らかなように，長い国境線を挟んで未解決の領土問題を抱えており，それがインド（さらにはパキスタン）の核武装を促したという経緯ゆえに，むしろ潜在的には緊張関係にあるとすら言えるだろう。また，SAARC の内部にはインドとパキスタンとの対立があり，SCO においても中国とロシアという両大国の利害関係は，必ずしも一致するわけではなく，この2つの地域協力機構がいずれも一枚岩でないことは，周知の通りである。

　このことから，以下のように考えられるだろう。すなわち，19世紀から20世紀初頭にかけてイギリスとロシアとが，ユーラシア大陸の覇権をめぐって

グレートゲームを繰り広げ，20世紀後半に入ると言わばその第2幕として，アメリカと旧ソ連とが相互に妥協の困難なイデオロギーを掲げて，世界を東西両陣営に二分しようとしたのと異なり，21世紀のユーラシア大陸（あるいは世界）は，大陸国家と海洋国家との両極化よりも，むしろ多元化に向かうであろう。つまり，このような国際政治の大状況に対して地政学的要因が作用する程度は，朝鮮半島のような限定された地域内における場合よりも，相対的に低くなるのではなかろうか。

4. 地 域 主 義

内田孟男氏は東アジアにおける新たな地域統合の基礎を，この地域に共通の「アジアの価値観」に求めている。これに対して滝田賢治氏は，勢力圏の構築を目的とする伝統的な地政学的発想とは異なる，多国間主義に基づく地域主義の可能性を指摘する。いずれも地域主義の根幹を成す，理念や価値に関する議論である。

西洋文明とは異なる東洋（アジア）的価値の主張は，幕末の佐久間象山による「東洋道徳・西洋芸術〔技術〕」論以来，日本ではすでに1世紀半の歴史を持つ。明治期に入ると主流の地位を占めた「脱亜入欧」思潮に対抗するアジア主義が形成され，昭和期には日本の独自性を強調する「近代の超克」論が出現した。だが，このような現象は日本に特有のものではなく，清末洋務運動の「中体西用」論に始まり，毛沢東の「東風が西風を圧倒する」を経て，リー＝クアンユーやマハティールの「アジア的価値」論に至るまで，その変奏曲は枚挙に暇がない。

これらの思想に共通するのは，一義的には近代西洋的価値観（と想定されたもの）に対する反措定である点で，その主張するところの「アジア（東洋）

的価値」の具体的な内実が，必ずしも明確ではない場合もある。そして，おおむねヘレニズムとヘブライズムの融合という，共通の哲学的・宗教的基盤を持つ西洋世界とは異なり，アジアには共通の価値体系がないことは，しばしば指摘される通りである。

　東アジアに広く普及した儒教ですら，基本理念である「忠」と「孝」との優先順位が，日本と中国との間で顛倒していることの持つ意味は大きい。現代アジアにおいて最も普遍性を持ちうる価値は，むしろ民主・人権・法治・自由といった，近代西洋世界に由来する理念であろう。ただし，これらでさえも決して全てのアジア諸国において，同様に理解・受容されているわけでないことは，言うまでもない。

　この点で，地域統合が価値よりも利害に基づく可能性を示唆する，滝田氏の提言は興味深い。多様な価値が混在するアジアにおいては，まさに「小異を存し，大同を求める」ことによってこそ，地域統合は可能になる。価値の相違を認め合いつつ，利害が共通する様々な地域的課題に，地理的・空間的に近接する様々な国家・地域が，共同で取り組む努力がなされるべきだろう。上述の大国／小国あるいは大陸／海洋といった二項対立も，現実的利害の共有によってのみ乗り越えられうるのではなかろうか。

第 6 章
東アジアにおける
多国間主義とガバナンス

内 田 孟 男

1. はじめに

　第2次世界大戦直後における東アジアの秩序は米国の圧倒的な軍事力, 政治力そして経済力によって構築され, アメリカを中核とし, アジア諸国がアメリカと2国間条約を結ぶハブ・アンド・スポーク関係によって律せられていた。1950年6月に勃発した朝鮮戦争によってアメリカ中心の安全保障秩序は決定的となり, アメリカはオーストラリアとニュージーランド (1951年7月), フィリピン (1951年8月), 日本 (1951年9月), 韓国 (1954年11月), 台湾 (1954年12月) とそれぞれ安全保障条約を締結している。アメリカは「アジア」と「太平洋」という2つの地域枠組みのうち, アメリカを排除する「アジア」地域主義には批判的であり, 場合によっては拒否することもいとわなかった。例えば1990年のマハティール首相の東アジア経済グループ (EAEG), 1998年のアジア通貨基金に関する宮澤構想が想起される。アメリカは自国が主導権を握れると考えた1989年に設立されたアジア太平洋経済協力会議 (APEC) と1994年に発足した東南アジア諸国連合地域フォーラム (ARF) が経済と安全保障に関して重要な役割を果たすものと期待してきた[1]。

このような秩序に次第に変化が現れるのは1980年代に入り，特に冷戦終結後のことといえる。

1997年から1998年にかけてのアジア通貨危機はアメリカと国際通貨基金（IMF）に対する不信感をアジア諸国に植え付けたといえる。中国は2001年12月に世界貿易機関（WTO）への加盟を果たし，2010年には日本を凌駕して世界第2位の経済大国となりアジア全体，特に東アジアの世界的地位を高めている。日本にとっても最大の貿易相手国はアメリカから中国に移り，日米関係にも影響を及ぼし，地域の秩序再編成に拍車を掛けているといえる。

東アジアにおける域協力の枠組みを提供してきたのはアメリカを中核とする2国間体制に加えて，東南アジア諸国連合（ASEAN）であった。1967年に発足したASEANは当初は中国の台頭に対抗する政治・安全保障のためのグループであったが，次第に経済協力にその重心を移し，冷戦終結後の1992年にはASEAN自由貿易圏（AFTA）提案に合意している。1997年の通貨危機に際しては日本，韓国，中国の首脳がASEAN首脳会議に招待されASEANプラス3（APT）が発足し，ARFに加えてASEANと東アジアとの協力関係を強化するメカニズムとして機能している。

さらに21世紀にはいると東アジア首脳会議（EAS）の提案がなされ，2005年にはクアラルンプールにおいて第1回目のEASが実現した。2007年1月には第2回サミットがフィリピンで，同年11月にはシンガポールで第3回サミット，2009年4月にはタイで，そして2010年10月にはベトナムでそれぞれサミットが開催されている。ハノイ宣言では，米露を2011年11月に予定されていたサミットに招待することが決定され，両国とも東アジアサミットへのコミットメントを表明していた。そして実際，両国は第6回EASに参加した。このようにAPTにインド，オーストラリア，ニュージーランドの16カ国に加えて，アメリカとロシアが正式に「東アジア」サミットのメンバーとなることは地域ガバナンスにとって新たな局面をもたらしている

といえる[2]。

　2008年のいわゆるリーマン・ショックに端を発した金融危機は欧米日の世界経済における相対的地位の低下をもたらし，その対策として先進国のG7に加えてG20が主役として登場し，2008年11月に最初のG20首脳会議がワシントンで開催されたのは象徴的であった。第2回目のG20サミットは2009年4月にロンドンで開催された。経済危機に対する政策においても先進諸国間で合意があったわけではなく，今後の政策調和へ向けての各国の努力が見守られていた[3]。ソウルのG20でもアメリカの提案したバランスある経常収支に関する数値目標といった具体策は，貿易黒字国（中国，ドイツ）の強い反発を招き，2011年のフランスにおけるG20で議論されたが大きな進展はみられなかった。

　G7参加国はアジアからは日本のみであるが，G20には，日本の他に中国，韓国，インド，インドネシアを加えた5カ国が参加しており，アジアの存在感は世界経済の中でより大きく反映されている。事実，G7の世界経済に占める比重は過去10年間で減少し，BRICsと呼ばれるブラジル，ロシア，インド，中国の相対的割合は大きく拡大してきている。ロシアを含めたG8とG8以外のG20メンバー12カ国の国内総生産（GDP）の比率は約6対4である[4]。また，G20は世界人口の3分の2を，世界総生産の85%を占めている[5]。世界経済のアクターも多様化し，それぞれの国内政策と複雑に関連し合い，経済ガバナンスをますます困難にしている。最近のユーロ圏の債務問題，アメリカの高い失業率，日本経済の停滞はグローバル経済に深刻なインパクトを与えている。

　冷戦終結後，特に1990年代に入ってグローバル化が加速したことによって，東アジアにおいてもすでに概観したように地域主義の活性化が見られる。ケント・カルダーは経済的グローバル化が国家間構造に大きな衝撃を与えたとし，ワシントンからの離脱を促進する諸勢力を：(1) 国内の経済的圧

力,(2)アメリカの単独主義に対してより影響力を行使したいとの願望,(3)欧州や米州における地域主義への反発としての地域主義を指摘している[6]。これらの指摘は東アジアにおいても説得力を持つように思える。

　本章では,このような大戦後の歴史的背景を踏まえ,急速に台頭する東アジアは1つの地域としてのまとまりを有するのか,地域内の多国間協調主義,さらには非国家アクターを含めた「ガバナンス」の理念と制度を共有しているのか,その可能性について考察することを目的とする。

2. 「東アジア」,「多国間主義」と「ガバナンス」

　最初に「東アジア」および「多国間主義」と「ガバナンス」をまず定義し,その現状を考察してみよう。

(1) 東アジア

　東アジアの定義には合意はなく多様であるが,ここではASEAN,中国,日本,そして韓国,すなわちASEANプラス3(APT)を東アジアの範囲として考察の対象としたい。アフリカにおけるアフリカ連合(AU),西半球における米州機構(OAS)に匹敵する広範囲を網羅する汎アジア機構が存在しないアジアにおいて,最も中核となる地域機構はASEANであり,それを取り巻く形でAPTがあり,ARFがある。2005年からは「東アジアサミット」が発足し2011年からは米ロが正式メンバーとなった。またAPECの主要議題の1つは「環太平洋パートナーシップ」(TPP)の動向であり,例外を認めない関税撤廃を原則とするこのパートナーシップには米国が加入してから重要性を帯び,日本も農業問題を抱えながら加入への交渉準備をすることに迫られている。欧州連合(EU)とも日本は自由貿易協定(FTA)交渉開始

が報じられている。

　このように最近のアジアにおける動きは「東アジア」の範囲を超えて「アジア太平洋地域」に広がり，東アジアの外からの牽引力が強く，地理的拡大が，域内の深化を凌駕する速度で進行している。シンガポールの著名な国際法学者であり外交官でもあるトミー・コーは拡大する東アジア・サミットの中でも ASEAN のみが最も統合されており，「バスのドライバー・シート」に座る資格を持っていると述べている。その理由として「アジアの大国同士にはお互いに信頼関係が育っていないからバスの運転はできない。ASEAN は中立な立場を維持し，全員から受け入れ可能な立場をとるからこそ，運転を務めることができる[7]」としている。彼の指摘は正しいが，同時にあまりにもバスが大きくなり過ぎて，運転が困難になりはしないかとの危惧は残る。

(2) 多国間主義とグローバル・ガバナンス

　国際関係理論では多国間主義は通常「一定の原則に基づいて3カ国以上の国家間の協調的関係」であり，メンバー諸国の行動範囲に関する「不可分性」，長期的には全体の利益が平等になるという期待を可能とする「拡散した相互性」という特徴を持つとされる[8]。歴史的には多国間主義が明確に表現されたのはナポレオン戦争後のヨーロッパ秩序の再構築を打ち出した1815年のウイーン会議と欧州協調，多くの中小国も参加した1899年と1907年に開催されたハーグ平和会議であろう[9]。この概念におけるアクターは国家のみであり，他の非国家アクターは排除されている。しかし，近年においてはマルティラテラリズムを「多角主義」ないしは「多辺主義」と訳し，他のアクターをも含める議論が盛んになってきている。例えば，国連システム学術評議会（ACUNS）の2011年の研究大会では "Multiple Multilateralisms" をテーマとして，国際機構はもとより市民社会やビジネスまでも考察の対象としている[10]。

より明確に非国家アクターとの協調を中核に据えた概念と理論はグローバル・ガバナンスである。「ガバナンス」という概念と理論も定義は多様で，最初に使用されてから20年間に大きく内容を変化してきている。最初は国レベルでの政府機関の「良い統治」が開発の条件であるとの意味で用いられた。世界銀行はアフリカの開発に関してアフリカの国内の公的セクターの効率，透明性，法の支配，説明責任の重要性を指摘し「良き統治」の重要性を強調した[11]。この概念は1995年のグローバル・ガバナンス委員会報告書『地球－リーダーシップ』によって脚光を浴び，国連事務総長コフィー・アナンによって，単なる政府機関の良い統治から，民主主義，人権，参加を含む広義の概念への変容していった。彼は「良いガバナンス」とは市民が決定に参加し，正統とみなされる政治的，司法的そして行政的分野の良く機能し，責任ある制度を創造することであると定義している[12]。2000年の報告書でアナンはガバナンスとはある場合には抜本的な制度改革を必要とするかも知れないが，正式な制度，規則や強制のための機関を関連させる必要はない。「それは非公式な対話と協力によって達成される。ガバナンスは政府間と同様に非国家アクター間の合意を必要とする」と敷衍している[13]。

学問分野でも国際関係論と国際機構論によってグローバル・ガバナンス論として発展を見てきた。しかしながら，国レベルから地球レベルへと飛躍して，地域レベルでのガバナンス論はあまり議論されてこなかったといっても過言ではない。EUは特別のケースとして地域統合論として独自の理論化を辿っているといえる。ある意味では，国際政治学ないし国際関係論と地域研究の断絶にも相応するギャップがグローバル・ガバナンスとリージョナル・ガバナンスの関係にも見られる[14]。しかしながら，WTOの普遍的取極めがなかなか機能しない間隙を縫うかのように，2国間または多国間の自由貿易協定が数多く締結されるなど，地域的枠組みが重要性を高めてきている。地域レベルでのガバナンスはEUを除いてあまり使われていないといえる。敢

えて，東アジアの「地域ガバナンス」を考察するのは，中央集権的権威が存在しない地域の様相が世界レベルの現実と相似しており，地域ガバナンス論は地域多国間主義を補完することができると考えられるからである[15]。

3. グローバル化と地域ガバナンス

歴史はアーノルド・トインビー流にいえば「挑戦と反応」(challenge and response) の繰り返しが1つの法則かも知れない。近年のリージョナリズム（地域主義）はグローバリズム（地球主義）に対する反応であると理解できる。グローバリズムはグローバリゼーションを推進するための思想であり運動である。リージョナリズムはリージョナリゼーションを推進しようとする思想と運動であるといえる。冷戦終結後20世紀の最後の10年から加速してきたグローバル化は異なった世界地域に異なる影響を及ぼしてきた。グローバル化は経済のみならず政治，社会，文化的側面においても大きなインパクトを与えてきている。

2000年に国連総会で採択された「ミレニアム宣言」もグローバル化の恩恵と負担が地域に衡平にもたらされていないとして，「地球レベルでの政策と措置」の必要をうたっている。この観点から「アフリカの特別なニーズへの対応」が必要との合意を表明している。アジア地域にはこのような特別の指摘は宣言にはないが，グローバル化にいかに対応するかはそれぞれの地域，国家にとって緊急の課題となっていることは疑いない。地域ガバナンスという場合，グローバル・ガバナンスと同様に，国家（政府）のみをアクターとは考えず，民間部門と市民社会をもアクターとして認めることを意味する。（地域）ガバナンスは，国連憲章にある「地域的取極め」（第8章）や，レジーム論で採用されている「レジーム」とは区別される。これらは基本的

に国家によって締結された条約で，一般的というより特定の環境や貿易の枠組みを指す。ガバナンスの概念はすでに見てきたようにより包括的である。

冷戦終結後の国際的な政治的対立の後退は，市民社会とビジネスにより広い活動と公共空間を解放した。世界銀行の報告書『世界開発報告 1997』は国家と社会の関係を，ヒエラルキーと支配を司る国家，利潤と競争を中心に活動する民間部門，発言と集団行動を行う市民社会の 3 者の関係を分析して次のような図 6-1 を提示している[16]。

ロバート・コヘインとジョセフ・ナイは，中央政府，企業，非営利団体の3 種類のアクターが国内におけるガバナンスをになうものとして論議し，国

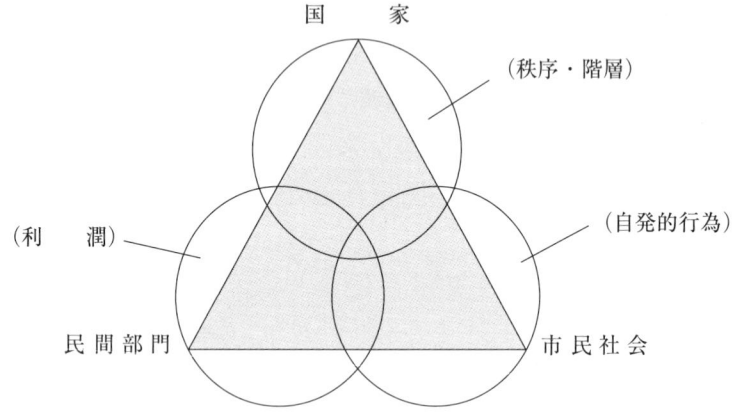

図 6-1　国家・民間部門・市民社会が正三角形を形成

表 6-1　地域，全国，国際レベルのガバナンス

	民 間 部 門	公 共 部 門	第三セクター
国　際	多国籍企業	政府間組織	NGO（非政府組織）
全　国	企　　業	中 央 政 府	非営利団体
地　方	地方企業	地 方 政 府	地方団体

際レベルにおけるガバナンスのアクターとして，政府間組織，多国籍企業，NGO の 3 者の関係を示している[17]。

このようにガバナンス論においては国レベルと国際レベル双方において，政府（国家）に加えてビジネスと市民社会の役割を重視している。国レベルから，地域を超えて，一気に国際レベルでのガバナンスを論じている点にも注目したい。

4. 地域多国間主義とガバナンス

東アジアをめぐる多国間主義の枠組みは APT が中心であるが，基本的には太平洋を超えてアメリカと南米，太平洋のオーストラリアとニュージーランドをメンバーとする APEC や ARF に拡大し，他方，ユーラシア大陸へも SCO によってその地域的範囲を広げている。東アジアサミットは両者を結びつける機能を果たすことになろう。外務省の『外交青書 2010』に掲載された次の図 6-2 には SCO は含まれていないが，この地域の入り組んだ多国間協調の枠組を示している[18]。

地域多国間主義を可能にするにはいくつかの要件がある。ラギーのいう，一定の原則に基づく多国間協調とは東アジアにおいていかなるものであろうか。国家主権の尊重，平和的紛争解決，貿易・金融における相互主義，社会文化領域における交流促進といった原則はグローバルであるが，東アジアにおいても認知され受容されているといえる。国家の行動様式がある程度の共通性をもち，不可分であるのはこのような原則の遵守から当然導かれる帰結でもある。長期的にはこれらの多国間枠組によってメンバー国がそれに見合った利益を享受しているか否は歴史的に検証されるであろう。東アジアの文脈では，地域レベルでの公共財，すなわち「地域公共財」が存在するのか，

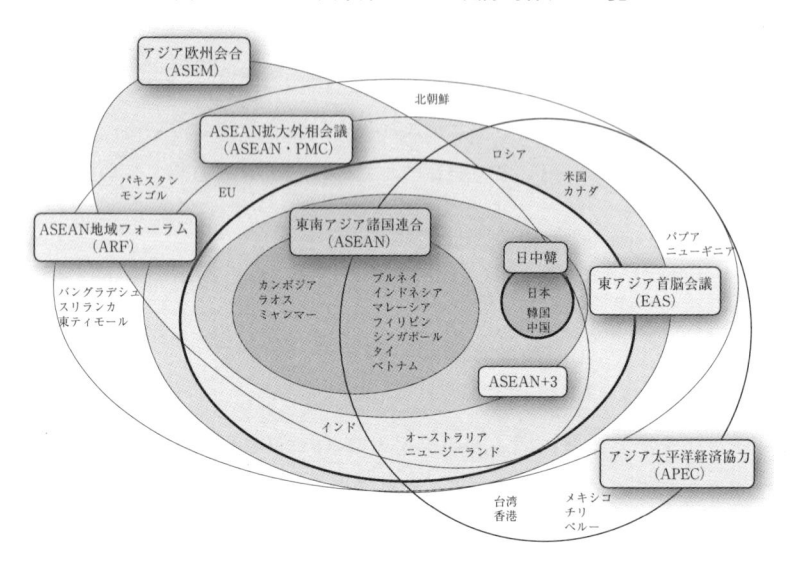

図 6-2　アジア太平洋における国際的枠組み一覧

また存在するならば，どの程度であるかによって，多国間主義のあり方が決定されよう。そしてその地域公共財が排他的に国家によって確保されるならば，伝統的な多国間主義で十分であろう。しかしながら，民間セクターや市民社会といったアクターが重要な役割を果たす必要があるならば，地域多国間主義から地域ガバナンスへの移行ないし拡大が求められる。それでは地球公共財と地域公共財とはいかなるものであるのか。

(1)　地球公共財

最初に地球公共財の概念を提示したのは国連開発計画（UNDP）である。多国間主義における「国際公共財」は国際の秩序，平和，公海の自由，国際通貨制度を指すが，1995年のブレトンウッズ委員会の報告書は国際公共財に「貧困層に対する援助，国際市場の失敗への対応，極端に大きいリスクへ

の対応」も含めて,その意味を拡大している[19]。UNDP は「地球公共財」を定義して非排除性と非競合性という公共財の特性を有し,かつ「全ての国家,全ての人々,全ての世代に恩恵をもたらすという意味において,普遍的傾向を持つ成果(またはその中間財)」とした[20]。最終財としての環境のように人類の共通の遺産で有形なもの,平和,金融秩序のような無形のものがあるとした。地球公共財を供給するに当たっての問題は,①グローバル化した世界と国家のバラバラな政策決定の乖離(権限のギャップ),②政府が中心で他のアクターは周辺的な存在(参加のギャップ),そして③国際協力への消極性(インセンティブのギャップ)を指摘している[21]。

(2) 地域公共財

グローバル・ガバナンス論が地球公共財の存在を前提としたのと同様に,地域ガバナンスも地域公共財の存在を前提とする。両者の間には当然ながら強い相関関係が存在するが,地域レベルで対処した方がより効果的と考えられる公共財を地域公共財と呼ぶ。UNDP のミレニアム・プロジェクトの報告書はそのような地域公共財は次のような財を含むと指摘している。
- 運輸,エネルギー,水管理のためのインフラ整備
- 国境を越える環境問題に対する調整メカニズム
- 貿易政策と手続きの調整と調和を含む経済協力を促進するための制度
- アフリカ・ピア・レビュー・メカニズム(APRM)に対評される地域対話と合意形成のための政治協力[22]。

東アジアにおいてはこのような地域公共財はかなりの程度存在するといえる。ただ,このリストは各国の政策を調整するための制度的枠組に関するものであり,実際は地域の平和,繁栄,人権といった「最終公共財」ではなく,それを達成するための「中間公共財」である。

5. 東アジアにおける地域公共財

それでは，平和と安全保障，経済社会開発，環境・エネルギー，人権・人間の安全保障といったより最終地域公共財に注目してそのための制度的発展を概観してみよう。

(1) 平和・安全保障

東アジアにおいて最も脆弱な地域公共財といえる。1つには冷戦の遺産とも言うべき朝鮮半島における分断国家と台湾海峡をまたぐ中国と台湾問題がある。また，日本・ロシアの北方問題，日本・中国の尖閣諸島（魚釣島）問題，日本・韓国の竹島（独島）問題のような，領土問題を抱えている。加えて，米国の顕著な存在は日米安全保障体制，米韓安全保障体制といった2国間条約が主たる枠組みとなっており，東アジアを大きく超える大国の影響によって，地域公共財としての自立性は弱い。安全保障に関する東アジアを含む多国間制度ではARFがあるが，フォーラムの域をでず，26カ国と欧州連合をメンバーとし，より広範囲な地理的広がりを特徴とする。北朝鮮の非核化に関する6者会談は，アメリカとロシアも主要なメンバーであり，朝鮮半島の問題解決には冷戦時の2大強国の参画が不可欠なことを物語っている。SCOは中国のみを東アジアのメンバーとし，ロシア，カザクスタン，キルギスタン，タジキスタン，ウズベキスタンが参加国である。地域の国境紛争解決を促進したが，一部加盟国の反米政策などでアメリカの警戒心を招いている。したがって，ここでいう東アジアには共通の社会問題は平和的変革によって解決されなければならないという信念に基づく「安全保障共同体」はきわめて脆弱といえる。

（2） 経済協力

　この分野での地域的枠組みは ASEAN を中核にかなりの発展を遂げてきている。ASEAN 自由貿易地域（AFTA）は加盟国間の関税および非関税障壁を削減して国際競争力をつける目的で 1992 年に合意が署名され，現在では ASEAN 加盟国すべてが加盟している。2003 年には ASEAN は ASEAN 経済共同体（ASEAN Economic Community）を設置し 2020 年までに，商品，サービス，投資，そして制限内での熟練労働者の域内における自由な交流によって統合された地域的市場を目的としている。金融における地域協力ではチェンマイ・イニシアティブ（CMI：Chiang Mai Initiative）をあげることができる。1997 年のアジア通貨危機にたいして日本の提案したアジア版通貨基金がアメリカ（および中国）の反対にあって挫折した後に，2000 年に APT のもとに CMI が設立され，短期的な通貨問題を解決するために流動性を確保する通貨交換制度が実現した。

（3） 環境・エネルギー

　UNDP が指摘するように，環境分野は地域協力がきわめて有効である。地球温暖化やオゾン層の劣化はグローバルであるが，酸性雨，黄砂，光学スモッグ，森林火災によるヘイズは地域的枠組みで効果をあげることができる。「ASEAN ヴィジョン 2020」とハノイ行動計画は ASEAN の環境ガバナンスの政策的枠組を定義している[23]。エネルギー問題は紛争と協力の両側面を東アジアは抱えている。尖閣諸島の領土問題は海底油田の利用をめぐる争いであり，南沙諸島の領有権を巡る争いも海底油田に起因する。一方，大量の原油を中東から輸入する日本，中国，韓国にとってマッラカ海峡の航行安全は至上命令ともいえ，マレーシアはじめ関係諸国の協力体制が維持されてきている。

(4) 人権・人間の安全保障

欧州はいうまでもなく，アフリカと西半球にも人権に関する汎大陸的枠組がある。欧州人権条約第1議定書（発効 1954年），人権に関する米州条約（1978年），人及び人民の権利に関するアフリカ憲章（1986年）である。アジア地域にはこれらの条約に匹敵する包括的人権条約は存在しない。もっとも条約の存在がそのまま人権の尊重につながっているわけではない。人権条約を多く批准している国が，より人権に関心があり人権を遵守しているわけではないのと同じである。しかしながら，人権問題はすでに国内問題だけではなく国際問題であることを考えると，人権に関しても地域的取り決めは有用であると思われる。想起されるのは，1993年にウイーンで世界人権会議が開催されたが，その直前の地域準備会議では「アジア的価値」は，必ずしも西洋起源の人権思想とは相いれないという主張がアジアの数カ国からなされたことである。2009年に入り，ASEANは人権に関する制度化を開始することで合意したが，人権問題をかかえる域内加盟国そして他のアジアの国々の対応が注目される。

「人間の安全保障」概念は紛争下だけではなく，疾病，教育，移住といった弱い立場にある人間個々人の安全を確保することで，国家の安全保障を補完するものと考えられている。基本概念は保護と能力育成である[24]。この概念は極めて広く，その有効性が疑問視される面もあるが，国連の場においてもさらなる定義を議論することが決定しており，すでに国連の人間の安全保障基金による活動も始まっている。人権との関係では，国家主権の任務は人権を遵守することであり，さらに国民の安全保障を担保することで，国家と個人との対等な関係が模索されていることであると考えられる。

6. 地域ガバナンスのアクター

地域ガバナンスについて言及した際に，国内および国際レベルでのガバナンスのアクターについては学術的な蓄積があるが，地域ガバナンスについてはこれからの研究課題であることを示唆した。ここでは，国家，ビジネス，市民社会，地域機構の4者の役割について考察してみる。

(1) 国　　家

グローバル化は国家の役割を大きく変容させてきた。しかしそのあり方は世界地域によって大きく異なる。欧州統合を深化拡大した欧州連合下の国家の役割は他の地域よりも主権の委譲という面からは最も変化を経てきているといえる。歴史的に植民地主義を経験し，独立を果たした他の地域においては，強い国家は目指す目標であっても，主権を上部機構に委譲することは現実的課題とはなっていないといえる。東アジアにおいても，植民地主義と侵略そして戦争を経験し，独立を果たした歴史は国家の優位性を正当化するものであった[25]。世界的にみても「時代遅れの国家」という言説は神話に過ぎず，国家は繁栄し，増加しており，国家に替わる代替物は登場していないといえる[26]。サスキア・サッセンは「グローバリゼーションと超国家的組織の結果として，主権が衰退するというよりは，変形されつつある[27]」と述べているが，アジアにおいてはより古典的な国家観が支配的といえよう。

グローバル化の負のインパクトとリーダーシップの無能と腐敗によって，国家主権が自国民に対して人間の安全保障を確保できない「破綻国家」も存在することにも留意する必要がある。2005年の国連サミットでは「保護する責任」の概念が支持され[28]，紛争下にある人々の保護は，第1義的には当該国家，第2義的には国際社会が責任を有することが確認されている[29]。こ

のような破綻国家はサハラ以南のアフリカに複数見られるが，東アジアにおいては強権的であっても統治能力を失った国家は存在しない[30]。他方，政府に対する「信頼」度は世界的に次第に低下しており，アジアにおいても例外ではない。日本においては行政府に対しての満足度は31.5%に過ぎず，不満度が圧倒的に高い。中国，韓国においてはそれぞれ92.7%と45.7%であるが，第3者の調査機関の評価では，法の支配の指数は，日本が86.5，中国が45.0，韓国が74.2と必ずしも世論調査の結果と整合しない点に留意したい[31]。

(2) ビジネス（民間部門）

民間部門の活動は東アジアにおける地域協力の枠組みを決定しているともいえる。グローバル化が経済・金融市場によって先導されたように，東アジアの地域化も経済によって促進されてきた。世界銀行の調査によると，日本と韓国を除く「東アジア新興諸国」の世界輸出に占めるシエアは「1975年の5.4%から2002年の19.8%へと過去四半世紀の間に3倍以上の拡大」を見ている。「特に域内貿易は域外貿易よりも大きく伸び，いまや世界貿易の7.2%を占めるに至っている[32]。2008年度の各地域・経済共同体の貿易額を見るとASEANでは貿易額は，総貿易1兆4,700億米ドルのうち域内貿易は25%しかなく，対外貿易が75%であり，対外貿易の比重が圧倒的である。ASEANプラス3に香港，台湾，オーストラリア，ニュージーランド，インドを含めた広義の東アジアでは，総貿易8兆5,700億米ドルのうち，域内貿易が49.2%，対外貿易が50.8%と，経済圏としての相対的重要性は，ほぼ2倍となる[33]。この域外・対外貿易比率は欧州連合が64.8%と35.2%であるから，東アジアの経済的相互依存関係はEUには及ばない。ただし，北米自由貿易協定（NAFTA）は域内が40%，対外貿易が60%であるから，かなり高度の経済圏の出現を示唆しているといえる。

また国連が2000年に開始したグローバル・コンパクト（GC）は人権，労働，環境，腐敗防止の10の原則に基づいて企業活動を行うことを目指している。参加企業の数は企業が国連や市民社会との連携を意識している1つの指標と考えられる。2010年のグローバル・コンパクト年次報告書によると地域別では欧州の57%と南米の17%に次いでアジアは13%となっている。国別のトップ20にはアジアでは，中国，韓国，日本，インドネシア4カ国がはいっている。ビジネスのグローバル化と企業の社会的責任の自覚が次第に根をおろしてきたことを物語っている[34]。日本，韓国，中国におけるグローバル・コンパクト参加企業の調査によると，グローバル・コンパクトの10原則には賛同するものの，「各国の企業は国連GCへの参加について独自の目的を持っており，GC 10原則の4つの領域への関与や，国連GCのイニシアティブやイベントへの参加においても，その程度には差がある[35]」とのことである。

(3) 市民社会・NGO

地域ガバナンスにおいて地域レベルでの市民社会の組織された表現としてのNGOは東アジアでどのような役割を果たしているのだろうか。まず，国連経済社会理事会に2007年に協議的地位を有するNGO 3,052のうちアジアは16%を占めており，1996年の9%から大きく増加し[36]，市民社会の発言空間も広がりを見せていることがうかがわれる。経済社会理事会の協議的地位のうち最も重要な「一般的協議地位」を有するNGOは139あるが，アジア太平洋地域に本部をもつNGOは17で，東アジアに限定すると10のNGOである。全体の7%にしか過ぎない[37]。東アジアの人口が世界人口に占める割合を考えると，同地域における市民社会の育成と組織化はこれからの課題であることが分かる。アジアにおいて過去10年間には市民社会は急速に成長し，多くの政府は国の発展のパートナーとして認めるようになってきた。

しかし，市民社会をどの程度参加させるのかについては，国によって大きな差異がみられる。NGO を政策決定過程に参画させようとする政府から，単なるリップ・サービスとして参加を表明する政府がある[38]。

例えば，日本における NGO の発展は1995 年の関西大地震の救援活動が NGO 元年と呼ばれ，法制化が進み，非営利団体（NPO）の登録数は「国際協力活動」を目的とする認証された団体は 1,000 を超えている[39]。国際緊急援助へ向けての NGO，経済界，政府の 3 者が対等なパートナーシップに基づくジャパン・プラットホームを設置している。中国においても，1970 年代末から改革開放経済政策の実施とともに NGO は飛躍的に増えてきている。しかし市民社会全体に十分浸透しているとは言えない状況である[40]。

これらのアクター間の相互関係を図式にしてみると世銀報告にある正三角形モデルではなく，きわめて国家の権力が支配的な不等辺三角形モデルを描くことが出来る（図 6-3）。

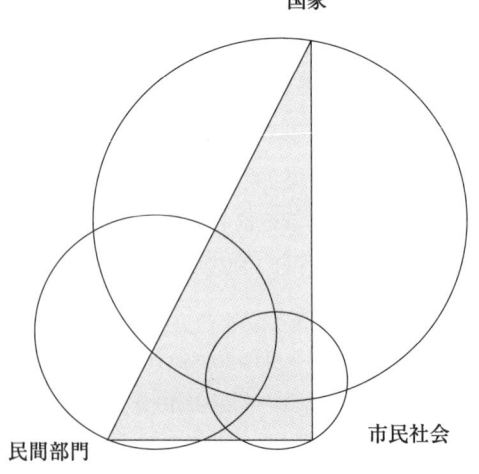

図 6-3　国家・民間部門・市民社会の力関係

(4) 地域制度

東アジアにおける地域機構の中核はこれまでも論じてきたように ASEAN であり，APT や ARF も ASEAN が「運転席」にいることは ASEAN のみならず，中国，日本，韓国も認めているといえる。2007 年 11 月にシンガポールで開催された第 11 回 APT 会議において，APT は進展する地域構築の統合的部分であり，EAS，ARF，そして APEC その他のフォーラムを相互に強化し補完するものであると宣言している[41]。ただ，冒頭で述べたように，最近の動きは東アジアを超え，アジアを超えて，アジア太平洋地域化とユーラシア大陸への広がりが顕著である。図 6-2「アジア太平洋における国際的枠組み一覧」には重層的で複雑な枠組みが絡み合っていることを明白に物語っている。

グローバル化の時代には当然のことながら，世界各地域はその相互関係を緊密にしており，閉鎖的な地域主義は地域公共財の提供と発展にとっても選択肢ではない。東アジアにとって，その発展はグローバル化の恩恵を最大限に活用することで，これまでの経済的成長と世界における地位を高めてきた。東アジア諸国とアメリカ・欧州との関係，インド・ロシアとの関係，さらにオーストラリア・ニュージーランドとの関係は重要であると同時に異なった認識を有しているといえる。アジア欧州会合（ASEM）は 1996 年にアジアと欧州諸国との関係強化のために開始されたもので，政治，経済，文化・社会分野の対話促進を目的としている。

7. 東アジアの将来認識の格差

2009 年 2 月に公表された米国の戦略国際問題研究所（CSIS）の興味深い調査を見てみよう。CSIS は 2008 年 11 月に，アメリカ，オーストラリア，中

国,インド,インドネシア,シンガポール,タイ,日本,そして韓国の「戦略的エリート」とのインタビューを行い,その結果として次の4点をあげている[42]。

(1) 中国への加速的なパワー・シフトの期待

10年後に自国にとって最も重要な国は中国であろうと回答した者は59%,アメリカと回答した者は36%であった。中国人はアメリカと77%が答えている。日本人はアメリカが日本にとって最重要国であり続けると回答した者は57%で,中国と回答した者は35%であった。韓国では中国53%,アメリカ41%であった。このように,東アジアにおいても自国にとってどの国が最も重要であるかについての認識に大きな差異がみられる。

(2) 東アジア共同体への広範囲な支持

調査対象となった10カ国の戦略エリートたちの81%が「東アジア共同体」構築概念を支持し,そのうち37%が強く支持している。共同体の取り組むべき問題としては,信頼醸成,紛争予防,経済統合,良い統治の強化,民主的改革を強調しているが,最後の2つについては国により異なり,問題の敏感性を示している。共通の防衛政策については,ASEANの小国が熱意を示す一方,中国と日本は消極的である。

(3) 地域的多国間手段よりも国家的手段とグローバルな制度への信頼性が高い

この項目は本章と直接関係があり,地域ガバナンスの現状認識を地域内外から表しているといえる。特に大国は攻撃を防止するためには軍事的自己能力ないし同盟が多国間主義よりも重要とみなしており,流行病,人道的危機,テロへの対応についても同様である。地域を通してどのようにして地域

機構を利用して良い統治，透明性，そして法の支配を促進するかに関してほとんど確信がないといえる。
「地域的規範としての良い統治への希求と，地域機構がいかにしてその目標達成のためにどのような役割を果たすことができるかという考えの間には明白なギャップが存在する[43]。」
他方，地域金融メカニズム，自由貿易取り決め，エネルギー協力，6者会談，拡散安全保障イニシアティブ（PSI）の潜在的有効性については信頼度が高まってきている。

(4) メンバーに関して合意は存在しない

東アジア共同体概念には前述のように高い支持があるが，そのメンバーシップに関しては合意がない。ASEAN諸国はインドへの加盟には強い支持（80％）を表明し，アメリカ（79％），オーストラリア（74％）への支持も高い。ロシアとニュージーランドへの支持は比較的弱い。中国がアメリカの参加を高い割合（80％）で支持しているのも注目される。

8. おわりに

グローバリズムと地域主義の関係を象徴的に明らかにしたのは国連という普遍的な機関機構と限定的なメンバーによる機構が集めた注目度である。2010年9月には第65回国連総会が開かれ「グローバル・ガバナンスにおける国連の中心的役割を再確認する」をテーマに一般討論がなされた。しかし，このテーマを正面から取り上げた加盟国は少数であり，その多くは安全保障理事会の改革や総会の活性化の必要性を繰り返すにとどまった[44]。同年10月のハノイにおける「東アジアサミット」，11月のソウルにおけるグループ

20の首脳会議（G20），そして東京でのアジア太平洋経済協力会議（APEC）という限定されたメンバーシップによる会議の方がより注目されており，事実その影響力は普遍的な国際機構である国連のそれを凌ぐかにもみえる。ただ，両者は相互排除的であるのではなく，補完的な関係にあり，分野によっては国連の存在感の方が強いケースもある点は確認しておく必要があろう。またメディアによる直近の出来ごとの報道はそのまま，その重要性を反映しているとは考えられない。アジアにおいて地域機構よりも国連などの普遍的機構への信頼の方が高い点もすでに指摘されている。

　国家を唯一のアクターとする多国間主義のネットワークは東アジアにおいて複雑にそして重層的に絡み合っていることについても考察してきた。本章の関心である非国家アクターを包摂する地域ガバナンスについてはどうであろうか。地球温暖化，貧困，紛争といった問題の解決は地球レベルでの政策と措置が必要であるとの政府間会議での合意すら見ている。他方，地域レベルでのガバナンスの問題は，欧州連合ではグローバル・レベルを凌駕して高度に発展し，実績を積み重ねてきているが，他の地域，特に東アジアにおいては，地域ガバナンスはその第1歩を歩みだしたばかりといえる。

　その根本的な原因は東アジアにおける国家の圧倒的な権限と役割であり，相対的に脆弱な民間部門と市民社会の発展であるといえる。グローバル化が加速する世界においても，軍事・政治分野では国家中心のウエストファリア体制が健在であるが，経済分野では多国籍企業の展開によってポスト・ウエストファリア体制への移行期にあるといえるし，社会文化面では情報・コミュニケーション技術（ICT）の驚異的な進歩によってポスト・ウエストファリア体制に大きく傾斜していると考えられる。

　東アジアにおいては多国間主義がかなり浸透してきているが，地域ガバナンスへの道程は長い。

　C. マクナリーはアジアにおける国境を超えるガバナンスの主要な傾向と

して，①地域の問題の規模と影響が激化している，②問題解決には地元の状況との文脈を重視するようになってきている，③多数のアクターによって複雑化している，④そして概念そのものがあやふやになって，政策もバラバラに行われていると，指摘している[45]。

「東アジア共同体」構想が議論され始めたが，ほとんど何の収斂もないままに，アジアと太平洋という2つの世界地域を抱合する「地域間ガバナンス」へと移行している感がある。欧州の制度化は他の地域のそれぞれの歴史的そして現実政治経済状況の多様性を考慮すればモデルとははらないであろう。より非公式で，柔軟ないわゆるASEAN Wayは東アジアの地域協力の推進に一定の効果をあげてきている[46]。同時に限界が次第に明らかになってきているのも事実である[47]。

東アジアにおけるガバナンスは経済が主導している。1997年のアジア通貨危機を経て，チェンマイ・イニシアティブ（CMI）を打ち上げたのは具体的な制度化への動きであり，自由貿易協定のネットワークは今後も強化されよう。環境問題に関しても一定の枠組みが機能し始めている[48]。一方，平和と安全保障に関してはASEANには一定の紛争解決のメカニズムが存在するが，ARFと6者会談はフォーラムの域を出ていない。主要な制度は，アメリカと同盟を結ぶ日本，韓国にみられるハブ・アンド・スポークでアメリカの圧倒的な存在感がある。

地域公共財を提供し発展させていく上で，国家と非国家アクターの協働が不可欠であるとするならば，東アジアにおけるアクターとして，やはり国家が他を圧する力を行使しており，次にビジネスが公式な枠組みを活用して自らの利潤追求のために活動している。市民社会とその組織されたNGOは東アジアではいまだ相対的に脆弱で，政府と企業の監視や提言を効果的にはおこなうことができていない。国家，民間部門，市民社会の関係は正三角形ではなく不等辺三角形を構成している。地域レベルでのガバナンスは地域大

国，大企業，地域市民社会といったアクターが主導権を握り，制度としての地域機構はその上にあって，一定の協調の枠組を提供していると考えられる。国レベルでの3者の関係は不等辺三角形であり，地域レベルでもそれは反映されている。ここでは単純に理念型の関係を図式化すると次のようになろう（図6-4）。

グローバル化の進展とともに，地球公共財の重要性はますます増すであろうし，同じことは世界の各地域においてもいえよう。地域公共財を効果的に創出し発展させることは将来必須となろう。そのためには，現在の経済活動に主導された「機能主義」的アプローチに加え，制度化の発展が不可欠になる。現在の東アジアそしてアジアの制度に対する信頼度は国レベルと国際レベルでの制度に比して低く，メンバーシップに関しても合意がない。このような状況においては東アジアの「アイデンティティ」の育成は困難をきわめ

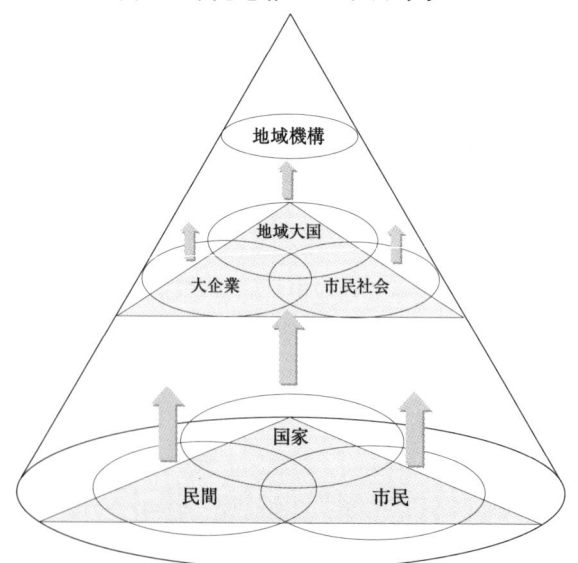

図6-4 国と地域レベルでのアクター

第 6 章　東アジアにおける多国間主義とガバナンス　125

ることが予想される。東アジアにおける多国間主義から地域ガバナンスへの移行には数々の障害があり，民主的なガバナンスのためには市民社会と責任ある民間セクターの発展が不可欠である。共有される価値・規範はアジア諸国の歴史，伝統，文化，そして政治体制によって大きく異なり，共通の基盤の形成はまさにアジアにとっての最大の挑戦ともいえる。

　日本政府は「開かれた地域主義」を唱え，普遍的な民主主義，人権といった価値を共有する必要性を強調している。正論であるが，アジアの地域主義に対する躊躇と疑念とを覆い隠す口実であってはならない。日本は戦後の歴史をアメリカおよび欧州と強く共有してきた。その遺産は地域主義への積極的参入を妨げてはいないか。確かに地域主義の基盤は偏狭な地域主義ではなく，「開かれて包括的な」地域主義でなければならない。そしてそれはグローバリズムの思想と運動へと連携し，後者を先導し，アジアの価値観，文化の多様性をもって，より人間的なグローバリゼーションとグローバル・ガバナンスの実現に貢献することでなくてはならない。東アジのガバナンスにとって日本の貢献は決定的に重要であり，太平洋とユーラシア大陸を結ぶ「地域間ガバナンス」に対しても独自の役割を果たすべく歴史的使命を帯びているともいえる。

1) Ralph A. Cossa, "Evolving U. S. Views on Asia's Future Institutional Architecture," in Michael J. Green & Bates Gill, eds., *Asia's New Multilateralism: Cooperation, Competition, and the Search for Community,* Columbia University Press, 2009, p. 36.
2) 外務省「第 5 回東アジア首脳会議議長声明（骨子）20101 年 10 月 30 日。
3) 米国と日本が政府の金融政策と財政政策の積極的な介入を主張するのに対して，欧州（特に独仏）は，世界金融システムの規制に重点を置いている。独のアンゲラ・メルケル首相とオランダのヤン＝ピーター・バルケネンデ首相は G 20 サミットを前に，「持続可能な経済活動のためのグローバル憲章」構想を提唱し，「市場の力が展開するのに単一の枠組みを発展させると同時に，安定した，社会的に均衡のとれた，持続可能な世界経済の発展を確保することを目指すべきであ

る」と述べている。Cf. Angela Merkel and Jan Peter Balkenende, "Group of 20 Summit: Road map out of crisis," *International Herald Tribune,* March 21-22, 2009.

4) Stewart Patrick, "The G 20 and the United States: Opportunities for More Effective Multilateralism," The Century Foundation, 2010, pp. 2-5.

5) ある論者はG 20は冷戦終結後のグローバル・ガバナンスにおける最大の刷新であると高く評価している。G 20は世界人口の3分の2, 世界国内生産の85%以上を占める, 限定されたメンバーシップからなる柔軟で, 非公式, 多国間集団として, 既存の制度を補完するアクターとして位置付けている。Stewart Patrick, "The G 20 and the United States: Opportunities for More Effective Multilateralism," A Century Foundation Report, 2010. www.tcf.org.

6) Kent E. Calder & Francis Fukuyama, eds., *East Asian Multilateralism: Prospects for Regional Stability,* Johns Hopkins University Press, 2008, p. 24.

7) 朝日新聞, 2010年10月31日。トミー・コーはシンガポール国立大学国際法センター会長。もっともハノイサミットの議長声明には「EASにおけるASEANの中心性を強く支持」する旨の文言はある。

8) John G. Ruggie, "Multilateralism: The Anatomy of an Institution," John G. Ruggie ed., *Multilateralism Matters: The Theory and Praxis of an International Form,* Columbia University Press, 1993, p. 8 and also p. 11.

9) Cf. Inis L. Claude, Jr, *Swords Into Plowshares: The Problems and Progress of International Organization,* Radom House, 1964, Chapter 2., pp. 18-29.

10) 高原明生は世界秩序の変動要因の1つに相対的な米国の衰退と中国の興隆に加えて,「国境を越えた市場アクターや市民社会の活動が活性化している」点をあげている。「序論 東アジア秩序論の諸問題」『東アジア新秩序への道程』(『国際政治』158号, 2009年12月号) 2頁。

11) World Bank, Sub-Saharan Africa: From Crisis to Sustainable Growth, 1989, pp. 54-62. また大芝亮『国際組織の政治経済学』有斐閣, 1994年参照のこと。

12) Kofi Annan, *Secretary-General's Report on the Work of the Organization 1998* (A/53/1), paragraph 114.

13) Kofi Annan, *Secretary-General's Report on the Work of the Organization 2000,* paragraph 19.

14) 国分良成「地域研究と国際政治学の間」国分良成・酒井啓子・遠藤貢編『日本の国際政治学——地域から見た国際政治』有斐閣, 2009年, 1-19頁参照。

15) G. Shabbir Cheema, Christopher A. McNally, Vesselin Popovski, eds. *Cross-Border Governance in Asia,* United Nations University Press, 2011は移民・難民, 水, 貿易

統合，人身売買，伝染病の5項目について制度，政策，法，市民社会，メディアがいかなる役割を果たしているのかを検証している。「国境を超えたガバナンス」という用語と「地域ガバナンス」を相互交換可能な概念として使用している。

16) 世界銀行『世界開発報告 1997』182 頁。
17) ジョセフ・ナイ／ジョン・ドナヒュー編著『グローバル化で世界はどう変わるか―ガバナンスへの挑戦と展望』(嶋本恵美訳) 英治出版，2004 年，29 頁。
18) 外務省『外交青書 2010』(http://www.mofa.go.jp/gaiko/bluebo)。
19) ブレトンウッズ委員会『21 世紀の国際通貨システム』金融財政事情研究会，1995 年。
20) Inge Kaul, et. al. eds., *Global Public Goods: International Cooperation in the 21st Century,* Oxford University Press, 1999, p. 16.
21) Ibid., pp. 18-26.
22) UN, *Investing in Development: A Practical Plan to Achieve the Millennium Development Goals-Overview* (Millennium Project Report to the UN Secretary-General) 2005, pp. 47-48. なお地域公共財については，内田孟男「東アジアにおける地域ガバナンスの課題と展望」滝田賢治編著『東アジア共同体への道』中央大学出版部，2006 年，47-48 頁参照。
23) 星野智「東アジア共同体」構想と環境ガバナンス―環境ガバナンスから環境共同体へ―」滝田『前掲書』，178-179 頁。北東アジアの環境ガバナンスについては同論文を参照。
24) 人間の安全保障委員会『安全保障の今日的課題』朝日新聞社，2003 年を参照。
25) ヘドレイ・ブルはかって強力な国家が求められているのは「第 3 世界の人々が自らの運命に責任を持つことができるようになったのは，国家の支配を手に入れることができたからである。外国軍の介入または多国籍企業の介入に抵抗し，外国資産を没収し，国家として正当に帰属する権利を主張することによってであった」と述べている。Cf. Hedley Bull, "The State's Positive Role in World Affairs," *Daedalus,* vol. 108, no. 4 (Fall 1979).
26) Inis L. Claude, Jr. *States and the Global System: Politics, Law and Organization,* St. Martin's Press, 1988. 特に第 2 章「国家の神話」を参照。
27) サスキア・サッセン『グローバリゼーションの時代―国家主権のゆくえ』(伊与谷登士翁訳) 平凡社，2002 年，79 頁。
28) The International Commission on Intervention and State Sovereignty, *Responsibility To Protect,* December 2001.
29) UN, *The Outcome Document of the 2005 Summit.*

30) The Fund for Peace によって作成され，Foreign Policy に掲載された破綻国家のトップ 20 にはアフガニスタンとパキスタンが登場するが，本論の東アジアの範囲外である（*Foreign Policy,* July/August 2011, p. 48.）。
31) Pan Suk Kim, "Building trust in government in Northeast Asia," in G. Shabbir Cheema & Vesselin Popovski, eds., *Building Trust in Government,* United Nations Press, 2010, pp. 59–60.
32) 世界銀行『東アジアの統合―成長を共有するための貿易政策課題』（K. Krumn/H. Kharas 編・田村勝省（訳）シュプリンガーフェアラーク東京，2004 年，xi 頁）。
33) 外務省『外交青書 2010 年』（世界の各地域・経済共同体の貿易額（2008 年））。
34) UN, *United Nations Global Compact Annual Review 2010,* p. 5, & p. 11.
35) 江端崇編著『東アジアの CSR―国連グローバル・コンパクトの新たなチャレンジ』法政大学出版局，2011 年，56 頁。
36) 国連ウェブサイト http://esa.un.org/coordination/ngo/new/index.asp?page=table2007（2008 年 12 月 20 日検索）。
37) NGO の発展は欧米によって先導されてきたことは明らかで，一般的協議地位を有する NGO の本部は米国・カナダで 30，欧州で実に 47 を数え，両者で全体の 57% を占めている。
38) G. Shabbir Cheema and Vesselin Popovski, eds., *Engaging Civil Society: Emerging Trends in Democratic Governance,* United Nations University Press, 2010, p. 12.
39) 内閣府ウェブサイト（htt://www.npo-homepage.go.jp/npopub/Npo_opensys08（検索日 2009 年 3 月 20 日）政府も NGO との定期的協議を開催し，政府開発援助（ODA）の一部を NGO 活動に振り向けるなど，協力関係を強めている）。
40) 独立行政法人 国際協力機構ウェブサイト（http:www.jica.go.jp/china/office/ngodesk/03.html）検索日 2009 年 3 月 20 日。
41) Chairman's statement of the 11th ASEAN Plus Three Summit, Singapore, 20 November 2007（http://www.aseansec.org/21096.htm.）．
42) Center for Strategic & International Studies, *Strategic Views on Asian Regionalism-Survey Results and Analysis,* February 2009.
43) *Ibid.,* p. 19.
44) 筆者は国連のプレスリリースで一般討論に参加した 180 カ国以上の発言内容を検証したが，多国間主義やグローバル・ガバナンスに直接に言及したものは 17 カ国に止まっていた。
45) Chirstopher A. McNally, "Synopsis: Cross-border governance and the challenges of globalization," in Cheema, et al. eds., *op. cit.,* pp. 267–279.

46) Amitav Acharya and Alastair Iain Johnston, eds., *Crafting Cooperation: Regional International Institutions in Comparative Perspective*, Cambridge University Press, 2007, Chapter 1, esp. p. 46.
47) Cf, Mark Beeson, *Institutions of the Asia-Pacific: ASEAN, APEC and beyond*, Routledge, 2009.
48) 星野智 前掲論文を参照。またアジアにおける水のガバナンスに関しては Mike Douglass, "Cross-border water governance in Asia," in Cheema, *op. cit.*, pp. 122–168 も興味深い。

第 7 章
東アジアの地域主義の進展と地域統合の課題

塩 見 英 治

1. はじめに

　ユーラシア大陸では，東アジアにおいて地域協力が進展し，地域統合は徐々に重要性を増しつつある。地域化の推進は，1997年の通貨危機後，従来からの直接投資と域内外貿易の拡大による市場のリードに加え，FTAや他の形での地域協定などの制度的要因が加わるようになっている。地域統合に向けての連携も，ASEAN＋3（日本，中国，韓国）＝APTの枠組みが形成され，2005年の東アジア首脳会議で，参加国政府が正式に「東アジア共同体」の設立が政治的課題として取り上げられるなど，強化されるようになった。FTAについても，ASEANとそれぞれ，中国，韓国，日本との間のFTAが締結され，最終目標として，東アジアFTAが意識されるようになっている。しかしながら，地域統合のためには克服すべき課題が多い。地域統合では，EUがモデルとされるが，これまでの地域主義の経過とは異なり，自ずと統合の経路も異ならざるを得ない。

　東アジアにおける地域主義の深化，地域統合に向けての経路は，欧州の経路，すなわち地域特有の歴史・文化的背景を有し，加盟国が主権の一部を共通の機関に委ね，法的・政治的な拘束力のもとに人権と民主主義を尊重して

共同行使によって組織化の経路とは異なる。

本章では，欧州との対比で東アジアの地域主義の経路の特徴と要因を整理したうえで，東アジアの地域主義を特徴づけその深化を左右する域内の経済依存関係の構造と変容について検討を行う。次いで，制度面での新たな展開，FTAとその他の地域協定の取り組みの主要な傾向と影響・評価について，ASEANの機能と役割に関連させて，考察を行う。最後に，東アジアの地域統合の制約と克服すべき課題について検討を行うものである。

2. 東アジアにおける地域主義の特質

東アジアは，歴史的経過，文化・宗教・政治・人口・経済などの面での多様性に象徴される。経済面では，著しい域内格差がみられる。域内の多様性は，相互補完性を通じて発展のダイナミズムを生みだしてきた。地域主義の進展，統合に向けての経路も，多くの点で同質性がみられる欧州諸国のそれとは異なる。欧州と比較しての統合に向けての経路は，主に次の点に特徴が見いだされる。

第1は，開かれた地域主義の進展である。東アジアの地域主義の進展は，政治主導型の欧州とは異なり，基本的に多国籍企業による地域的な生産ネットワークと供給チェーンを基盤とする市場主導型に特徴づけられる。この市場主導型の統合は，域内の貿易と対外投資を主な原動力としてきた。輸出拠点構築を目指した直接投資が域内外貿易の拡大と相乗し，域内の経済発展を促し，地域主義の進展をもたらしてきた。90年代以降は，グローバリゼーションと情報技術の進展に相応して通商取引が拡大している。企業と国家との関係では，企業の利益が優先され，国家は地域内生産ネットワークの設置を行う企業に協力する形で統合が進展してきたといえる。企業の行動は，自

らの行動を全体の統合よりも支援を受けた自国の地域協力と統合の政策に追従させる傾向が強い。欧州とは異なる以上の経路は、どのような要因に基づくのであろうか。大きな要因の一つに、多くの新興民族国家から構成され、国家の自立と協力の同時並行の途を辿った歴史的経過があげられる。この点で、多元的政治体制をもつ自立した国家から構成され、国家間の調整による統合の途を辿った欧州とは異なる。このような市場主導型の統合をベースに、東アジアでは90年代後半以降、ASEANを牽引役として様々な機能面・制度面での協力が進められているのである。

この関連で、東アジアの今後の統合に向けたプロセスが問われる。経済学者のベラ・バラッサは、1961年に統合モデルのプロセスについて、域内向け関税撤廃による自由貿易地域の形成から、域外向けに関税を高くした関税同盟の結成、さらに域内共同市場の形成、次いで共通マクロ政策の調整による経済同盟への発展を経て、共同通貨の形成に至って経済統合を完成させるコースを理論的に描いた。だが、東アジアではこの関税同盟を基軸とした閉ざされたコースを経過しておらず、今後とも、その実現の可能性も乏しい[1]。閉ざされた関税同盟の経過がなく、FTAの進展は新たな段階での構造的異質性を示している。関税同盟は自由貿易協定に比べて統合度が高いが、自由貿易協定の拡張が関税同盟の形成に結びつく可能性は低いといえる。

第2は、強固な法的拘束力がある制度設計、それを担保する共通規則や法律によらない弾力的な運営である。地域協力は、基本的に主権の尊重、内政不干渉などの諸原則の下で、地域間の諸問題に対処するための実行可能な解決策として受け入れられてきた。ASEAN方式も、全体として拘束力がある決定ではなく、政府間の協定や合意によるものである。確かに、ASEAN自体は、2008年に全加盟国における批准手続きの完了を受けて、憲章が発効し、これによって加盟国から独立した国際法人格を有し、2015年には、政治安全保障共同体、経済共同体、社会文化共同体の3つの共同体を併せ持つ

地域的機構に発展することになった[2]。しかし，機構の地位や権限については，従来のものと変わらず，加盟国の主権制限を伴う超国家的要素は存在しない。ましてや，東アジアの統合を包括する地域機構は存在しない。東アジアに存在する多数の地域機構もEUのような包括的な制度的構造とは異なっている。

第3は，統合のイニシアティブが小地域のASEANによってとられていることである。ASEANは1967年にインドネシア，マレーシア，フィリピン，シンガポール，タイの5カ国を原加盟国として発足した歴史的経験があり，それ以来，多国間の交渉や協力のやり方について独自のノウハウを蓄積してきた強みがある。この点では，欧州共同体の出発点が，石炭鉄鋼共同体に先立つ1948年，西欧の小国連合，ベネルックス関税同盟であったことに符合する。しかし，EU形成のモメンタムはドイツとフランスによるものである。東アジアでは，現段階で地域大国の中国と日本がイニシアティブをとることは相互に反発を招く可能性がある。ASEANが共同体構築の「運転席」に座り，韓国を含め3カ国が補完するのが現実的である。このことから統合の実現に際しては，より包括的な制度の導入を考えねばならない。

第4は，安全保障の枠組みで差異があり全体として不安定であることである。日本，韓国，台湾，フィリピンは，アメリカを核として連携する安全保障体系を有しているものの，東アジアには，中国のように，この安全保障体系の枠組からずれる大国が存在する。この点は，北大西洋条約機構（NATO）という軍事同盟を結成し，これをベースに各国の結びつきを強固にしてきた欧州の取り組みとは異なる。アメリカはシンガポールと韓国との間で，伝統的に安全保障面での戦略的意味をもつFTAを推進している。東アジアにおけるプレゼンスを高め，統合に向けての求心力の低下を招くジレンマが生じる結果となっている。

以上の点を含む主要な差異点は，表7–1のように示される。これらの点

表 7-1　EU と AU との比較

	EU	AU
技術革命の進展	工業革命	情報革命
統合の初出形態	関税同盟	自由貿易協定
初期形態	石炭鉄鋼共同体	通貨融通・債券市場
開放性	閉ざされた地域主義	開かれた地域主義
国家間交渉形態	制度化された国家間調整	非公式の国家間の対話
国家・企業間関係	多元的国家・政治体制の調整が優先	多国籍企業の利益優先　地域内生産ネットワーク
安全保障	NATO と EU の存在により安定	日中間の競争，北朝鮮の核問題，アメリカのプレゼンスの影響により不安定
統合イニシアティブ	仏　独	ASEAN
構成メンバー	西欧 16 カ国→27 カ国＋α	ASEAN＋3→ASEAN＋6（？）

出所：進藤栄一（2007）をもとに筆者作成。

は，東アジアの統合が EU を後追い，モデルとしながらも，同一のコースを辿るものではないことを示唆している。

3.　東アジアの域内経済依存関係の構造と変容

　東アジアは，90 年代以降，GDP，輸出入の割合で示されるように，世界経済と世界貿易において急激に比重を高めている。東アジアは，NAFTA，EU とともに 3 極を形成しており，これらの地域の GDP，輸出入の総計では世界全体の 8 割を占める。時系列で世界の通商関係の結びつきをみると，それぞれの地域の構成変化が示される。表 7-2 で示されるように，90 年には，EU と NAFTA が主軸となり，これに日本が牽引する東アジアが加わる 3 極構造であったが，今世紀になって，全体の通商拡大，とくに中国の急速な拡大に

より，NAFTA, EU に加え，中国が主導する構造に変化している。通商の拡大は，域内における最適な工程間分業により構築されてきた生産ネットワークの拡大を反映している。

　東アジアの生産ネットワークと通商との関係の基調は，日本，韓国，台湾などが高付加価値の部品や加工品を生産し，中国，ASEAN などがそれらの中間財を輸入し，組立作業で最終財を輸入した上で，それら最終財を欧米等に供与するといった三角貿易構造によっている。しかしながら，90年代末以降には，図7-1 にみるように，以下のような主要な変容の経過が示され

表7-2　3極間の通商関係の概念図（2008年→2010年）

	1990		2008		2009		2010	
	国・地域	額（億ドル）	国・地域	額（億ドル）	国・地域	額（億ドル）	国・地域	額（億ドル）
1	NAFTA・EU	2,441	NAFTA・EU	7,690	NAFTA・EU	5,894	NAFTA・EU	6,388
2	日本・NAFTA	1,639	NAFTA・中国	4,904	NAFTA・中国	4,353	EU・中国	5,007
3	日本・EU	1,054	EU・中国	4,893	EU・中国	4,224	NAFTA・中国	4,801
4	NAFTA・中国	272	日本・中国	2,791	日本・中国	2,407	日本・中国	3,031
5	EU・中国	253	日本・NAFTA	2,530	日本・NAFTA	1,796	日本・NAFTA	2,229
6	日本・中国	206	日本・EU	1,886	日本・EU	1,417	日本・EU	1,536

出所：『2011　通商白書』90頁。

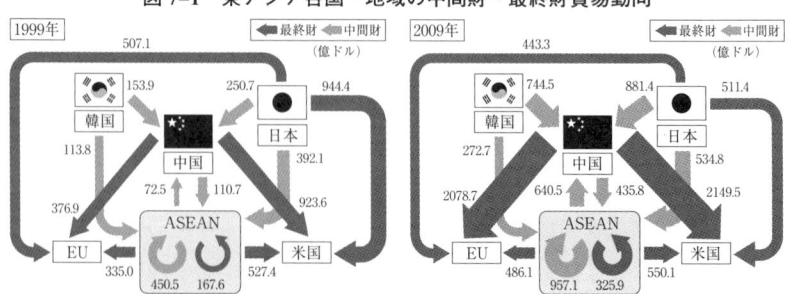

図7-1　東アジア各国・地域の中間財・最終財貿易動向

出所：『2011　通商白書』96頁（RIETI-TID 2010 による）。

る。①組立・最終財輸出の工程での中国の比重の圧倒的な拡大と，ASEANの役割の後退，②ASEANの中国への中間財供給の役割の拡大，③わが国の欧米など域外への最終財輸出の減少と中国への中間財輸出の拡大，④中国からの輸出額で米国を凌ぐEUへの依存の拡大，である。全体的には，中国を組立・輸出拠点とする生産ネットワークが，東アジアの地域の貿易を牽引する形で拡大している。

この傾向は，東アジア諸国を含む各国の通商貿易関係を示す貿易マトリックスからもみてとれる[3]。今世紀以後，6年間の間に，東アジア域内での貿易量は，約2倍に急増しているが，このなかで，中国が，相手国として，東アジア域内の諸国にとどまらず，域外の欧米諸国を包括して輸出量を著しく拡大している。欧米を含む広範囲の地域と結びつくネットワークを構築し，輸出面での全体の拡大を牽引している。さらに，東アジアの殆どの国が中国を相手国として輸出量を大幅に拡大しており，東アジア諸国からの輸出面で中国と太く結びつくネットワークが形成されている。さらに，主要な東アジア諸国とインド，ベトナムなどの中進途上国との間で，ネットワークの結びつきが強まるようになっている。とくに，近年，インドは高い経済成長を続けており，こうした中，成長するインド市場をターゲットに企業の対外投資と対外進出が続いており，この結果，アジア地域の貿易・投資ネットワークにおけるインドの存在感が高まっている。以上のように，中国はプレゼンスを著しく高め，これに対し，わが国は相対的地位を低下させていること，インドなどの中進途上国の存在感の高まりが特徴的にみられる。

貿易品目構成にも変化がみられる。域内の貿易取引品目構成では，機械に分類される一般，電気，輸送，精密の4品目のすべてが世界全体のなかで輸出・輸入のシェアを上昇させる傾向を辿っている。なかでも，電気機械のシェアの伸びが著しく高く，輸出では50％前後の比率を占め，2000年から10％台の増加を示し，東アジアは世界最大の輸出地域となっている。さら

に，IT関連財をベースとしてみた場合，電気機械のみならず，一般機械，精密機械の大部分がこれに関連する。IT関連財では，世界の輸出入の50%前後の比率を占め，世界最大の輸出入地域となっている[4]。

　以上の関係で，東アジアの全体貿易比率は，輸出が輸入を凌越する形で全体として高まっている。今後も，域内貿易比率の上昇傾向は期待できる。域内貿易比率が高く，それに相応して域外との貿易依存度が低いことは，域外で発生したショックやリスクを緩衝できることから，頑強性の点で評価できる。各国・地域から中国への最終財輸出についても増加しており，中国が東アジア地域内外で大きな需要地域として存在を増しているといえる。だが，その最終財の構成では，旺盛な建設需要や設備投資需要が反映し，消費財に比べて資本財の占める割合が高い。

　東アジアでは，以上のように貿易・通商面での地域内での相互依存については全体的に高まる傾向があるものも，依然として，内実では地域内で完結しない構造的制約を伴っているといえる。これは，地域統合の深化の側面からは，問題点として指摘される。域内貿易比率は，一貫して輸出より輸入の方が高い。域内での輸入比率の高さは，地域内での中間財・部品の取引による域内での国際分業・工程間分業の進展を反映している。輸出では，依然として，付加価値が高い製品，最終財の比率の多くを域外の欧米市場に依存している。これに対して，EUでは，域内向けの輸出比率が高く，しかも，中間財と最終財の比率に偏りがない。東アジアは，貿易自体，域内で完結せず，相対的に域内の消費規模が小さく，自立的な経済圏とは呼び難い状況にある。今後，東アジアが自立した経済圏を形成するためには，経済格差を是正しつつ，域内消費市場の拡大をはかりバランスのとれた需要構造への転換が求められる。

4. FTA と広域経済連携の推進

　東アジアでは，FTA は 1990 年代以降に締結され，20 世紀以降には，本格化しその締結の数が次第に増加するようになっている。従来は，対外投資と域内貿易を媒体に域内での市場連携がはかられ，いわば，デファクト型の市場統合が進展していたものの，制度面での影響は限定的であったが，この FTA の進展を支えに，経済連携と経済協力が進展する動きがでてきた。東アジアの FTA の進展は，1994 年に形成された NAFTA，1993 年発足の EU など欧米での経済連携の深化，我が国を含む主要諸国の積極的姿勢への転換などが背景になっている。近年では，ASEAN と，それぞれ，中国，韓国，日本との FTA が相次いで締結されるとともに，複合的 FTA が締結され，究極的な最終目標として東アジア FTA（EAFTA）が意識されようとしている。さらに，FTA 網の急速な拡大とともに，アジア太平洋地域における広域経済連携に向けた取り組みも活発化している。

　FTA は，特定の国や地域間での物品の関税やサービス貿易の障壁・削減を目的としている。多国国間の加盟国の間で最恵国待遇の原則を掲げ貿易自由化をはかるスキームである WTO が行き詰まり，その例外的適用，補完的役割として位置づけられてきた。だが，東アジアでは，先行する経済実態への後追いの経過から，事後対応の包摂的な施策パッケージとして展開する過程を辿っている。このことから，直接的な投資やサービスなどを含む包括的な形態・内容を伴いがちな傾向にある。わが国では，この包括的な経済関係連携を行う協定として，併せて，EPA の呼称を用いている[5]。

　わが国は，世紀の変わり目に FTA の積極的政策へと転じた。2000 年版の通商白書では，その価値について評価を示している。この政策転換の要因はどのように捉えられるのであろうか。WTO 交渉の停滞や行き詰まりの結果

として生じた世界的な FTA ブームに乗り遅れまいとする懸念，FTA を結んでいないことによる不利益に対する日本の産業界の認識と市場アクセスへの要求，FTA の弊害とされる非加盟国に対する差別を問題にするより加盟国間の自由化による貿易や投資の増大などの目に見える成果を重視する現実主義のトレンドなどの要因が指摘される。FTA は多国間協定よりも締結が容易であり，相対する国，地域との間との状況をふまえ，柔軟な内容を取り決めることができ，多国間主義の土台となる積み木の役割を果たし，グローバル規模の貿易自由化へと牽引する役割を果たすものとしての評価が示される。スパゲティ・ボウル現象による弊害も指摘されているが，一方では，広域連鎖によるビルディング・ブロックを形成するとの考え方も浸透するようになっている。

　わが国は，これまで，FTA/EPA を 2002 年 11 月に発効したシンガポールとの締結を皮切りに，現在までに，10 カ国 1 地域との間で締結している。韓国は日本と中国を上回る積極的な FTA 政策を推進し，アメリカ，EU，インドとの間で FTA の締結で合意し，東アジアにおける FTA 締結での主勢を占めている。中国は，新世紀になって 21 世紀に日本の政策転換に触発されるかたちで FTA を重視するようになり，近隣諸国を中心に締結を拡大している。主要国の貿易額に占める FTA/EPA のカバー率をみると，韓国の 35.8％，中国の 21.5％ に対し，日本は 17.6％ と低く，取り組みの劣勢が指摘される。取り組みの問題点としては，自由化の例外を多く含む自由化水準の低さが指摘される。さらに，締結しても，FTA 特恵関税を利用するときに必要な原産地証明の取得コストが大きいことや FTA 税率と MEN（最恵国）税率の差が小さいことなどから，使い勝手が悪く利用率が振るわない実態も示されている[6]。こうしたことから，企業ニーズに合致した制度設計の工夫が求められる。

　アジア全体の FTA の動向をみると，現状では ASEAN をハブとして，日

本・中国・韓国・インド・オーストラリア・ニュージーランドが個別のスポークのようにFTAで結ばれるに至っている。日韓中の相互の間でのFTAの締結は実現していないが，ASEANをハブとしたFTAのネットワーク形成は，将来像としての東アジア広域FTAの実現に向けての基盤となると思われる。ASEANは，2015年にASEAN共同体を創設することになっており，そのベースとしてASEAN経済共同体が位置づけられている。2007年の首脳会議で採択されたブループリントでは，2008年から2015年までの経済共同体実現のための行動計画とスケジュールが策定されている[7]。スケジュールの到達によって，ASEAN経済共同体は，物品，サービス，投資，資本，熟練労働者の自由な移動が実現した地域となる。だが，優先統合分野のロードマップも予定通りすべてが実行されていないこと，過去の地域協力の実績から，ブループリントが予定通り実行されるかどうかは懸念されるところである。さらに，同年の2007年には，首脳会議によってASEANに法的基盤を与え，共同体構築のための法的・制度的な枠組みとして機能するASEAN憲章が採択された[8]。

　以上のように，最近の東アジアでは，制度面での取り組みの進展がみられ，2国間・複合国間FTAが締結され，統合市場のASEANを中心対象とし，地域内での一定の連関・求心力が強まるようになっている。一方，これに反する単一市場統合形成に必ずしもなじまない分散的な多極化の勢いも示される。FTAは，安全保障面で戦略性をもつ米韓FTAのように，地域外との強い連携ネットワーク形成も出ている。APECやその他の地域協定でも地域外での米国の介入・干渉の高まりの可能性は否定できない。TPPも，アジア圏における中国の覇権のカウンターバランスを意識するアメリカが主導し，2015年までに協定間の貿易において，工業品，農業品にかかわらず，例外品目の極めて少ない完全撤廃と貿易自由化の実現をめざしたFTAで，地域外との連携ネットワーク形成に大きな影響力をもつようになっている。共同

体構想についても，核となるASEAN＋3（日韓中）の枠組みも不安定で，日韓中ではFTA相互の締結が実現しておらず，わが国のようにASEAN＋6のスタンスをとる国もあり，同一歩調がとれているわけではない。現状では，日本と中国あるいは日本と韓国が2国間FTAを結ぶためには，さまざまな障害がある。しかし，東アジア広域FTAという新しい大きな枠組で考えることによって，実質的な日中，日韓の間のFTAを模索していく時機が来ている。

5. おわりに：東アジアにおける地域統合の課題

　東アジアでの地域統合のコースについては，見解が分かれる。市場統合を重視する見方では，東アジアは，事実上の経済統合の強みがあり，今後の生産・流通ネットワークの再編により，経済依存が一層高まり，欧州のEUのような関税同盟の結成を経過せずに市場統合の条件が形成されるとしている。これとて，FTAによる制度面での支援作用を大きく重視している。東アジアでは，2国間・複合国間FTAが相次いで締結されており，今後とも，関税・非関税障壁の削減・撤廃のみならず，域内の投資や労働力移動の自由化，協力プログラムを含む包括的なFTAの構築が推進されると思われる。一方，小規模ながら関税統合市場の実現をめざすASEANの存在も示される。だが，東アジア全体におけるEU型の地域統合の実現には，困難さが伴う。これには，国家間の密接な協調，共通の経済政策の策定と実施，最終的には共通通貨を持つことが必要で，現在時点では，この段階への道のりは遠い。東アジアが地域統合を実現するにあたっては，いかなる課題が考えられるのであろうか。主要な課題として，以下の諸点が示される。

　第1は，東アジアの日韓中間での相互信頼の欠如である。ASEAN＋3（日

中韓）枠組も不安定である。市場統合のための条件構築のためには，今後，自己完結的な方向での経済圏の確立が必要であり，そのためには，FTAなど制度面での地域間連携の強化と政策面での保護政策の後退と総合的施策の調整などが求められる。なりより，肝要なのは，日韓中，3カ国間でのFTAの締結の実現である。

3カ国間の相互のFTA締結の経済的効果については，一般均衡モデルであるGTAPモデルによって，関税ゼロを前提に試算がなされており，第三国からの貿易減少によりかなり大きな貿易転換効果による負の効果が生じるものの，これを大きく上回る当該2国間での貿易拡大効，貿易創出効果が生み出され，世界の経済厚生が高まる結果が導き出されている[9]。

第2は，東アジア諸国間での発展段階の格差である。途上国が，さらに投資を誘致し，産業育成などによって自由化の便益を享受できるようなスキームの構築が求められる。途上国では，インフラ整備が不十分であり，このために円滑な市場アクセスが妨げられていることが多い。国際協調のなかでの官民連携による支援が必要とされる。さらに，専門技術領域での人材も不足しており，人材育成面での支援が求められる。

第3は，日韓中でのFTA締結の障害にもなっている非整合的なセンシティブセクターの存在である。センシティブセクターは，農産物品など，様々な条件により国際競争力が弱く輸入自由化の一律的な適用によって経済的影響が大きな産業部門を意味する。3カ国では，このセクターに属する品目は，農産物品など第一次産品を中心に，石油化学製品や輸出機器などの一部工業品目が含まれる。このうち，日本でのセンティブセクター品目の大部分は，農林水産物である。農産物については，関税措置の価格政策のみで問題解決をはかるのではなく，農業政策の構造転換の推進が不可欠となる。有効な政策の1つとして，農業の大規模化が主唱されるが，日本の国土からみて，実現可能性が乏しい。集約は必要であるが，経営規模の拡大には克服す

べき様々な条件があり限界があるように思われる[10]。今後，重視すべきは，ハイテクなどを利用した生産性の向上であり，同時に，高品質で付加価値が高い農産物の生産に重点をおき所得の向上をはかる構造改革が求められる。農産物貿易がいわば産業内貿易の時代になると，農産物の差別化戦略が必要でこれに沿った柔軟な政策対応が要請される。運輸・物流などサービス部門，インフラの整備についても発展段階が異なることから，一部にセンシティブ部門が含まれている。インフラについては官民連携での整備が進んでおり，この面での政策協調が必要となる。これらセンシティブ部門について，取り扱いに整合性をもたせ，いかに削減をはかるかが，日中韓国FTA実現，ひいては東アジアの地域統合のための重要な課題となる。

1) Balassa, Bela A. (1962), The Theory of Economic Integration, George Allen & Unwin Ltd.（中島正信訳（1963），『経済統合の理論』ダイヤモンド社．
2) 石川幸一・清水一史・助川成也編著（2009），『ASEAN経済共同体―東アジア統合の核となりうるか』，33頁を参照．
3) 塩見英治・中條誠一・田中素香編著（2011），『東アジアの地域協力と地域・通貨統合』中央大学出版部，251-252頁．
4) 平川均・小林尚朗・森元晶文編（2009），『東アジア地域協力の共同設計』西田書店，36-46頁を参照．
5) EPAは，FTAの要素を含みつつ，金融，投資物品，人の移動などの物品貿易以外の経済活動を幅広く自由化する包括的協定ではあるが，実際上は双方を厳密に区分しないケースが増えている．
6) 塩見英治・中條誠一・田中素香編著（2011），『東アジアの地域協力と経済・通貨統合』，257-268頁．
7) ASEAN Economic Community Blue Print, ASEAN 13th Summit, Singapore, 2007.
8) ASEAN Charter, ASEAN 13th Summit, Singapore, 2007.
9) 阿部一知・浦田秀次郎・NIRA編（2008），『日中韓FTA―その意義と課題』日本評論社，23-34頁．
10) 政府は「農林漁業再生の基本方針」において，農地集約に向けた離農奨励金を新設し，次年度から5年間で農地の大規模化を集中実施し，集落ごとに農業法人を

設立,それを支援する官民ファンドの取り込みの方針を出している。

参考文献

阿部一知・浦田秀次郎・NIRA 編(2008),『日中韓 FTA—その意義と課題』日本評論社。

石川幸一著(2010),「新段階に入った東アジアの FTA」『季刊 国際投資と貿易』No. 80。

石川幸一・清水一史・助川成也編著(2009),『ASEAN 経済共同体—東アジア統合の核となりうるか』JETRO。

塩見英治・中條誠一・田中素香(2011),『東アジアの地域協力と地域・通貨統合』中央大学出版部。

進藤栄一(2007),『東アジア共同体をどうつくるか』筑摩新書。

高橋秀著(2007),『アジア経済動態論』勁草書房。

廣田功(2009),『欧州統合の半世紀と東アジア共同体』日本経済評論社。

平川均・小林尚朗・森本晶文編(2009),『東アジア地域協力の共同設計』西田書店。

向山英彦(2006),『東アジア経済統合への途』日本評論社。

水島司・田巻松雄編(2011),『21 世紀への挑戦 3 日本・アジア・グローバリゼーション』日本経済評論社。

若杉隆平著(2009),『国際経済学 第 3 版』岩波書店。

経済産業省(2011),『平成 23 年度版 通商白書』。

Balassa, Bela A. (1962), The Theory of Economic Integration, George Allen & Unwin Ltd. (中島正信訳(1963)『経済統合の理論』,ダイヤモンド社。).

Japan External Trade Organization (2008), White Paper on International Trade and Foreign Direct Investment.

Mukoyama Hideo (2008), "Emerging Economics and Changing Trade and Investment Patterns in Asia", Economic and Monetary Cooperation in East Asia, Institute of Economic Research, Chuo University.

Takahashi, Katsuhide and Shuijro Urata (2008), "On the Use of FTAs by Japanese Firms," RIETI Discussion Paper Series 08-E-002.

Takahashi, Katsuhide and Shuijro Urata (2009), "On the Use of FTAs by Japanese Firms: Further Evidence," RIETI Discussion Paper Series 09-E-028.

第 8 章

タイとベトナムの直接投資・人材開発・貿易構造

高 橋 由 明

1. はじめに

　東アジアの域内貿易は増大しはじめている。ASEAN主要6カ国（タイ，マレーシア，シンガポール，インドネシア，フィリピン，ブルネイ）+3（中国，韓国，日本）の域内の貿易（輸出・輸入）の割合は，1980年に35.7%であったのが，2007年には56.4%にまで増大している。1980年に欧州連合（EU）が48.4%，NAFTAが33.2%であったのが，2007年にはEUが67.2%，NAFTAが43.0%と増大したのと比べると，その増大率はNAFTAを上回っている。ところが，2007年の東アジア域内の輸出比率は45.1%で，EU 67.6%，NAFTA 49.4%と比較すると下回る。さらに注目すべきは，そのうちの最終財の輸出割合を比較すると，東アジア域内13.8%，EU域内の30.3%，NAFTA域内の20.8%を大きく下回っている。これは，東アジアでは自動車，電子・電気などの組み立て産業で，国境を越えて企業内分業（垂直的な国際分業）が広く行われ，一部の国では完成品を輸出できるが，他の国ではその部品しか輸出できていないことを意味する。こうした，域内貿易のうち完成品の割合が少ない点が，東アジアの国際分業の特徴といえるのか，それとも今後の東アジア域内の完成品の輸出の割合がEUのよう域内輸出の割合まで

増大していくのかについては，注目していかねばならない。

　他方で，東アジア諸国の経済共同活動の発展から，経済共同体，共通通貨単位などの議論が展開されてきているが，東アジア諸国を構成するそれぞれの国の間で，経済の発展水準，社会・文化・宗教の相違が著しく大きく，EUなどに比べれば，経済の共同活動，共通通貨単位の利用を実現させる道のりは険しく，その実現性に疑問を投げかける議論も見られる。

　本章は，経済の発展レベルからみて，ASEAN主要6カ国の代表国とさえもいえるタイと，ASEANに加盟しながらも後発のカンボジア，ラオス，ミャンマーとの中間に位置しているといわれるベトナムにおける，海外直接投資（外資系企業）の受け入れの変遷を考察し，外資の受け入れのなかで公共の学校制度と人材開発制度をどのような過程をへて発展させたか，また，その結果，両国の貿易構造はどのような展開をしているかについて検討している。

　すなわち，タイとベトナムの人材開発制度の内容と，両国の製造企業（タイ8社，ベトナム12社）の教育訓練の方策と実態に関するアンケート調査の結果をまとめ，両国の人材開発制度の発展の差異が，経済の発展を示す1つの指標である直接投資の受け入れ（外資系企業の受け入れ）の違いから生じており，それが，両国の貿易構造の違いとなっていることを示し，ベトナムのASEANにおける将来のあるべき位置について検討することを意図している。

　まず，2節では，タイとベトナムの直接投資（外資系企業）受け入れの変遷を歴史的に考察し，その特徴の違いを明らかにし，第3節では，タイとベトナムの学校・職業教育制度と実態について，海外職業訓練協会の資料等に基づき，さらに筆者自身のアンケート結果に基づき人材開発制度の現状ついて概観している。第4節では，その違いが両国の輸出品目の構成の違いの理由にもなっていることを説明している。

2. タイとベトナムの直接投資（外資系企業）の受け入れの歴史的変遷

(1) 直接投資受け入れ増大と人材開発制度の発展程度との関係

　周知のように，発展途上国が先進国からの直接投資を受け入れるのは，①現地国の雇用を増大させ，②現地外資系法人がその活動と運営から生まれた収益のうち法人税を現地政府に払い込むためその国の財政に貢献するからであり，さらに③先進国企業の技術・管理手法を現地国従業員・管理者に移転する，というメリットがあるからである。しかし，外資系企業が現地国で活動を開始し，現地人を雇用するといっても，自動的に雇用を増大するとはいえない。先進国企業が，その技術・管理手法で円滑に企業・経営を実施するためには，現地従業員が，その技術・管理手法を理解し会得して一定の成果をあげなければ，雇用はされない。その意味で，外国企業が途上国へ進出した場合，現地での雇用・採用・教育訓練に関する方策はきわめて重要である。現地進出企業は，一定の生産性をあげるためには，一定の基礎能力を持つ者を雇用し，かつ雇用した現地従業員を企業内で訓練をしなければならない。さらに，現地政府も雇用を増大させるためにも積極的に人材開発制度を展開し，基礎能力や高級技術を身につけた労働を供給する努力をしなければならない。以上のことから，当該現地国の直接投資の増大と人材開発制度の発展は密接に関連しているということができる。

　経営史家のガーシェンクロンが，1951年の論文で「後発の利益」について論じたことは，ガーシェンクロン・モデルとしてよく知られている。これは，中川敬一郎が適切に要約しているように，①後進国の工業化の速度は先進国に比べ急速でありしばしば大躍進する，②後進国の工業化では，先進国の場合に比べ，消費財部門ないし軽工業部門に対して生産財部門ないし重工

業部門の比重が，早期に大きくなる，③後進国では，産業企業が早くから巨大経営の形をとり独占形成が早まる，④後進国では自生的発展ではなく銀行・国家・外国政府などによって上から「誘導」される，⑤後進国の工業化は，合理主義的・経済主義ではなく，多くの場合ナショナリズム，社会主義などの理念による強力な支えが必要である，という5点に整理できる[1]。

このように，ガーシェンクロンは，後発国の工業化が先進国の場合に比べてその発生要因，速度，有利な産業など，主に産業経済レベルでの条件について，先進国の工業化の過程と比べて後発国であることによる「利益」があると指摘したのである。しかも，この利益を生み出す主体は後発国の企業であり政府である，ことに注意を向けておかねばならない。このモデルの「後発の利益」は，それは例えば日本の明治期の工業化に妥当したとしても，ここで論じているグローバル化の進展のもとで，1970年代に後発国として出発するASEANなどの発展途上国の工業化に妥当するかは検討を要する。ガーシェンクロンが「後発の利益」として問題にしたのは，上記①，②，③と関連して，後進国は，先進国の機械設備・技術を国家や国立銀行などからの借入金などの支援により短時間でしかも大規模に導入することができるので，それが後発の競争優位として，製造原価の削減も考えられ，先進国の企業との競争に伍していくことができると考えたのであった。しかし，ガーシェンクロン・モデルは，企業の設備・技術の外国から導入を想定していても企業内部の管理技術や制度の導入について言及したものではない。

後発国に生ずる「後発の利益」に，後発国へ導入される「経営技術ないし経営管理技術による利益」が含まれるかの問題であるが，筆者はこの問題についての考察は，ガーシェンクロン・モデルとは無関係にすべきであり，むしろ日本の経営学者や国際経済学者により1980年代から直接投資論と関連して開始された「経営管理方式の国際移転」のなかで正しく位置づけるべきと考えている。なぜなら，この技術や制度の導入により直ちに先進国企業の

競争に肩を並べるほどの効果を及ぼさないからである。先進国から機械と技術を導入する場合は，機械の設置と外国技術者による現地機械操作従業員の集中的訓練により，直ちに生産性に大きな影響を及ぼす場合がある。しかし，経営管理手法の導入・適用は，機械・技術の導入と比べて，①職務を担う人間と人間の関係にかかわる制度であること，またそれが②生産など個別部門ではなく，全社にわたる範囲での適用，という2つの側面をもつので，その管理制度や手法が本来の効果を発揮するまで，試行錯誤による学習を繰り返し定着させなければならないので時間を要する。しかも，管理手法が導入される国々や地域間において文化（人々の価値観・行動様式）の違いが顕著な場合には，その違いも経営管理手法の学習に影響を及ぼすだろう。

　こうした文脈では，先進国企業の技術・管理手法の現地国支社への移転とは，途上国政府がまず外資系企業の活動を受け入れ，先進国企業が現地直接投資として最初は母国から機械設備を持ち込み，さらに企業内訓練として現地（後発国）の従業員に対して経営技術や経営管理の手法を教え込む方式で行われる。海外直接投資が特定の国からだけでなく多くの国から行われ，外資系企業が増大すると，現地政府自らが，人材開発制度を展開するようになる。しかも，外資系企業が本国に持込んだ人材開発制度および，現地政府が準備した人材開発制度が機能しても，繰り返しの多い下級レベルの技術は比較的短期間に技術取得できても，上級レベルの技術の取得には，一定の時間・期間を要するのであり，インストラクター（技術者・管理者）による教育過程に要する時間と，現地従業員や管理者の「学習」過程に要する時間への考慮なしには実現されないのである。さらに，この教育過程と学習過程には，本国と現地の管理者や従業員の行動様式，価値観の違いといった文化の違いが大きく影響を及ぼす。したがって，ガーシェンクロン・モデルにおける「後発の利益」の援用を考えても，それは，外資系企業による直接投資という新たな形態から生まれる利益であり，この利益を生み出す主体は，現地

企業ではなく外資系企業である。それゆえ，そこで生まれる利益を「後発の利益」というのは不適当であり，むしろ筆者この節の冒頭で述べた，後発国に生まれる「直接投資（外資系企業の生産と販売活動）の受け入れの利益」と呼ぶべきであろうと考えている[2]。

ともあれ，以上考察したように，途上国での海外直接投資（外資系企業）の受け入れの増大とその国（現地国）での人材開発の発展程度は，密接に関連するということができるのである。こうしたことから，ASEAN諸国でも比較的早くから外資の導入を行ったシンガポールやマレーシアの政治家首脳が「ルック・イースト」（日本の工業発展の教訓を見よ！）政策を掲げたことには，上記の意味での理由が存在したのである。

(2) タイとベトナムへの直接投資（外資系企業）受け入れの変遷

表8-1は，『海外進出企業総覧』（1997年度版，東洋経済新報社）に基づき，1987年以前と，1996年まで，さらに1988年から1996年までの2年ごとにみたその年の日本企業のタイ，中国，ベトナムへ進出した現地法人数を示している。1987年以前までのタイに進出した日本企業の数は402件，中国は123件，ベトナムでは0件である。しかし，1988年から1996年まで，タイへの日本企業の進出は次第に増え，1996年までに1,191件を数えるに至っている。また，日本企業の中国への進出は1992年ごろから急に増え始め，1996までに2,069件を数えている。それに対して，日本企業のベトナム

表8-1 タイ，中国，ベトナムに進出している日本企業法人数（1996年まで）

	1996年までの合計	1987年以前	88年	90年	92年	94年	96年
タ　イ	1,191	402	128	109	39	61	99
中　国	2,069	123	63	40	144	412	250
ベトナム	120	—	2	3	12	38

出所：東洋経済新報社『海外進出企業総覧』国別編1997，22-23頁。

第 8 章 タイとベトナムの直接投資・人材開発・貿易構造　153

表 8-2　タイ，ベトナム，中国へ進出した業種別の日本企業法人数

	世界総計	アジア総計	タ　イ	ベトナム	中　国
全　産　業	18,223	8,813	1,190	120	2,069
製　造　業	7,553	4,958	713	86	1,544
機　　　械	709	427	64	6	117
電 気 機 器	1,628	1,087	108	7	332
輸 送 機 器	149	97	10	1	30
自動車部品	848	494	111	15	104
精 密 機 械	245	148	14	3	43
商　　　業	5,211	1,852	232	3	175
金融・保険	954	300	34	3	23

出所：東洋経済新報社『海外進出企業総覧』国別編 1997，24-25 頁。

への進出は 1990 年に初めて 2 件を記録し，1996 年までにわずか 120 件である[3]。

表 8-2 は，同じく『海外進出企業総覧』(1997 年度版) に基づき，日本からのタイ，ベトナム，中国へ進出している企業法人数を，全世界，製造業，商業，金融・保険業種との対比で示したのである。1996 年時点では，タイへの進出製造企業のうち，自動車・部品業種に属する日本企業の法人数 (111 件) は，中国への進出 (104 件) を上回っているが，機械，電気機器，精密機械の属する日本法人数は，1996 の時点で，タイへの進出企業数よりも中国への進出企業が上回っていることに注意をしなければならない。それに比べ，現在では中国+1 といわれるベトナムへの 96 年時点での日本企業の進出は，タイ，中国に比べれば，未だ著しく少ないといえる[4]。

ⅰ) タイへの海外直接投資の特徴 (1985 年-2000 年)

この時代のタイへの海外企業および日本企業の進出の特徴を，『ジェトロ白書投資編，世界と日本への海外直接投資』(各年度版) に基づき描写しておこう。1987 年のタイの実質 GDP 成長見込みは 5.2% から 5.5%-6% へと

上方修正されるほど，内資・外資とも投資が増大した。特に日本と台湾からの外資による投資が増大し，87年1月から9月で日本が140件（前年同期比27件），台湾124件（同32件）で，アメリカの40件を大きく引き離していた。タイでは，華僑のつながりで台湾，香港，シンガポールからの投資も多く，タイでの全投資総額の約50%が外資で占められた[5]。また，日本からの投資の70%は輸出志向型であった[6]。

1990年の同『ジェトロ白書投資編―世界と日本の海外直接投資―』（以下『ジェトロ白書投資編』または『投資白書』とする）では，1989年の日本からのタイへの直接投資は件数では若干減少したが，大型プロジェクトの進出もあり，金額で88年を上回った。インフラ面での工業団地もタイ投資委員会（BOI）の工業団地開発に対する恩典供与もあり，BOI認可の工業団地も6カ所に完成ないし建設途中であると叙述されている。さらに注目すべきは，インフラ面より深刻な問題は，近年の投資ブームにより技術系大学卒業者の需要が逼迫しており，1988年の大卒技術者の数が2,648人であったのに対して，求人数は7,301人であった。さらに91年には新卒者数が3,069人に対して，求人数は8,574人と見込まれ，政府としても高級技術者の養成は急務であった。当時は，具体的な措置に乏しく，高専の大学への格上げ，理学部の学生の工学部への転入制度，夜間部の開設にすぎなかった。そのため，政府の早急な対策の他に，進出した企業内での訓練部門や訓練所の設置を図ることが必要であると注意を喚起している[7]。日本のタイへの進出企業が直面する障害として，原材料，部品の調達，品質管理など種々あるが，とりわけ重要なのは「熟練工養成がカギ」である。育成の方法としては，「日本での研修やOJT（on-the-job-training）などがあるが，基本的には企業内に訓練施設を設け，企業に必要な技術を集中的に訓練をしていくことである。大手の東芝グループやトヨタ・グループはこうした方法を採用しつつある。また，転職防止策として全寮制を採用して成功している例もある」[8]と記述している。

1990年代にはいると、タイへの海外直接投資も落ち着き増加率は減少し始めた。それは、アジア NIES からの投資が半減したからであり、半減した理由は、台湾、香港を中心にした国々からの投資が、中国とベトナムへとシフトしたからであるとされている。日本からの投資も減少したが、日本からの投資が最大で、1990年の日本の申請は199件（全体の21%）、金額では805億バーツ（34%）であり、承認されたのは180件（29%）、金額で692バーツ（34%）であった。タイ政府の第7次5カ年経済社会開発計画がスタートし、人材育成、インフラ整備も重点項目となりレムチャバン港も部分的に稼動した。

1994年の『ジェトロ白書投資編』は、1960年–1992年までの BOI が承認したタイへの主要国の海外直接投資の累積残高を示している。それによると、1位の日本が3,094億バーツ（全体の25.6%）で、2位香港の2,085バーツ（17.3%）、3位アメリカの1,871バーツ（15.5%）を大きく引き離し、タイ政府にとって海外直接投資受け入れにおける日本のスタンスの重要性を示している。1987年から1992年までの承認件数は1,035件で、これを業種別にみると、機械・電気が393件で最も多く、電子製品は1988年以降毎年30–40件程度進出しており、累計では211件、電気機械部品が累積で109件であった。このうち、1992年で金額の多い投資プロジェクトは、自動車・同部品（トヨタ自動車17億バーツ、三菱自動車26億バーツ）、エアコン用コンプレッサーなどの家電部品（松下・日立）、電気・電子（ミネベア）が目立った。当時のタイでは、「中小企業が育っておらず、日本から資本財や部品、金型などの中間財を輸入せざるをえず、これが赤字の主要因となっているため、サポーティング・インダストリー育成の必要性が叫ばれている」[9]ということであった。

1996年の『ジェトロ白書投資編』のタイに関して、「第3次投資ブーム到来」のタイトルで、1994年タイへの日本および台湾からの投資が増大して

いることを伝えている。日本からの投資は，自動車，家電などの輸出志向の投資は減少し，最も投資優遇措置が得られる第3ゾーンへの投資が多く，しかもサポーティング・インダストリー関連の投資が増大したと，大手企業に部品を提供する中小規模近業の進出について言及されている。さらに，タイがアジア，特に中国，台湾，香港への対外投資を増大し総額で102億バーツであったことを記録している。

　1998年の『ジェトロ白書投資編』は，1996年のタイへの投資は，件数，金額とも減少し，さらに1997年2月のアジア通貨危機の影響をまともに受け，投資が減少した。このため，政府は投資優遇策を強化したことを伝えている。すなわち，タイ投資委員会（BOI）は，「国際競争力を高め，自己技術の開発を可能とし，生産技術の発展と能力の向上に資する（BOI布告）」ため，裾野産業（サポーティング・インダストリー）の育成を重視するようになる。この方針を実現するため，金型，ジグ，切削，表面処理などの14業種を特別重要産業に指定し，ゾーンに関係なく法人税の8年間の免除や，機械の輸入関税免除などの恩典を与えた。BOIは，1997年2月に機械輸入関税免除の優遇措置を1999年末までに3年間延長したほか，1997年10月にはABSブレーキシステムや電子制御燃料噴射システムの製造などの5業種の追加決定もしたという。また，投資環境の改善のため，事務所用，従業員宿舎用の外国人による土地所有も，一部緩和した。さらに，ビザの延長や，外国人がタイでの労働を認める許可書の発行・更新も，1カ所で3時間以内にできるワン・ストップ・センターを97年7月オープンさせた，ということである[10]。こうした，BOIの適切な施策の断行こそが，今日のタイの工業化の発展の根拠といえよう。

　2000年と2002年の『ジェトロ白書投資編』は，1997年の通貨危機の影響もあり1999年1月-9月の投資は金額では増加していないが，件数では増加している。それは，中小プロジェクトの件数が増加し，さらにアメリカ，

カナダからの投資が増大したことを伝えている。また，政府は，外資系企業の出資比率について，それまでの外資が過半数出資になるための輸出比率の規制を撤廃している。さらに，BOI は，合弁相手となるべき現地企業が金融機関の貸し渋りなどで資金難に陥っていることから，投資認可件数に占める外資 100% の案件の割合を，1997 年の 34.5% から 98 年の 39.2%，1999 年の上半期の 47.1% へと増加させている[11]。こうした施策が功を奏したのか，2000 年のタイへの海外からの直接投資は大幅に増大している。特に，欧米企業を中心に小売業への外資参入が加速されたということである。

日本についてみると，BOI の認可ベースでは，2000 年の日本のタイへの投資は，1,074 億バーツ（前年費 297.1% 増），282 件（前年比 50.0%）で大きく増加し，件数・金額ともに最大の投資国となった。このうち 68.8% が拡張投資であった。業種別にみると，電気・電子が 385 億バーツ（前年比 155.0%，90 件）と最も多く，次いで化学・紙が 282 億バーツ（同 907.1%，44 件），金属加工・機械 142 億バーツ（同 230.2% 増，95 件）と続いている。この時期の ASEAN への日本からの投資で注目すべきは，2002 年に実現予定（実際は 2003 年）のアセアン自由貿易協定（AFTA）をめぐり日本企業の生産拠点の再編が問題になったということである。AFTA の実現により主要 6 カ国で関税が 5% 以下となるので，例えば，タイ進出日本企業のうち，日立製作所がシンガポールから掃除機生産を移管，松下電器（現，パナソニック）が，タイ，インドネシア，台湾，マレーシアなどの冷蔵庫生産をタイへ集約するなど，主に白物家電の生産移管・集約化が進んでいる。また，トヨタ自動車のカローラ部品製造の集約化など，自動車産業においても同様の動きが見られる[12]。

ⅱ）ベトナムへの直接投資の特徴

ベトナムは，1986 年 12 月の第 6 回党大会でドイモイ（「刷新」）政策を打

ち出し，対外開放，自由化を通じ市場経済に移行する方針を採用するが，このドイモイ推進に重要な役割を果たすのが外国からの直接投資（外資系企業）の受け入れであった。政府は，それを促進するため1988年1月に「新外資法」を制定する。

1992年の『ジェトロ白書投資編—世界と日本の海外直接投資』によれば，1988年1月に外資法が発表されてから1991年9月までの海外からの投資（認可ベース，総投資額，以下同じ）は，合計314件，24億4,400万ドルであった。投資件数，金額の推移をみると，1988年は37件，3億5,900万ドル，1989年は70件，5億1,900万ドル，1990年は109件，5億9,200万ドル，1991年は98件，9億7,400万ドルであった。1991年7月までの国・地域別投資累計では，第1位が台湾で33件，4億4,100万ドルで，ベトナムへの全海外投資のうち21％を占めていた。第2位はオーストラリアで16件，2億7,830万ドル，第3位はフランスで25件，2億7,410万ドルであった。以下，香港，英国，オランダ，ソ連，カナダと続き，日本は18件，9,610万ドルであった。台湾のベトナム進出は早く，フーミンフなどの工業用団地の開発など不動産案件の大型プロジェクトによりベトナムの総直接投資の中でも大きな割合を占めた。

ここで注意しなければならないのは，表8-1にみたとおり，1987年以前は，タイには日本企業法人が402件，中国には123件存在したが，ベトナムには0件であったことである。日本企業のベトナムへの進出は，海外直接投資の受け入れの判断がそのくらい遅れたということである[13]。

1994年の『ジェトロ白書投資編』は，1992年のベトナムへの海外直接投の件数，金額の順位は，台湾，日本，香港の順で，セメント・プラント（台湾），油田開発（日本），ホテル・観光，（香港），製鉄プラント（韓国），金融分野などへ進出した[14]。この年の『投資白書』は，1988年の『新外資法』の改正について言及している。ベトナムの外国投資法（外資法）は，当初か

ら100％外資を認めたが，改正が多く運用方法も決まっていない部分が多く課題が多かった。1992年末の国会で，①外国企業の存続期間を50年から70年に延長する，②外国企業はベトナム以外の国に借入講座を設定することができる，③輸出加工区，建設・操業・移管方式をとること，1992年に法人の改正を行い，投資地域，業種により免税期間を細分化し，さらに土地賃借料も明確化した。しかし，法律の運用面で地域格差があるという問題点があった[15]。

1996年の『ジェトロ白書投資編』によれば，1994年のベトナムへの海外直接投資の特徴は，台湾，韓国からの不動産案件が減少し，軽工業への小規模の投資が始まり，台湾のChing Phongグループは，すでに生産を開始していたバイク組み立ての部品現地調達を高めるために，同部品関連で12件の投資について認可を受けた。また，韓国の大宇グループは，テレビの組み立て生産の強化に向けて2つの電子部品工場を増設している。業種別では，サービス業（41件，10億2,331万ドル）が総額の27.5％，軽工業（100件，6億1,092万ドル）が件数の29.4％を占めた。

1995年（1-9月）にはさらに投資が増大し，国別では，台湾，日本，英国，韓国の順位で大きかった。業種別では，重工業（57件，13億2,120万ドル），建設業（30件，12億7,580万ドル），観光・ホテル（17件，11億7,900万ドル）で大幅に増加した。重工業分野で，将来の国内需要を見込み，ベンツ，クライスラー，フォードなどの自動車組み立て事業は12社となり，年間5,000-8,000社の新車自動車で激しい競争を展開する事態を生み出している。1995年7月，ベトナムはASEANに加盟したことから，AEANに進出していたトヨタ，翌年はホンダがベトナム進出している。

日本のベトナムへの直接投資の特徴について，『投資白書』は，1994年から急速に増加しベトナムの対内投資額では4位，1995年には2位となり増大している。それは，①国内需要の拡大を見込んだセメント，製鉄などのプ

ラント投資,②オフィスなどの不動産投資,③先陣争いが激化している自動車および同部品関連の投資が増加したからとしている[16]。

1998年の『投資白書』は,ベトナム政府が,外資のGDPに占める割合が,1994年6.5%,1995年7.2%,1996年10.0%と上昇してきたこともあり,「近代化・工業化」に資するものとするため,外国投資の認可に際して業種別の選別志向を強めたことを伝えている。96年に外資法を改正し,①山岳・遠隔地への投資,②農林水産物の栽培・加工への投資,③資源を有効利用する投資,④製品の輸出比率の高い投資,⑤冶金,基礎化学,機械製造,石油化学,肥料,電子部品,自動車・バイク部品を新たに加えた。それは,ⅰ)拡大する地域格差の是正,ⅱ)輸出指向外資の誘致強化,③AFTAなどの地域統合の動きを踏まえ,外資を通じた産業集積の促進を図ろうとした。また,投資手続きを簡素化するという改善もされた[17]。

1996年の日本の対ベトナム投資は金額ベースでは減少したが,前年に引き続き,ホンダ,日野自動車,松下電器,日本ビクターなどの自動車,家電の進出があり,部品関連では,住友電装(ワイヤーハーネス),高島屋日発工業(椅子),スタンレー電気が進出した。1997年には,自動車,バイク部品では,横浜ゴム(タイヤ),日本板グラス,原田工業(アンテナ),大和合成(プラスティック)が認可された。日本の投資は,プラント建設や自動車,家電といった大手メーカーの進出が一段落し,自動車・バイク部品関連や繊維,さらに農産加工・輸出案件が堅調に推移した[18]。

2000年の『投資白書』は,1998年にそれまで実績のなかったロシアが3件(13億200万ドル)の石油プラント建設の投資を行ったことを冒頭に報告しているが,アジア通貨・経済危機の影響をうけて,すでに認可された案件が縮小・中止するプロジェクトも現われた。1999年には外国直接投資の急激な減少に伴い,ベトナム政府は外資政策の整備を行い,①外資向け電気料金を約11%,国際通話料金の10%の引下げ,②駐在事務所認可費を5,000

ドルから 70 ドルに減額,③従業員の給料を「ドル建て」から「ドン建て」とする,などの整備を実施した。日本の投資は,①日本経済の低迷,②総合家電メーカーや自動車組み立てメーカー進出が一巡したこと,③ベトナム経済の内需低迷,などの理由により大幅に減少した[19]。

2002 年の『投資白書』は,アジア通貨・経済危機の影響で大幅に減少していた対ベトナム直接投資は,石油ガスのパイプライン大型案件に参加する英国やインドの案件で回復し始めた。さらに注目すべきは,ASEAN への輸出を狙い中国企業の進出が急増したことである。投資総額は,4,581 万ドル (33 件) で,オートバイ部品製造 5 件,VCD プレーヤー組み立て,ライターなどの日用品の製造企業が中心に進出している。日本の投資をみると,工業団地の造成,ホテルの整備や住居環境の整備により,ハノイ,ハイフォンなどの北部への進出が目立ち,キヤノンプリンター製造 (7,670 万ドル),住友ベークライトによるフレキシビル回路製造 (3,500 万ドル) など,大型案件が認可された。

iii) タイとベトナムへの直接投資の概略的比較

以上,タイとベトナムへの海外直接投資 (海外企業) の受け入れ状況を考察してきたが,『ジェトロ貿易投資白書』(名称変更) に基づき,2000 年のタイとベトナムへの日本の直接投資の概況をまとめてみよう。

タイの人口 6,181 万人 (1999 年),1 人当たり GDP は 1,975 米ドル,日本の 2000 年度末までの累積投資額は 147 億 9,600 万ドル (1 米ドル=44.52 バーツ) であった。これに対して,ベトナムの人口は 7,769 万人,1 人あたり GDP は 404 米ドル,日本の 2000 年度末までの累積投資額は 12 億 3,500 万ドル (1 米ドル=1 万 4,168 ドン) であった。タイとベトナムを比較すると,1 人当たり GDP が約 4 倍,日本の両国への直接投資の累積額を比較すれば,タイへはベトナムに比べれば 12 倍の大きさである。この差は,同じ

ASEANに属していても，1980年代の初めから海外直接投資の導入を積極的に進めたタイと，1986年のドイモイ以降，1995年以降に直接投資を積極的に導入したベトナムとの違いを示すものといえよう。

それは，すでに言及したように，1987年以前までのタイに進出した日本企業の数は402件，ベトナムでは0件であったのに対して，1988年から1996年まで，タイへの日本企業の進出は次第に増え，1996年までに1,191件を数えていたが，ベトナムへの日本企業の進出は1990年に初めて2件を記録し，1996年までにわずか120件であったことにも示される。さらに，表8-3に示されているようにタイとベトナムへの2000年から2011年までの2年ないし3年ごとにみた日本企業のタイおよびベトナムの法人数と進出企業数を見ると，各年度の進出企業数は，すでに進出している法人の拡張投資と新規進出企業数が含まれていることに注意すべきである。ここでは法人数について説明すれば，日本企業がタイで活動している法人数は，2000年には1,304法人であったのが2011年には1,675法人を数えるにいたっている。それに対して，ベトナムで活動する日本法人は，2000年に172企業であったのが2011年には454法人である。ちなみに，中国での日本法人は，2000年の2,477企業から2011年には5,345企業になっている[20]。

いまここで，家電の松下と東芝，さらに自動車のトヨタとホンダのタイとベトナムへ最初に進出した年代を比べればつぎのようである。松下がタイへ

表8-3 タイ，中国，ベトナムに進出した日本企業法人数と進出企業数（2000～2011年）

	2000年 日・法人数	2000年 進出企業数	2003年 日・法人数	2003年 進出企業数	2005年 日・法人数	2005年 進出企業数	2007年 日・法人数	2007年 進出企業数	2009年 日・法人数	2009年 進出企業数	2011年 日・法人数	2011年 進出企業数
タ イ	1,304	1,020	1,381	1,057	1,507	1,140	1,575	1,173	1,609	1,203	1,675	1,230
中 国	2,477	1,531	2,979	1,725	4,040	2,174	4,757	2,422	5,017	2,474	5,345	2,555
ベトナム	172	174	187	194	219	220	286	277	358	333	454	408

出所：東洋経済新報社『海外進出企業総覧』国別編，現地法人数，各年度版。

進出したのが1988年であるが，ベトナムへの進出は1996年である。東芝がタイに進出したのかなり早く1969年であったが，ベトナムへの進出は1996年であった。トヨタがタイに進出したのは1988年であったが，ベトナムへの進出は1996年であった。ホンダがタイに進出したのは1992年であったが，ベトナムへは1997年であった[21]。

さらに，表8-4，表8-5は，2007年と2008年のタイとベトナムへの業種別対内投資額（ドル表示額）を，タイ投資委員会（BOI）とベトナム国家協力投資委員会（SCCI）の資料により示したものである。いずれも，現地政府内の業種区分に基づいているため単純比較はできないが，2008年度の1年間に限定してはいるが，タイの場合，「農水産業・農水産加工」，「繊維・軽工業」への投資金額に比べ，海外からの「機械・金属加工」（2008年，24.8％），「電気・電子機器」（同17.1％）への直接投資総額が全体の約42％を占めていることが大きな特徴であり，今やタイの主要産業が「部品産業」であるということができることである。これに対して，『ジェトロ貿易投資白書』を読む限り，ベトナムの場合，自動車，電気・電子は「重工業」（2008年全体の32.3％）の項目に含まれるが，この項目には鉄鋼，プラスティックなどの他の重工業品目を扱う産業も含まれていることから，「機械・金属加工」，「電気・電子機器」さらに「自動車」などは個別表示されていないため不明である。このことの他に，石油採掘はしているが自国内での石油精製が未だ10％ほどであるといわれているためか，「石油・ガス」（同，17.5％）関連への直接投資が多いことである。さらに，「ホテル・観光」（同，15.1％）の割合が多く，ベトナムは，2008年現在にいたっても，海外の直接の主要部分は，工業化を推進する領域にないといえるのである。

筆者が2010年4月より開始し現在も進めている「メコン河流域諸国の裾野（部品）産業と人材開発」のプロジェクトでの，タイとベトナムの現地中小部品企業へのインタビューの結果をみても，現在のベトナムの部品企業を

表 8-4 タイの業種別対内直接投資〈認可ベース〉

(単位:件, 100万ドル, %)

	2007年		2008年		
	件数	金額	件数	金額	構成比
農水産業・農水産加工	43	688	54	284	2.8
鉱業・セラミック	28	952	33	7,373	7.1
繊維・軽工業	58	277	67	305	3.0
機械・金属加工	212	3,588	220	2,562	24.8
電気・電子機器	175	2,949	141	1,768	17.1
化学・紙	114	2,836	117	1,227	11.9
サービス	206	3,576	206	3,441	33.3
外国直接投資計	836	14,870	838	10,327	100.0

注:外国直接投資の定義は「外国資本10%以上」。また、ジェトロ資料はバーツ表示であったが、2008年1ドル34バーツ換算で筆者によりドル表示されている。
原典:タイ投資委員会(BOI)。
出所:ジェトロ『ジェトロ貿易投資白書(2009年版)』2009年, 202頁。

表 8-5 ベトナムの業種別対内直接投資〈新規, 認可ベース〉

(単位:件, 100万ドル, %)

	2007年	2008年 (12月19日現在)		
	件数	件数	金額	構成比
重工業	3,477	177	19,441	32.3
石油・ガス	1,868	8	10,574	17.5
ホテル・観光業	1,873	26	9,126	15.1
運輸・通信業	571	25	1,858	3.1
軽工業	2,474	245	1,818	3.0
サービス業	376	438	1,278	2.1
文化・教育・医療	235	21	489	0.8
建設業	979	107	351	0.6
農林業	180	40	247	0.4
EPZ・工業団地	333	5	137	0.2
金融業	20	1	18	0.0
水産業	101	5	4	0.0
合計	17,855	1,171	60,271	100.0

注:EPZ:輸出加工区。ベトナム国家協力投資委員会(SCCI)資料。
出所:ジェトロ『ジェトロ貿易投資白書2009年版』2009年, 226頁。

タイのそれと比べれば，タイ政府が海外の家庭電気，オートバイ，自動車産業企業の受け入れを開始した時期と比べ，ベトナム政府の海外投資受け入れ時期が10年以上遅れたが，ベトナムの部品産業は，おそらく10年ないしそれ以上の遅れをとっており，タイへの水準までキャッチ・アップするには，政府・民間，外資との協力のもとに相当の努力が必要となろう。

以上，みてきたように，タイとベトナムへの日本の直接投資（海外進出），件数でも金額でもかなり違い，累積の金額ではタイとベトナムでは12倍の差が存在している。このことは，次節で検討する，職業，教育制度，企業内教育訓練制度の違いとなってあらわれてきている。

3．タイとベトナムの学校・職業教育の現状と就業者の学歴

(1) タイとベトナムの学校教育と職業教育の現状

海外職業訓練協会の2007年の調査「タイの雇用労働事情」によると，「学歴別労働者の構成」は，全就労者3,525万2,700人（総人口6,800万人）のうち，無就学者の割合が3％，小学校中退者の割合が32％，小学校卒業者が22％，中学校卒業者15％，高校卒業者12％（内，普通高校の卒業割合が74％，専門高校の卒業割合が26％），大学卒業者の割合が14％（内，学術科目卒業者の割合が54％，職業教育科目の卒業者の割合が31％，教育科の卒業者の割合が15％）であった。つまり，現在のタイ労働市場での，労働者の学歴をみると，中学校卒業以下が72％であったのに対して，高校卒業者が12％，大学卒業者は14％で，高卒以上の両者合わせても26％である。

それに対してベトナムでは，2006年の15歳以上の就労人口4,438万人（総人口8,100万人）のうち，小学校卒業者の割合が44％，中学校卒業者の割合が33％，高校卒業者の割合が19％，大学卒業者の割合はわずか4.2％であっ

た。高卒と大卒の合計は約23%でタイと比べても3%の差である[22]。

　以上の両国の就業労働者の学歴の特徴は、タイの場合、無就学者と小学校中退者が35%も存在し、さらに中学卒業者の割合が15%であるのに対して、ベトナムでは、多くの就業者は小学校を卒業しており（44%）、中学校卒業者も33%である。ベトナムではタイに比べ高校卒業者が19%（タイ12%）にも達しているが、大学卒業者がわずか4%（タイは14%）であることである。

　ところが、タイの場合は、この無就学者や小学校中退者の学歴を持つ者に対して、労働省の技能開発局管轄でタイの12の地域で（1地域が4-7県を統括）に「技能開発センター（校）」が設置されており、訓練をうけた教員により、比較的新しい機材や技術を設置し、訓練が実施されている。また職業訓練開発局は、学校に行っていない16歳から25歳までの青少年を対象に職業訓練学校（機関）が準備されていることに注目しなければならない。技能開発局は、カリキュラムの開発も行い、就職前の技能者養成訓練、すでに就労している労働者の技能向上と、新規職場への適応を可能にする在職者技能向上訓練、ホテル職員、秘書、セールス担当者などを訓練する短期間の特別訓練を実施している[23]。

　タイの文部省管轄の公共職業教育としては、古くから職業高校、技術（職業）短期大学、師範大学がある。2003年に、教育（文部）省に、職業教育の開発と政策決定の主要責任機関として「職業教育委員会事務局」が設立され、そのもとに2008年現在で以下の合計403の国立の職業教育機関が管轄されている。技術短期大学（109校）、職業教育短期大学（36校）、農業技術短期大学（44校）、職人養成短期大学（54校）、職業短期大学、（144校）、他5種類の短期大学（16校）である。上記の国立の職業高校、短期大学、技術師範大学の3機関で学んでいる学生の人数と割合を見ると、2007年11月現在のデータで、職業高校が476,627人（69.3%）、短期大学が210,384人

（30.5%），技術師範大学619人（0.2%以下）の計687,630人（100%）である。

それゆえ，タイの場合，職業教育は，高校卒業者の約26%，大学卒業者の31%（教職15%を除く）が，職業教育を受けていることになる。職業教育を教授する大学とは，多くの場合短期大学を意味しているので，大雑把にいうと，高校卒業生の4分の1が職業高校の卒業生，大学卒業者の約3分の1が専門に特化した短期大学の卒業生ということができよう。

それに対して，ベトナムでは，労働省管轄の公共職業教育制度がタイほど発展しておらず，都市部の訓練センターは大学や高校の一部校舎設備が使用され，規模は決して大きくない。海外職業訓練協会の調査によれば，2009年現在で，職業訓練大学が102校，職業訓練高校が265校，職業訓練センターが約700箇所あり，高校レベルでは385業種のプログラム，大学レベルでは301種のプログラムが可能とされている。しかし，指導員（教員）のレベルも，上級の技術や研修に関して十分に応える体制とはなっておらず必ずしも十分ではなく，また研修上必要な設備も十分ではない。1年間に1,500人の学生を受け入れることができる職業訓練学校はわずか6%であり，他に300人から500人を受け入れられる訓練校が50%，300人未満が15%と，統計も厳密に取られていない印象をうける[24]。

以上を要約すると，タイとベトナムでは，普通大学で学ぶ学生の数はそれほどの違いはないが，公共職業訓練高校や短期大学での学生数に大きな違いがあり，外資系を早くから受け入れてきたタイでは，労働省の人材開発局が中心になり，労働者に対する職業教育の改革を総合的に展開してきたといえる。

(2) タイにおける従業員教育の準義務化，インターシップの導入，国家技能認定制度

ⅰ）法律に規定された教育訓練実施の必要性

タイでは，2002年技能開発振興法（労働省告示2004年4月）に基づき「技能開発基金納付金」制度が設けられた。その制度によると，100人以上の企業が一定期間技能開発をする場合，各地域の技能開発センターの専門部署が，訓練センターの機材，教室の提供，指導員の活用などにより支援を行うものであるが，しかし技能開発を実施しない場合に，ある計算方式で，技能開発に従事しない従業員の基準賃金額の1%にあたる納付金を，「技能開発基金」に納入しなければならないことになっている。つまり，企業が，教育訓練を行う場合は，国立の技能開発センターが上記の支援を行うが，行わない場合は，罰則として一定金額を義務的納付させる仕組みである。このことにより企業の従業員の職業教育を準強制的に促進しようとする制度である。

規定によると，従業員100人以上の企業は，1年に全労働者の50%の労働者に法に定める技能訓練を実施しない場合は，納付金の義務を負う。納付金の大小は，技能訓練を実施した労働者の数の大きさによって決まるのである。①入職準備訓練の場合は，一定のカリキュラムのもとで30時間以上実施しなければならない。②向上訓練の場合は，適切なカリキュラムのもとで6時間以上かつ1グループ50人以下で実施するものである。③職種転換訓練の場合は，現在の職種以外の職種に転職するために使用者が実施する技能訓練で，適切なカリキュラムで18時間以上かつ1グループ50人以下で実施するものでなければならない。訓練の方法として，①外部講師を活用しても良いが企業自身が行う方法と，②外部の機関に入職者ないし従業員を派遣する方法である。①の企業自身の実施の場合は，訓練の詳細を申請し承認を受ける，②の外部機関への派遣の場合は，訓練終了後にカリキュラムと費用の報告をして承認を受けねばならない。

納付金の計算方法の例をあげると，いま従業員400人の企業はこの法律により1年間に200人教育訓練を実施しなければならないが，168人しか実施していないと，200人－168人＝32人が，訓練義務を果たせなかった労働者数である。1人あたりの基準賃金が（1カ月3,990バーツ）であったとすれば，納付金の額は3,990バーツ×12カ月×1％×32人＝15,321.60バーツ（約4万6,000円）となるのである。訓練実施企業の権利と利益としては，一般企業の場合①技能訓練費用について特別の控除を受ける権利，②外国から技能を有する指導員を招聘する権利，③技能開発局の指導助言を受ける権利など，その他の恩恵が与えられる[25]。

筆者がインタビューとアンケートを行った約10社の企業では，教育訓練は日常的に行われている印象を受けていたが，その秘密はこの法律にあったのかもしれない。

ⅱ）インターンシップの導入

筆者がインタビューを行った，工学系職業高校・短期大学（3年制と3年制＋2年制）とビジネス系職業高校・短期大学では，教師が一定期間企業で体験研究をし，また学生は一定期間体験学習をしていることが普及している，との説明を受けた。これについては，海外職業訓練協会の資料で，より明確に説明されている。職業訓練高校，短期大学，4年制大学で，職業教育に関わる単位の取得は，①正規プログラム，②デュアル職業訓練，③フルタイムの授業参加が難しい社会人に対して非正規教育，職業訓練体験，職業経験を加味して与えられる方式でなされるというのである。

具体的には，学校と企業との間の契約によりカリキュラムや実施方法が決められ，通常は，週に1日ないし2日を学校で理論を学び，残りの3日ないし4日を企業で実践的能力をつける，といった方式がとられることが多い。ある場合は，特定の週または月，学期を，集中的に企業で訓練を受ける方法

がとられることもある。この資料によれば，2003年度において，デュアル職業訓練のプログラムを受けた学生・生徒は43,800人（全体の7%）で，受け入れ企業は8,900社，プログラム数は51であった，ということである[26]。

iii）国家による技能認定制度

タイでは，労働者個人に対して労働技能に関して理論と技能について試験を実施し合格証明書を，さらに企業に対しては労働基準や管理の基準について検査・評価を実施し認定証を与える制度が確立している。労働省技能開発局は，個人に対しては，建設，工業，輸送機器，電気・電子・コンピュータ，工芸，サービス（料理士，保育士，理容士など）の6職種において135の技

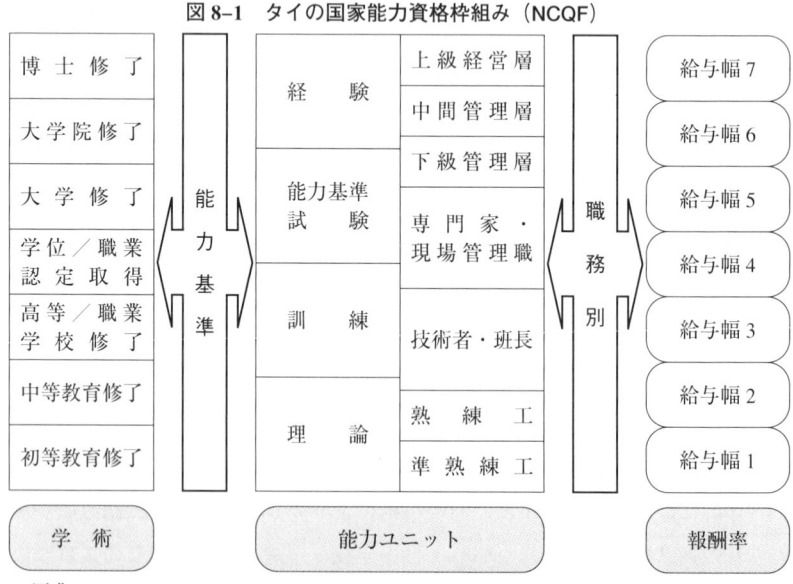

図8-1　タイの国家能力資格枠組み（NCQF）

学術	能力ユニット	報酬率
博士修了	経験 — 上級経営層	給与幅7
大学院修了	中間管理層	給与幅6
大学修了	下級管理層	給与幅5
学位／職業認定取得	能力基準試験 — 専門家・現場管理職	給与幅4
高等／職業学校修了	訓練 — 技術者・班長	給与幅3
中等教育修了	理論 — 熟練工	給与幅2
初等教育修了	準熟練工	給与幅1

（中央：能力基準／職務別）

原典：*The Bureau of Vocational Standards and Qualification, 2008.*
出所：海外職業訓練協会「タイ（調査項目4：職業能力基準，職業能力評価制度）」
　　　（作成年月日：2009年12月31日），6頁。

能試験を準備している。このことも，タイの産業水準を高める役割を果たしている。

さらに，タイ政府では，現在，「国家能力資格枠組み（NCQF）」という新しい職業能力基準を体系化する案が検討されている。これは，上記の資格範囲を網羅し，高度に標準化された評価制度を確定しようとするもので，その基準・評価は，ⅰ）国家能力認識制度，ⅱ）能力基準技能開発，ⅲ）能力基準技能標準制度，ⅳ）能力基準給与制度に基づき決定されるが，この4つの基準の設定には，技能開発局，職業組織員会（組合），職業組織，職業支援委員会の4つの組織から選ばれた人々で構成される委員会で検討される。すなわち，この委員会は，業務基準，能力証明制度，共通業務基準，個々人の能力に見合った基準賃金，職業区分，職業分析チーム，職業支援コースを確立することを主たる任務とするのである。

NCQFの大枠は図8-1に示されているとおりである[27]。

4. タイとベトナムにおける企業教育訓練の状況
――アンケート調査結果――

(1) 調査対象企業と質問項目

タイの調査対象企業，タイ現地企業（6社）と在タイ外資系製造企業（日系企業を含む2社）で，調査票とインタビュー（平均約1時間30分）により調査した（調査期間は，2006年11月，2007年3月，12月下旬）。ベトナムの調査対象企業は，家庭電気商品を含む電気関連会社6社（日系企業1社），なべ，ガス・コンロ，オートバイのフレーム製造企業1社，ワイン・清涼飲料水製造会社4社，日系2輪車製造企業1社の，計12社である（調査期間は2005年7月，8月である）。

質問内容は14項目から構成されている。1) 従業員能力開発を重視する理由，2) 教育訓練制度を実施する部署，3) 能力開発を重視する地位・階層（部長，課長係長どの），4) 能力開発・訓練を重視する職種・スキルの内容，5) 経営幹部（A），部長（B），課長（C）に対してどのような開発・訓練方法を採用しているか，6) 現場監督者（A），グループ・リーダー（B），一般作業員（C）に対してどのような能力開発施策を重視しているか，7) 現場監督（A），グループ・リーダー（B），一般作業員（C）に対してどのような能力・スキルの開発を重視しているか，8) 職場内教育（OJT）の具体的実施方法，9) 小集団活動について，10) 女性活用の方法，11) 貴社の教育予算の状況，12) 受講者の研修直接費の過去・将来の増減，13) 情報処理教育について，14) 環境保全教育について，がその内容である

(2) アンケート主要項目の要約的内容

このアンケート結果の詳細はすでに発表しているので[28]，ここでは要点のみ紹介しよう。

質問項目3)「能力開発を重視する地位・階層（部長，課長，係長，1位，2位，3位の複数回答）」の結果をみると，タイの企業では，規模，業種にかかわらず，トップを補佐する「部長クラス」と，生産現場を指導監督する「係長，職長，班長」といった中間管理層の育成を重視していることがわかる。ベトナムの企業は，規模，業種にかかわらず，「経営幹部」，「部長クラス」，「課長クラス」，「係長，職長，班長」といった，経営幹部と中間管理者の両階層を育成しなければならない状況にある。インタビューの結果でも，大規模企業では，部長，課長のトップおよび中間の管理者の育成が難しいとの報告がなされているからである。また，小規模企業では，社長がすべてを抱え込み，社長を補佐する経営者が育成できないという悩みが表明されている。これまでの調査でも，ベトナムの従業員は，個々人としては勤勉で勉学精神

が旺盛であるが，チーム・ワークが不得意で，経営者・管理者が育たないといわれてきた。このことは，つぎの質問の回答にも示される。

質問項目4）「能力開発・訓練を重視する職種・スキルの内容」については，タイの従業員に必要とされる職種・スキルとして，「エンジニア」の能力開発を重視する回答企業の8社中5社，「戦略企画スタッフ」の能力開発と「プロジェクト・リーダー」の育成と答えた企業がそれぞれ4社であった。また，「教育訓練の企画・実施」能力を必要とすると回答した企業も同じく8社中4社であった。この点は，タイ企業が，より発展するために，企業全体と生産現場の生産性を高めるための施策の中心部分を意識していることが，窺える。

これに対して，ベトナムの従業員に必要とされる職種・スキルとして，「エンジニア」の能力開発が電気関連製造企業で12社中11社，「営業担当者」のマーケティング能力が電気関連製造企業で12社中10社，「戦略企画スタッフ」の能力開発が計6社であった。また，「教育訓練の企画・実施」能力を必要とすると回答した会社は5社であった。このことは，ベトナムでは，特に小規模企業では，製造現場のスキルの向上とか，営業能力の向上といった生産と販売の基本能力の向上がまず当面の問題で，「戦略企画スタッフ」の能力向上といった企業全体の能力の向上といった面まで，眼が向けられない状況が理解できる。経営者やそれを支えるスタッフの育成が必要であることが強く意識されているが，それが十分達成されていない状況が推測される。

質問項目5）「経営幹部（A），部長（B），課長（C）に対してどのような開発・訓練方法を採用しているか」。タイでの調査の結果，上級，中級の経営者，管理者の能力開発・育成のために用いられる施策については，「トップの直接指導」と答えた企業は，幹部の場合8社中6社，部長の場合8社中6社，課長の場合3社，「大学院・ビジネススクールへの派遣」と回答した企業は，幹部の場合2社，部長の場合2社，課長の場合も2社であった。これ

に対して，ベトナムの場合，上級，中級の経営者，管理者の能力開発・育成のために用いられる施策については，「トップの直接指導」と答えた会社は，幹部の場合 12 社中 4 社，部長の場合 4 社，課長の場合 12 社中 7 社，「大学院・ビジネススクールへの派遣」と回答した会社は，幹部の場合 3 社，部長の場合 2 社，課長の場合 1 社であった。これは，ベトナムでは，管理者，経営者の教育は，試行錯誤的な側面をもちながら，外部機関に依存せざるを得ないことを示しているのに対して，タイ企業では，主要製品とそれに必要なスキルも安定しており，幹部，部長，課長の教育は，自社に則した内容で，トップの直接指導の形式がとられているものと思われる。

タイの場合，「経営幹部，部長，課長」に「特別なプロジェクトの割り当て」と回答した企業は 8 社中，それぞれ 4 社，5 社，4 社が回答しており，この「プロジェクトの割り当て」を能力開発の手段として重視する企業は，日系 1 社のほかに，タイ系企業でも採用されていた。

これに対してベトナムの場合，「特別なプロジェクトの割り当て」と回答した企業は 12 社中わずか 3 社で，小規模企業ではまったく行われておらず，タイと比べて著しく少ない。

質問項目 6)「現場従業員各階層に対してどのような能力開発施策を重視しているか」について，タイの場合，現場監督者（A），グループ・リーダー（B），一般作業員（C）に対して，多くの会社では，「自社のトップや戦略スタッフを講師とする教育」の実施か，「自社の経験者・専門家による職場内教育（OJT）」の施策が採用されているが，調査対象企業の半数で，外部の教育機関や取引先から講師を招いている。タイ企業では，生産現場に関する人材教育は，多くの場合「トップと戦略スタッフ」，「職場内での OJT」と「外部の教育機関からの講師」による「Off the Job（企業内坐学）」が中心に，系統的に行われているといえる。

これに対して，ベトナムのケースの分析から，トップが，教育する能力を

必ずしも持っていないという結果が見出されている。そのため，ベトナム系の企業では，「外部の教育機関や取引企業から講師を招く」，「民間の教育機関での教育」，「公的機関での教育」に頼らざるをえず，ベトナムの中小企業では，企業内教育はOJTが中心で，体系的な教育システムを持っていないことを意味する。「小集団活動」を，現場監督者やリーダーや一般作業者に対する教育方策として採用している企業は，タイのケースでは8社中5社あり，これに対してベトナムでは12社中2社でしか行われておらず，これは極めて特筆すべき特徴である。タイの製造企業では，現場監督，グループ・リーダーの能力は一定程度安定しており，現場の一般作業員と「小集団活動」のなかで「職場内教育」が行われていることが，推定できる。私のタイでの工場調査の経験でも，タイの中小企業でも，小集団活動は多くの工程で導入され，各従業員の成績が工程ごとに表示されており，日本の小集団活動が盛んであったころの手法が導入されていた。しかし，ベトナムでは，ベトナム系企業はもちろん，日系企業でもそれほど目立たなかった。

質問項目7)「現場従業員対してどのような能力・スキルの開発を重視しているか」について，「現場監督（A），グループ・リーダー（B），一般作業員（C）に対してどのような能力・スキルを重視しているか」についての回答は，各企業の利用している機械設備に応じて，「機械のオペレーション」を，現場監督（A）に対して重視していると回答した企業が8社中5社，グループ・リーダー（B）に対して重視していると回答した企業は5社，一般作業員（C）に対しては7社，「メインテナンス」の技術を，（A）に対して重視していると回答した企業が5社，また（B）対して重視する企業が6社，（C）の一般作業員に対して重視する企業は5社であった。

　コンピュータ技術を内蔵した機械設備を使用している企業では，「高度なプログラミング」の技術を，（A）に対して重視する企業は4社，（B）に対しては3社，（C）に対しては0社であったのに対して，「簡単なプログラム」

の技術を，(A) に対して重視する企業は4社，(B) に対しては3社，(C) の一般作業に対しては2社であった。このことは，タイの小規模部品企業でもコンピュータ・プログラムで制御するNC工作機械を使用している企業が8社中4社あり，そのなかでも，高度なプログラミングの技術の取得とよりその発展を，現場監督 (A) とグループ・リーダー (B) に期待する企業が各4社あり，簡単なプログラミング技術を (A)，(B) の階層だけでなく，一般作業員 (C) に対しても期待している企業が2社あるということは，タイでは，NC工作機械の使用が，かなり普及していることを示しているといえる。この点は，NC工作機械が日系企業以外に普及していないベトナムとは，決定的に違うところである。

タイで，「多能工化」の技術の発展を (A) に対し重視する企業が5社，(B) に対して重視する企業が4社，(C) に対しても期待する企業が3社であった。現場監督に対して「品質管理」の能力が必要と回答した企業が全部の8社中7社，グループ・リーダーに対して重視する企業が5社，一般作業員対しても重視する企業が5社であった。現在のタイでは，小規模企業でも，ISO 9001の普及・実施はかなり進んでおり，筆者がインタビューをした日系企業に部品を供給している一流タイ部品企業（従業員150人程度）では，生産管理・経営管理の基礎であるISO 9001と，環境問題のISO 14000，さらに品質管理の3者を統合した自社特有のシステムを構築していた。

これに対してベトナムのアンケート結果をみると，(B) と (C) に対して「多能工化」と回答した企業が3-4社（日系企業2社を含む）であったが，圧倒的多い回答は「品質管理」であり，現場監督に対して「品質管理」の能力が必要と回答した企業が全部の12社，グループ・リーダーに対しては11社，一般作業員対しても7社が必要と回答している。現在ベトナムでは，小規模企業でも，経営管理・生産管理の基本であるISO 9001の普及・実施が必須とされ，完全な導入が期待されているが，経営管理の基本方式がまだ完

全に導入されていない企業も存在している。

この質問項目の結果の違いは，前節でみたタイとベトナムへの機械設備，部品業種の海外企業の受け入れの件数と金額の相違と関連しており，両国の現地企業間で導入されている生産技術，管理技術において，かなり大きな差異が厳然として存在していることを示しているのである。この違いは，次節で検討する貿易構造の違いとなって現われるのである。

5. 東アジアの国際分業の視点からみたタイとベトナムの貿易構造の違い

(1) タイとベトナムの貿易構造の相違

表8-6と表8-7は，タイとベトナムの輸出・輸入の主要品目の構成を示している。2008年を比較年次に採用したのは，2008年秋のリーマンショッ

表 8-6 タイの主要品目別輸出入〈通関ベース〉

(単位：100万ドル，％)

輸出 (FOB)	2007年 金額	2008年 金額	構成比	輸入 (CIF)	2007年 金額	2008年 金額	構成比
コンピュータ・同部品	17,331.6	18,384.2	10.3	原油	20,405.8	30,159.8	16.8
自動車・同部品	12,978.1	15,585.5	8.8	産業機械・同部品	12,172.1	14,880.9	8.3
宝石・宝飾品	5,381.8	8,270.1	4.7	鉄・鉄鋼	8,575.4	13,759.1	7.7
精製燃料	4,097.1	7,913.2	4.5	化学品	10,020.9	12,644.5	7.1
集積回路（IC）	8,418.1	7,241.3	4.1	電気機械・同部品	9,503.1	10,742.9	6.0
天然ゴム	5,640.0	6,791.7	3.8	集積回路基板	9,822.6	9,197.1	5.1
コメ	3,467.4	6,204.1	3.5	宝石・地金銀	4,117.3	8,856.1	4.9
ポリエチレン	5,212.3	5,520.0	3.1	金属くず・スクラップ	7,129.6	8,004.6	4.5
鉄・鉄鋼	4,570.6	5,361.5	3.0	コンピュータ・同部品	7,520.4	7,815.3	4.4
ゴム製品	3,653.7	4,549.8	2.6	野菜・野菜製品	2,847.6	4,367.5	2.4
合計	153,865.0	177,775.2	100.0	合計	139,958.9	179,223.3	100.0

原典：タイ商務省。
出所：ジェトロ『ジェトロ貿易投資白書（2009年版）』2009年，200頁。

ク（100年に1回の経済危機）からの影響をうける前の状況を示したかったからである。

表8-6は，2007年と2008年のタイの主要輸出・輸入品目の金額とその全体に対する金額の割合（2008年のみ）を示している。輸出欄に示されている品目の金額割合をみると，「コンピュータ・同部品」（10.3％），「自動車・同部品」（8.8％），「集積回路（IC）」（4.1％）など製造・加工した製品の割合が，合計23.0％に達していることである。それに，「ポリエチレン等」（3.1％），「鉄・鉄鋼」（3.0％），「ゴム製品」（2.6％）を加えると表8-6に示された工業製品は約31％になる。

それに対して，輸入品目は，「産業機械・同部品」（8.3％），「化学品」（7.1％），「電気機械・同部品」（6.0％），「集積回路」（5.1％），「コンピュータ・同部品」（4.4％）などで合計約31％である。以上をみれば，タイの主要産業が，製造・加工工業関係の品目の生産と輸出と製造・加工関係の製品の輸

表8-7　ベトナムの主要品目別輸出入〈通関ベース〉

（単位：100万ドル，％）

輸　　出　（FOB）	2007年 金額	2008年 金額	構成比	輸　　入　（CIF）	2007年 金額	2008年 金額	構成比
原　　　　　　油	8,487.6	10,356.8	16.5	機械設備・同部品	11,122.7	13,993.8	17.3
繊　維・衣料品	7,749.7	9,120.4	14.5	石　油　製　品	7,710.4	10,966.1	13.6
履　　　　　　物	3,994.3	4,767.8	7.6	鉄　　　　　　鋼	5,111.9	6,720.6	8.3
水　　産　　物	3,763.4	4,510.1	7.2	織　布・生　地	3,957.0	4,457.8	5.5
コ　　　　　　メ	1,490.0	2,894.4	4.6	コンピュータ・電子部品	2,958.4	3,714.3	4.6
木　　製　　品	2,404.1	2,829.3	4.5	プラスチック原料	2,506.9	2,945.1	3.6
コンピュータ・電子部品	2,154.4	2,638.4	4.2	繊維,縫製品,革原材料	2,152.2	2,355.1	2.9
コ　ー　ヒ　ー	1,911.5	2,111.2	3.4	化　学　品	1,466.2	1,775.5	2.2
ゴ　　　　　　ム	1,392.8	1,603.6	2.6	化　学　製　品	1,285.2	1,604.3	2.0
石　　　　　　炭	999.8	1,388.0	2.2	木　　製　　品	1,015.9	1,098.1	1.4
合　　　　　　計	48,561.4	62,685.1	100.0	合　　　　　　計	62,682.2	80,713.8	100.0

注：2008年は暫定値。
原典：ベトナム統計総局，関税総局。
出所：ジェトロ『ジェトロ貿易投資白書（2009年版）』2009年，223頁。

入となっている。部品製造能力は日本並みになっている。

　それに対して，表8-7に示されている2008年のベトナムの主要輸出・輸入品目の金額とその割合をみると，輸出品目の金額の割合は，「原油」(16.5%)，「水産物」(7.2%)，「米」(4.6%)，「コーヒー」(3.4%)，「ゴム」(2.6%)，「石炭」(2.2%) といった1次産品が36.5%，さらに「繊維・衣料品」(14.5%)，「履物」(7.6%)，「木製品」(4.5%) といった軽工業製品が合計26.8%で，「コンピュータ・電子部品」などの工業用部品はわずか4.2%に過ぎないことである。それに対して，輸入品目の金額割合は，「機械設備・同部品」(17.3%)「石油製品」(13.6%) のほかに，「鉄鋼」(8.3%)，「織布・生地」(5.5%)，「プラスチック原料」(3.6%)，「繊維・縫製品，革原材料」(2.9%) といった原材料の割合が，「石油製品」(13.6%) を除いても合計18.3%，石油と合わせると35.6%になることである。それに対してベトナムで生産活動を行っている外資系企業などが主に輸入している「機械設備・同部品」(17.3%)，「コンピュータ・電子部品」(4.6%) など工業生産に関する輸入品は全体の約22%である。

(2)　東アジアの国際分業の視点からみた両国の貿易構造の相違

　上記にみた現在時点でのベトナムが輸出・輸入している主要品目と，タイの主要輸出・輸入品目とを比較するならば，タイとベトナムの貿易構造の間には大きな相違が見られる。多国間での国際分業の形態が反映する貿易構造を考察すると，3つの形態がある。1つは，①「一方向貿易」，②「垂直的産業内貿易」，③「水平的産業内貿易」がある。①「一方向貿易」とは，貿易取引についてのリカルドの古典的な理論である「比較生産費説」にみられる，イギリスの羊毛とスペインのワインの貿易取引の内容をなすものであり，両国間で低い生産費の商品の生産を分業し，貿易する形態である。②「産業内垂直的貿易」とは，海外直接投資が展開されるなかで生じる国際分業で，例

えば本国の日本と現地日系支社の間で行われる企業内分業で，日本から現地支社にハイテク部品が輸出され，現地支社から完成品が輸出される貿易形態である。③「水平的産業内貿易」とは，2つの国の間で自動車など同一産業内の各種部品の生産を専門的分業しあい，両国の企業間で，異なった自動車部品の貿易取引を行うことである[29]。

この3つの貿易形態の比率についてEUと東アジアの違いを示したのが，表8-8である。EU域内では，①一方向貿易が34％前後一定であるのに対して，企業の海外進出の増大で②垂直的産業内貿易が少しずつ増大しているのに対して，③の水平的産業内貿易は少しではあるが減少の傾向にある。しかし，EU域内では，①，②，③の割合が，2000年で約34％，40％，26％の比率である。それに対して，東アジア域内では，2000年で①一方向貿易の割合が約70％，②垂直的産業内貿易が約24％，水平的産業内貿易の比率がやっと増加し始めたといえども7％を超えたところにその特徴が見られる。

表8-8 EUと東アジアにおける3つの貿易形態の割合

(単位：％)

EU域内貿易　　　　　　　　　東アジア域内貿易

	一方向貿易	垂直的産業内貿易	水平的産業内貿易	一方向貿易	垂直的産業内貿易	水平的産業内貿易
1996	34.0	37.5	28.5	78.7	16.6	4.7
1997	35.0	38.9	26.1	76.1	17.8	6.1
1998	33.5	40.0	26.6	75.0	20.0	5.1
1999	33.2	40.6	26.2	70.3	24.6	5.1
2000	34.1	40.0	25.8	68.7	23.7	7.6

注：ここでEUとはベルギー，デンマーク，フランス，ドイツ，ギリシャ，アイルランド，イタリア，ルクセンブルグ，オランダ，ポルトガル，スペイン，イギリス。東アジアとは中国，ASEAN 4 (インドネシア，マレーシア，タイ，フィリピン)，NIES 3 (香港，韓国，シンガポール)，日本。
原典：深尾，石戸，伊藤，吉池「東アジアにおける垂直的産業内貿易と直接投資」2003年。
出所：『通商白書2004』156頁。

こうした貿易形態の違いの視点からタイとベトナムの貿易構造を分析すれば，表8-6，8-7に示されているように，タイの輸出では，「コンピュータ・同部品」と「自動車・同部品」，「集積回路（IC）」の割合が輸出額全体の約23％を占めており，またタイの輸入では，「産業機械・同部品」(8.3％)，「電気機械・同部品」(6.0％)，「集積回路基盤」(5.1％)が全体で約19％を占めているから，これの商品の貿易取引から，外資系（例えば日本）企業の本国と現地支社の間での垂直的企業内分業と，現地外資系および現地部品企業と隣国の企業間で水平的産業内貿易が行われていることが推測される。

　この推測が事実であることを示すもう1つの事実は，タイの輸出・輸入相手国とその貿易額のなかに見出される。そこで同じく2008年のタイの貿易輸出国をみると，全体の輸出の60.7％がアジア諸国向けで，そのうちASEAN諸国向けに22.6％（シンガポール5.7％，マレーシア5.6％，インドネシア3.6％，フィリピン2.0％，その他のASEAN諸国5.8％），日本11.3％，香港5.7％，中国9.1％，台湾1.5％，韓国2.1％で，他にアメリカ11.4％，EU 12.0％などであった。また，2008年のタイの輸入相手国をみると，輸入全体の72.6％がアジア諸国からで，ASEAN諸国からは全体の16.8％（シンガポールから4.0％，マレーシアから5.4％，インドネシア1.3％，フィリピンから3.1％，その他のASEAN諸国から18.7％），日本から18.7％，香港から1.1％，中国から11.3％，台湾から3.5％，韓国から3.8％であった（『ジェトロ貿易投資白書2009年版』200頁）。ASEAN 6カ国では2005年に自由貿易協定（AFTA）が，さらにその後日本，中国，韓国との間で結ばれているので，タイはASEAN諸国，日本，中国，韓国，台湾との間で，同一産業内で垂直貿易と水平貿易の割合を次第に増大しているといえるのである。

　しかし，ベトナムの場合，組み立て・部品企業間や産業での貿易割合が少なく，しかも，貿易相手国のうち，主要8カ国へのベトナムの輸出額（総額約626億ドル）のうち，アメリカ（8カ国全体の18.9％），日本（同13.6％），

中国 (7.2%),オーストラリア (6.7%),シンガポール (4.2%),ドイツ (3.3%),マレーシア (3.1%),イギリス (2.5%) と,ベトナムが8カ国から輸入する割合と比べると,ベトナムの貿易が一方向貿易の割合が著しく多いことが推測される。すなわち,8カ国全体で輸入(総額約807億ドル)のうち中国からは 19.4%,シンガポールから 11.6%,台湾から 10.4%,日本から 10.2%,韓国から 6.1%,タイから 6.1%,香港から 3.3%,マレーシアから 3.2%であるから,アメリカ,ドイツ,イギリスなどへは衣類,履物などで大幅な黒字,中国,シンガポール,台湾,韓国,タイなどからは,中古機械,部品といった品目で大幅な赤字を記録し,全体では 120 億ドルの赤字を記録しているからである(同『ジェトロ貿易投資白書 2009 年度版』224 頁)。ベトナムに示されるこうした一方向貿易の割合の大きさは,ベトナムの工業水準がいかに遅れているかを顕著に示すものといえよう。この両国の輸出・輸入構造の相違は,教育・訓練制度および実態の相違とも照応しているといえる。

(3) 東アジアにおける多国間工程分業の発展とタイとベトナムの地位

2004 年『通商白書』は,日本・NIES,中国・ASEAN,欧米との間で三角貿易が発展していることを報告している。すなわち,三角貿易とは,日本の資本集約的な生産工程で高付加価値のハイテク部品・素材を生産し,それを中国・ASEAN に輸出し,そこで労働集約的生産工程で生産されたローテク部品とハイテク部品を組み立て,完成品を欧米に輸出するという形態である[30]。

ところが,2007 年の『通商白書』は,東アジアでの多国間工程部分業が進展するようになると,「三角貿易」から「三角貿易+中間財相互供給」の形式がとられることになるといっている(図 8-2 参照)。

さらに,経済協力協定や自由貿易協定(EPA/FTA)締結による関税障壁

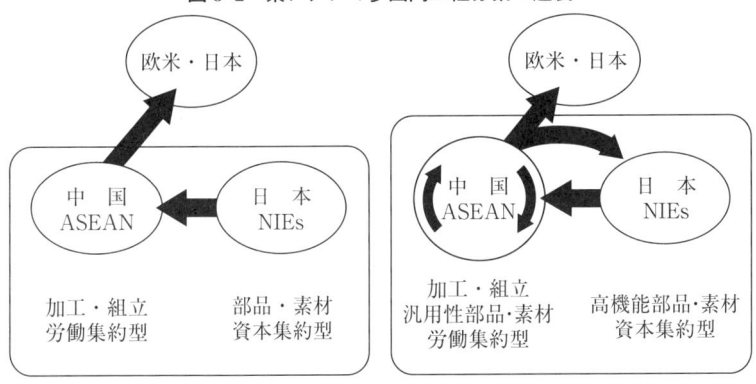

図 8-2　東アジアの多国間工程分業の進展

〈三角貿易〉　　　　　　　　〈三角貿易+中間財相互供給〉

出所：経済産業省『通商白書 2007』2007 年，113 頁。

の除去・市場の開放は，東アジア域内を1つの市場と捉え生産と販売を行う戦略が採用されるようになり，「選択と集中」により，生産コストの削減や製品構成の充実の目的のもとに，生産機能を一定の国に集約する方策がとられるようになる。2007年の『通商白書2007年版』では，こうした生産機能を集約した例として幾つかが提示されている。

・自動車メーカーA社―タイ，インドネシアをASEAN域内における乗車の供給基地とする。
・自動車メーカーB社，C社―ピック・アップトラックの生産拠点をタイに集約。
・電機メーカーD社―フィリピンのテレビ生産を中止し，マレーシアに集約し輸出する。マレーシアでの冷蔵庫，洗濯機の生産を中止し，タイに集約し輸出する。
・電機メーカーF社―インドでのテレビ生産を中止し，タイに集約し輸出。

・電機メーカーG社—シンガポール，マレーシアでのテレビ生産を中止し，インドネシアに集約し，輸出する。
・電機メーカーH社—マレーシア，インドネシアのカーステレオの生産を中止し，タイに集約し輸出する。タイでのDVDプレーヤーの生産を中止し，マレーシアに集約し輸出する[31]。

こうなると，②産業内垂直分業より，③産業内水平的分業を推進することになるが，現在のところ，東アジア各国間の②と③の分業の割合を調査した資料は未だ発表されていないと思われる。そのため，ここで②と③の国際分業が東アジアで進められていることを推測できる資料を『通商白書2007年』から提示しておこう。図8-3は，2005年12月～2006年2月に行われたアンケート調査の結果で，東アジアへ進出している現地日本法人の原料・部品の調達動向について，1995年，2000年，2005年の変化を示している。図か

図8-3 我が国製造業の東アジア現地法人の調達動向

■1995年度　■2000年度　■2005年度

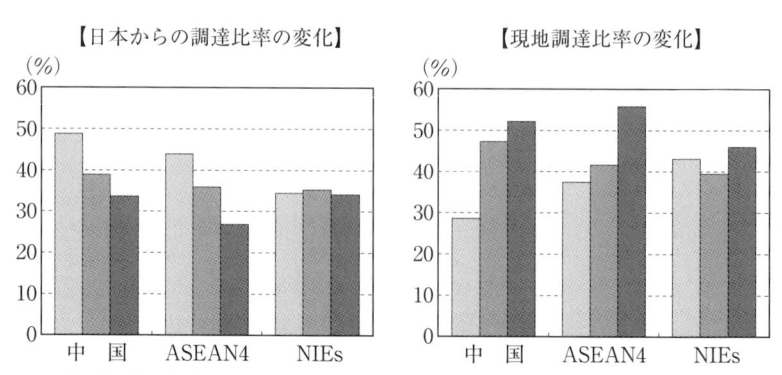

【日本からの調達比率の変化】　【現地調達比率の変化】

原典：経済産業省「海外事業活動基本調査」作成。
出所：経済産業省『通商白書2007』2007年，106頁。

ら明らかなように,中国,ASEAN,NIES の日本支社の調達のうち,「日本からの調達率」は1995年から2005年までに減少しているが,中国,ASEAN,NIES 支社での「現地調達比率」は,各年次ごとに確実に増加しているのである。

また,日本企業の現地法人への「3年前に比べ調達額が変化したか」の質問に対して,中国を拠点とする日本法人91社のうち56.0%が「ASEANからの調達」が「増加」したと回答している。つぎに,ASEAN を拠点する日本法人77社のうち,50.6%が中国からの調達が「増加」したと回答し,ASEAN 拠点所在地以外からの調達している76社のうち55.3%が「増加」したと回答しているということである[32]。この調査の概括的結論は,中国を拠点とする日系支社の約3割,ASEAN を拠点とする日系支社の4割が,拠点所在地以外の中国や ASEAN 以内からの調達を行っているということである。このことは,産業内水平貿易が次第に増加していることを示しているといえよう。しかし,同一産業内水平貿易,さらに垂直的貿易は未だ EU の水準には達しておらず,このことは,タイでも EU の水準には達していないし,ベトナムは,この調査では含まれていてもほんのわずかであろう。このことは,ASEAN 10カ国の工業水準は EU に比べて低く,シンガポール,タイ,マレーシアでは相対的に高く,インドネシア,フィリピンが続き,ベトナムが工業化の緒についたばかりのところであり,カンボジア,ラオス,ミャンマーとなるとこれからである。ASEAN,タイ,ベトナムの貿易構造の分析では,引き続きこの貿易の3つの形態の視点から注目していくことが肝要であろう。なぜなら,ASEAN プラス日本,中国,韓国で形成される東アジア各国間の経済発展の違いは,この分析により如実に示されるからである。

6. おわりに

これまで，東アジア諸国間の経済共同行動の進展の視点からタイとベトナムへの対内直接投資（外資系企業の受け入れ）について，歴史的な変遷と現在時点での実状と相違について分析してきた。タイ政府は，ベトナムよりは10年ないし15年早く本格的に海外直接投資を受け入れ，外資系企業による生産・貿易の増大と自国企業の展開により，経済の発展を図ってきた。そのなかでも重要な政策の1つである公共教育制度による職業教育・人材開発の展開に努力し，現在では，日系企業の生産・販売・貿易の生産拠点になっている。それに対して，ベトナムは1986年にドイモイ（刷新）政策が採用され海外直接投資を受け入れ始めるが，タイに比べ15年程度遅れたこともあり，公共教育制度による職業教育・人材開発の展開は，タイに比べ著しく不十分な展開となっている。

タイとベトナムに見られるこうした事実は，貿易構造の違いにも明確に現われている。すなわち，日系大企業にとっては，ASEANの主要な構成国であるタイは，中国とともに，三角貿易における組み立て工程で完成品を生産し，日本企業の輸出基地になっている。また，タイで活動する日系部品企業はタイ支社で生産し，国内および外国にも輸出をしている。さらに，外資系企業の発展とともに現地部品企業も発展しており，タイ産業に占める部品産業の位置は極めて大きなものとなっている。こうしたことが，タイの貿易構造において，輸出では，「コンピュータ・同部品」と「自動車・同部品」，「集積回路（IC）」の割合が輸出額全体の約23%を占めており，また輸入では，「産業機械・同部品」（8.3%），「電気機械・同部品」（6.0%），「集積回路基盤」（5.1%）が全体で約19%を占める状況をもたらしている。これの商品の貿易取引から，外資系（例えば日本）企業の本国と現地支社の間での垂直

的企業内分業と，現地外資系および現地部品企業と隣国の企業間で水平的産業内貿易が次第に増大してきていることがわかる。

これに対して，ベトナムでは，外資系製造業の進出が次第に増大していながら，外資系企業および現地企業による部品産業の発展が未成熟であることから，垂直的産業内貿易や水平的産業内貿易がほとんど発展しておらず，多くは伝統的な一方向貿易の形態となっている。ベトナムがこのような貿易構造をとらざるをえない理由は，ひとつは海外直接投資（外資系企業）の受け入れが遅れたこと，そのこともあり，2つは公共職業教育がタイほどに発展していないことがある。しかし，もう1つの理由として，ベトナムが市場経済制度を採用し民営化（株式会社化）がある程度進展しながら，大企業である国有企業の民営化が進展しておらず，その生産性が著しく低いことがあげられる。以下にその内容を簡潔に紹介しよう。

ベトナムの経済を担う企業は，2007年の資料で，約15万5,000社あるが，①-ⅰ）国有企業中央1,550社（1.1％），①-ⅱ）国有企業地方が1,600社（1.14％），②民間企業14万6,500社（94.57％），③外資系企業4,900社（3.18％）である[33]。これを同年の工業生産高（1,469兆ベトナム・ドン＝約6兆円）別にみると，①-ⅰ）国有企業中央が全工業生産高の16％弱を生産し，①-ⅱ）国有企業地方が約4％，②民間企業が35.37％，④外資系企業が44.6％，をそれぞれ生産している。これを2008年の労働人口（約4,500万人）別にみると，15万5,000社の2.25％にあたる①国有企業が約9％の就業人口を吸収し，③外国企業では3.7％が働き，残りの87.3％は，②民間企業で働いている。つまり，国有企業は全体の9％の労働人口で工業生産高の20％，民間企業は87.3％の就業人口で35％の工業生産高を，そして外資系企業はわずか全体の3.7％の就業人口でベトナムの工業生産高の約45％を生産していることになる。したがって，いかに，ベトナムの国有企業の生産性が低く，また民間企業は中小・零細企業も生産性が低く，外資系の企業のみが，

高い生産高を示していることになる。

　このことは，ベトナムの①国有企業，②民間企業，③外資系企業の，a) GDP，b) 投資額，c) 輸出額に占める各時代別寄与率をみると，より鮮明となる。すなわち，ベトナムの1995年のGDPの大きさに寄与した割合は，①国有企業が40.2%，②民間企業が53.5%，③外資系企業が6.3%であったのが，2000年のGDPの形成は，①が38.5%，②は48.2%，③が13.3%で構成されていたが，2008年のGDPへの寄与率は，①が34.5%，②が47.0%，③が18.7%に変化し，特に国有企業の寄与率が悪化し，次第に外資企業に依存する割合が増えていることである[34]。

　また，セクター別投資額を見ると，1995年の投資額のうち，①は42.0%，②は27.6%，③は30.4%であったのが，2008年には，①が28.6%に大幅に減少し，②が40.0%に大幅に増大し，③が31.5%とそれほど変化していない。しかし，1995年の総輸出額のうち①と②を合計したベトナム企業（内資）が73.0%で，③の外資が27.0%であったのが，2000年には，①+②が53.0%に減少し，③が47.0%に増大し，さらに2008年には①+②の輸出の割合が44.9%にさらに落ち込み，③の輸出の割合が55.1%にまで増大している[35]。この事実は，ベトナム企業は，国有企業も民間企業も輸出での国際競争力は落ち込み，外資系企業のみが輸出の割合を増やしていることを示している。注目すべきは，ベトナムの輸出総額の割合のうち外資系企業の輸出が55%にまで達していることである。この原因のひとつは，外資系企業に比べ，国有企業と民間企業の経営管理の非効率性があることが推測される。

　ベトナムが東アジア間の国際分業で農業以外に工業分野の一角を分担しようとするなら，国営企業と中小零細企業の低生産性を克服することが急務であり，そのためにも，職業教育の充実が緊急の課題といえるのである。

　本章は，第23回中央大学学術シンポジウムの成果であるとともに，日本学術振興

会科学研究費「基盤研究（C）」の「メコン河流域諸国の裾野（部品）産業の育成と人材開発」（課題番号 22530377）と中央大学特定課題研究（2010-2011 年度）の成果である。

1) Alexander Gerschenkron, Economic Backwardness in Historical Perspective, in: *The Progress of Underdeveloped Areas,* (ed). B. F. Hoselitz, Chicago 1951. 中川敬一郎『比較経営史序説』東京大学出版会，1981 年，57 頁。
2) 経営管理方式の国際移転に関しては，高橋由明「標準化概念と経営管理方式の海外移転―移転論の一般化に向けての覚書―」（高橋由明，林正樹，日高克平編著『経営管理方式の国際移転―可能性の現実的・理論的諸問題』，中央大学出版部，2000 年，273-314 頁）を参照されたい。
3) 週刊東洋経済・臨時増刊・DATA BANK『海外進出企業総覧〈国別編〉』（東洋経済新報社，1997 年度版，22 頁。
4) 同上『海外進出企業総覧〈国別編〉』1997 年，24 頁。
5) 日本貿易振興会，『ジェトロ白書投資編，世界と日本への海外直接投資』，1988 年，134 頁。
6) 同上，137 頁。
7) 日本貿易振興会，『ジェトロ白書投資編，世界と日本への海外直接投資』，1990 年，141-142 頁。
8) 同上，1990 年，142-144 頁。
9) 日本貿易振興会，『ジェトロ白書投資編』1994 年，193-194 頁。
10) 日本貿易振興会，『ジェトロ白書投資編』1998 年，192-193 頁。
11) 日本貿易振興会，『ジェトロ白書投資編』2000 年，188 頁。
12) 日本貿易振興会，『ジェトロ白書投資編』2002 年，195 頁。
13) 日本貿易振興会，『ジェトロ白書投資編―世界と日本の海外直接投資』，1992 年，246 頁。
14) 日本貿易振興会，『ジェトロ白書投資編―世界と日本の海外直接投資』，1994 年。
15) 同上，1994 年，243-244 頁。
16) 日本貿易振興会，『ジェトロ白書投資編―世界と日本の海外直接投資』，1996 年，213 頁。
17) 日本貿易振興会，『ジェトロ白書投資編―世界と日本の海外直接投資』，1998 年，217 頁。

18) 同上，1998 年，218 頁。
19) 日本貿易振興会，『ジェトロ貿易投資白書』(2000 年より貿易編と投資編が合本化された) 2000 年，200-212 頁。
20) 週刊東洋経済・臨時増刊・DATA BANK『海外進出企業総覧〈国別編〉』(東洋経済新報社)。2000 年度から 2011 年の各年度版参照。
21) 同上『海外進出企業総覧〈国別編〉』2011 年の上記各社の欄参照。
22) Ying Zhu, Labour Market in Vietnam, in: edit. John Benson and Ying Zhu, *The Dynamics of Asian Labour Market,* 2011, p. 159.
23) 以下，そのプログラムの概要を紹介する。

ⅰ) 就職前養成訓練プログラム―学校に行っていない 16 歳から 25 歳までの青少年を対象に，雇用に必要な技能を身に付けさせるための 3 ヶ月から 11 ヶ月間の技能者養成訓練コースである。半熟練の労働者の養成を目的とし，大工，煉瓦職人，配管工，溶接，塗装，自動車，板金など，小学校卒業者を対象とするものと，電気，電子，機械，製図など，中学校卒業者を対象とするものがある。

ⅱ) 在職者技能向上訓練プログラム―技術革新に対応できるようにすでに在職している労働者を対象に，最新の技術・知識・技法を提供するプログラムである。産業界の各分野の要求に応じて 30 以上のコースが設定されており，訓練コースでは，働きながら学べるように主に夜間開設され，延べ訓練時間は平均 60 時間前後である。

ⅲ) 特別訓練プログラム―ホテル従業員，受付係，秘書，ウエイトレス，販売員，速記者などサービス分野の訓練コースである。昼間と夜間とに開設され女性が多く，ホテル，会社など各業界から派遣される。

ⅳ) 職長・監督者訓練プログラム―工場における職長および監督者の養成を目的とするコースで，訓練内容は，リーダーシップ，指導技法，指示伝達技法，作業安全などで，このプログラムは，40 時間前後で，訓練センターに開設されるほか，大きな工場で行われる場合もある。

ⅴ) 指導員訓練プログラム―企業や訓練施設内で訓練指導を担当する者を対象に，指導技法を中心とする訓練を行うプログラムである。労働者への技術・技能の伝達がスムーズ行われる目的で行われ，通常 30-45 時間のコースである。

ⅵ) 職業訓練センターに通うことのできない僻地の住民に訓練をする目的としたプログラムで，指導員が機材を持って出向いていく移動方式の訓練がある。この海外職業訓練協会が伝えている資料 (*Skill Development Statistic Fiscal Year* 2003, DSD) によれば，2003 年度に，タイの労働省技能開発局が，工業・技術・技能，コンピュータ・情報，ビジネス・サービスなど各分野への入職準備訓練生として

開始した受講生の数は4万3,120人であったが，修了者は2万5,631人であった。このうち，労働省の訓練センター施設内での入職準備訓練を受けた受講者が1万8,319人（修了者8,574人）であり，民間の工場など施設外での受講者数は2万4,801名（1万7,057人）であった。これに対して，すでに在職している労働者の技術・技能を向上させるための訓練を受講した人数は15万1,077人で，修了者は12万7,368人であった（海外職業訓練協会「タイ（調査項目8：職業能力開発の実施状況）」2-3頁）。

24) 海外職業訓練協会，「ベトナム調査項目3：職業能力開発の政策とその実施状況」2009年）13頁，17頁。
25) 海外職業訓練協会，タイ（調査項目10：「企業の能力開発」，2006年）8頁。
26) 同上，同上，3頁。
27) 海外職業訓練協会，タイ（調査項目4：「職業能力基準，職業能力評価制度」2009年12月）1-6頁。
28) 高橋由明「タイとベトナムの公共職業訓練制度と企業内人材開発制度の国際比較」（中央大学企業研究所『企業研究』第16号，2010年，127-154頁）
29) 経済産業省『通商白書2005』156頁。
30) 同，167頁。
31) 経済産業省『通商白書2007』，114頁。
32) 同，107頁。
33) ジェトロ・中西宏太編著『ベトナム産業分析』時事通信社，2010年，34頁。
34) 同，9頁。
35) 同，9頁。

第 9 章
中央アジアの地政学と水資源問題

星 野 　 智

1. はじめに

　旧ソ連の崩壊は世界システムの地政学的・地理経済的な地図を塗り替え，その後のグローバルな市場経済化に拍車をかけた。単一の政治権力に基づく世界帝国としての旧ソ連は，中央アジアの国々に対しても地域的な支配力を有し，さまざま資源に関しても統合的な管理を行っていたが，旧ソ連崩壊後，それらの統合的な権力は分散され，各主権国家がその機能を引き受けることになった。さらに中央アジア諸国は資本主義世界経済としての世界システムに統合されるとともに，国内経済においては市場経済システムを導入した。こうして，中央アジア諸国はロシアの政治的・経済的な支配から解放され，アメリカ，トルコ，中国，イラン，インド，そしてロシアなどさまざまな国々との関係をもつ自由が保証された。しかし，他面においては，ロシアはかつてのような経済的・政治的影響力を強めようとし，地域機関の設立などを通じて中央アジア諸国との協力関係を築き上げようとしている。
　この中央アジア地域は石油，天然ガス，ウランといった天然資源を有し，また東西をつなぐ回廊地帯という交易の中心に位置していることから，「新グレートゲーム」の場となっている。この「新グレートゲーム」に参加している主要なプレイヤーは，EU，アメリカ，ロシア，インド，中国などであ

り，それぞれの国あるいはポリティは中央アジア諸国に強い関心をもち，それとの協力関係を築こうと試みている。EUとアメリカはこの地域で強い経済的な・政治的なプレゼンスを確保しようとしている。EUは近年ロシアからウクライナを経由するガス供給が中断されたことで，石油と天然ガスの供給地を中央アジアに求めている。EUは2007年に中央アジア諸国との「新しいパートナーシップのための戦略」[1]表明し，この地域の安全保障と安定性のための戦略的目標を立て，将来の経済発展，貿易，投資を視野に入れた協力関係の構築をめざしている。

アメリカも2001年の9・11テロ以降，アフガニスタンやキルギスに軍事基地を設けるなど，中央アジアへの関与を強めてきた。オバマ政権は，アメリカの中央アジアへの関与の目的として，①この地域との協力関係の拡大，②この地域のエネルギー資源の供給とルートの開発と多様化，③この地域における良きガバナンスの形成と人権の尊重，④競争的市場経済の促進，⑤この地域の各国政府の自己統治の確保，の5点を挙げている[2]。

他方，中国は中央アジア諸国に対する投資計画を開始し，経済関係を強めようとしている。経済成長を進めている中国にとっては，自国でエネルギー資源を確保できなくなっている現在，その輸入の増加だけでなく供給先の多様化という課題にも直面している。マラッカ海峡を通る中東からの石油の輸入は80％に及んでいるが，将来的にはそのルートだけでは安定した供給が保証されず，ロシアを含めた中央アジアの供給国からのルートも確保したいということが中国のエネルギー戦略の背景をなしている[3]。

このような中央アジア地域の地政学的な状況において，帝国的な支配の終結に伴って単一の国家によって対処できないさまざまなリージョナルな諸問題が生まれている。国境線が引かれたことで，この地域の農業や工業への供給路が断たれ，専門的な技能や知識をもった多くのロシア人がこの地域から離れ，かつてのソ連政府からの補助金もなくなった[4]。加えてイスラム原理

主義が高揚し，さらにはテロリズムと麻薬による安全保障への脅威も生まれている。

こうした状況のなかで重要性を高めているのが水資源とエネルギー資源の問題である。それらはかつての帝国的支配において統合的な観点からの管理が可能であったが，国境線が引かれ分断された主権国家システムにおいては管理が困難となっている。世界システムの半周辺に位置している中央アジア諸国にとって，とりわけ水資源は農業生産やエネルギー確保のための重要な資源であり，その配分をめぐる問題が水紛争あるいは水戦争に至る可能性がある。この点についてはこれまで多く指摘されてきたところである[5]。

本章では，中央アジアの地政学的な背景を前提にしながら，水資源の問題がこの地域の将来的な安全保障やガバナンスにどのような影響を与えるのかという点について考えてみたい。

2. 中央アジアの経済と水資源

かつて中央アジアはその豊富な鉱物資源と石油資源のために地政学的な競争の舞台となった。旧ソ連から独立した中央アジア諸国のなかで，カザフスタンはウランやクロムなどの鉱物資源と石油資源に恵まれた国であり，2000年以降は年率平均10％という経済成長を遂げてきている。ウズベキスタンとトルクメニスタンは豊富な天然ガス埋蔵量と綿花栽培という点で共通の特徴を有しており，経済発展のすべての面で自立を求めている。それに対して，エネルギー資源をわずかしかもっていないキルギスとタジキスタンは，自国の水資源を生かしたエネルギー戦略を展開している。

旧ソ連の崩壊は，この地域の国々の経済的な衰退と経済格差の拡大をもたらし，さらには政治的な不安定と水資源をめぐる問題を引き起こした。水政

策は一国的な視点から進められ，各国の基本的な立場はできるかぎり多くの水を利用することであり，上流国は水力発電によるエネルギー生産のために水を利用し，下流国は農業のための灌漑と生活上のニーズのために水を利用している。こうして地域的な水安全保障という理念は，国内経済のために水供給が必要であるという目的をもつ一国的な水安全保障政策へと転換した[6]。

そうしたなかで，カザフスタン，トルクメニスタン，ウズベキスタンのようにエネルギー資源が豊かなうえに経済発展を遂げている国々は，水資源の分野では自立した行動を取り始め，自国で利用するために貯水池，湖，運河を建設してきた。他方，キルギスとタジキスタンはより高度の水力発電所を建設し，この地域の水利用を再調整するために国際機関や企業からの投資を求めている[7]。このように，この地域の国々でバラバラな水資源政策が展開され，今後さらに経済成長が続き投資も増えることを考えると，新たに開始される各国の水資源関連の計画はこの地域の水資源の配分と利用の現状に大きな影響を与えることになる。経済成長が進む一方で，水と農業に関する政策がそれに伴わないという状況は，将来的にこの地域において食料不足が深刻化することにもつながる。

加えて，中央アジアにおいては経済発展によって農業生産のGNPに占める割合も相対的に低下してきたものの，近年の食料や農業生産物の価格上昇のために農業への回帰をもたらす可能性も生まれてきている。このことは，上流国の水力発電エネルギーと下流国の灌漑農業とのあいだの水配分の競争を激化させることにもつながる[8]。

さらにこの地域の灌漑農業の問題点もある。中央アジア諸国の水利用に関しては，経済発展が進んでいるとはいえ，いずれの国も農業部門に75-90％の水を使用している（表9-1参照）。そしてアラル海流域の90％以上の地域は，おもにウズベキスタンとトルクメニスタンの灌漑に利用されている。

表 9-1　中央アジアの灌漑耕地と水利用（1990–1999 年）

	実際的な水利用（km³）			流域の灌漑領域（×1000 ha）		
	1990 年	1994 年	1999 年	1990 年	1994 年	1999 年
カザフスタン	11.9	10.9	8.2	702	786	786
キルギス	5.2	5.1	3.3	434	430	424
タジキスタン	13.3	13.3	12.5	709	719	927
トルクメニスタン	24.4	23.8	18.1	1,329	1,744	1,744
ウズベキスタン	63.3	58.6	62.8	4,222	4,286	4,277
全体	118.1	111.7	104.9	7,396	7,965	8,158

出所：M. Spoor and A. Krutov, The 'Power of Water' in a Divided Central Asia, in: M. Parvizi and H. Houweling (eds.), *Central Eurasia in Global Politics*, 2nd. Ed., Brill, 2005, p. 287.

その広さは全体で 10,679,000 ha（1993–1997 年）に及び，ウズベキスタンがもっとも広く，4,222,000 ha の面積をもっている。これらの灌漑地域では，水の蒸発率が高く，しかも地下水の塩化が進んでいる。1993–1997 年には，すべての灌漑農地の 10～50％ が塩化の影響を受けている[9]。

ところで，中央アジアの水資源の状態は，この地域の地政学的な状況や戦略と密接に関連しているが，EU の「気候変動と国際安全保障」というレポートは，この点について以下のように記している。

「中央アジアは気候変動の影響を強く受ける地域である。農業にとっての重要な資源であるとともに電力のための戦略的資源でもある水の不足はすでに明らかになっている。タジキスタンの氷河は 20 世紀の後半にこの地域で 3 分の 1 に減少し，キルギス共和国では過去 40 年間で 1,000 カ所の氷河が喪失した。こうして地域内紛争のための追加的な潜在力が存在し，その戦略的・政治的・経済的発展は地域を超えた課題となっているともに，EU の利害に間接的あるいは直接的に影響を与えている」[10]。

ユーラシアというさらに広い地理的空間からみると，EU，中央アジア，東アジアはそれぞれ構成要素となっており，ヨーロッパも東アジアも中央アジ

アのエネルギー資源に依存しているという点では利害関係を有している。したがって，このEUのレポートは，中央アジアの政治的・経済的な状況の変化がユーラシア全体に与える影響を懸念するものとなっている。

中央アジアにおける経済格差は将来的な水利用へ大きな影響を与え，紛争の可能性を生み出すといわれているが，それに加えて水政策において各国が独自の行動をとっていることもこの地域にひずみと不安定性をもたらす要因となっている。トルクメニスタンは現在「黄金時代の湖」というプロジェクトを進めているが，それはカラクム砂漠の中央に巨大な人工湖を創るというもので，排水を脱塩化した後に再び灌漑に利用しようとするプロジェクトである[11]。またウズベキスタンは近年，シルダリア川上流のキルギスのトクトグル貯水池から流れ出る冬期の水を蓄える貯水池の建設を完了した。

他方，キルギスは自国のトクトグル貯水池を冬期の発電のためだけに利用してきたが，その理由は，ウズベキスタン，タジキスタン，カザフスタンとは違って，この貯水池の下流に灌漑地域をもたなかったからである。トクトグル貯水池から水を供給されている3国は，その水が利用される夏期には灌漑のために水不足に直面するが，単年ごとの多国間協定に調印できなければ，水問題はさらに深刻化する。2008年の水不足の年に，カザフスタンとキルギスは2国間協定に調印し，トクトグル貯水池から放流される水に料金を支払った。しかし，下流国であるウズベキスタンとカザフスタンの灌漑地域に利用される水は，灌漑期間のピーク時にカザフスタンに到達しなかっ

表9-2　中央アジア経済の部門別水利用

水利用(%)	カザフスタン	キルギス	タジキスタン	トルクメニスタン	ウズベキスタン	中央アジア
家　　庭	4.8	4.8	3.0	1.9	5.0	3.9
産　　業	18.7	18.7	18.7	1.6	1.6	10.7
農　　業	75.1	75.1	85.0	90.6	92.1	83.6
他　部　門	1.6	1.6	5.0	0.0	1.3	1.9

出所：*Water, Environmental Security and Sustainable Rural Development* (2010), p. 133.

た。このため，カザフスタンは上流国であるウズベキスタンとタジキスタンに「威嚇行動」を示し，自国の水量を確保した[12]。

3. 中央アジアにおける水紛争の可能性

(1) 中央アジアにおける水関連の諸問題

旧ソ連の崩壊後に誕生した中央アジアの新しい国家は，過去65年以上続いた灌漑システムを継承した。しかし，旧ソ連時代の国有による統制と集権化された管理の下で運用されてきたこの灌漑システムは，中央アジアの新国家の成立後，個々の国家の管理下に置かれることになった。アラル海流域の灌漑地域は1990年に725万haであったが，1995年には794万haと約9.5％増加した。カザフスタンを除くすべての流域国家は，灌漑地域の拡大を計画しており，その拡大規模に関しては，キルギスは40万ha以上，タジキスタンは4-14万ha，トルクメニスタンは60万ha，ウズベキスタンは42-60万haとなっている[13]。

ところが，この流域の灌漑システムは独立後に悪化の一途を辿ってきた。その理由は，第1にこのシステムの維持や修復のための基金が急速に減少したこと，第2に灌漑システムの維持の責任が曖昧となり個々の農家に押し付けられたこと，そして第3に旧ソ連に依存していた代替部品や備品が供給されなくなったこと，である[14]。この地域の灌漑用地が劣化した結果として，とりわけカザフスタンとタジキスタンにおける主要な農作物の収穫が低下した。ウズベキスタンでは1990-94年間で穀物が19％，カザフスタンでは37％，トルクメニスタンでは23％，キルギスでは50％，タジキスタンでは59％，それぞれ減少した。また綿花の収穫については，ウズベキスタンでは7％，カザフスタンでは31％，トルクメニスタンでは2％，キルギスでは24

％，タジキスタンでは31％，それぞれ減少した。さらに野菜の収穫については，トルクメニスタンでは23％上昇し，ウズベキスタンでは一定で，他の国家では33-68％減少した。

この流域の古い灌漑システムの改修費用は，1 ha 当たり 3,000-4,000 ドルと見積もられており，世界銀行の研究によると，灌漑と排水の修繕には 1 ha 当たり 3,000 ドルかかるとされている。その研究によると，1995 年の灌漑地域は 794 万 ha であったが，そのうち 68％ に当たる 540 万 ha は再建が必要とされている。1 ha 当たり 3,000 ドルの費用がかかるとすれば，この費用は 160 億ドルとなる[15]。

この地域の灌漑が直面しているもう1つの深刻な問題は土壌の塩化である。1989年の土壌の塩化に関する調査によると，53％は塩化度が低く，32％は塩化度が中位で，13％は塩化度が高いという結果であった[16]。灌漑地域の大部分は地下水面が高いという問題に悩まされているが，それは排水施設が欠如しているか，あるいは不適切で機能不全の排水施設を抱えているためである。この地域には塩分を含む地下水が存在するために，この乾燥地域の灌漑にとって重要なことは地下水面を深くしておくことである。しかし，排水施設が不十分であるために，排水が地下水に流れ込んで地下水位を押し上げていることが土壌の塩化の原因となっている。

全体的にみて，土壌の塩化はこの地域の下流域でより深刻であるようである。というのは，河川と排水が塩分を含む水路を洗い流し，自然の排水がない下流の平坦な土地を塩化させるからである。キルギスとタジキスタンといった上流国は塩化度が低く，ウズベキスタン，トルクメニスタンといった下流国では塩化度が高くなっている[17]。

このように中央アジアは灌漑施設の劣化をめぐる問題と土壌塩化の問題を抱えており，このことが水の利用を増大させるとともに農業の生産性を低下させている。この地域の農民は土壌塩分を洗い流すために水を流す習慣があ

表 9-3　中央アジアの水関連の諸問題

1	水質の悪化：農業と産業における水資源の汚染
2	灌漑における非効率的利用による土地と水の悪化
3	自然災害と人災：旱魃，洪水
4	経済復興のための水資源競争の拡大（国家間と部門間）
5	国家間の水配分：越境的水資源

出所：I. Abdullayer et. al., 2010, p. 136.

るようであり，そのことも大量の水を消費させる大きな原因の1つとなっている[18]。

(2) 国家間の水配分をめぐる問題

①キルギスの水力発電をめぐるカザフスタン・ロシア・中国の関与

旧ソ連時代のキルギスでは，ウズン-アクマト川（Uzun-Akhmat）とトーケント川（Torkent）の水を貯めているトクトグル貯水池と，その下流に当たるナリン川の水力発電所の管理運営は整っていた。ナリン川はシルダリア川の主要な支流を構成し，下流地域に40%の水を供給していた。ナリン川には5つの水力発電所が設置され，それらはすべてキルギスの領土内にある。ナリン川の上流に位置するトクトグル貯水池は，140億 m^3 の貯水量を有し，毎年90億 m^3 の水を放水でき，下流国のカザフスタンとウズベキスタンはこの水に依存している。トクトグル貯水池は旧ソ連によって農業生産の需要を満たすために建設されたものであるが，これらの目的は達成され，綿花生産は1960年の430万tから1990年には1,000-1,100万tに急上昇した[19]。

キルギスは独立後に改革に着手し，最初の10年間はこの改革は他の周辺諸国と比較して相対的に達成され，中央アジアにおける「民主主義の島」とよばれた。キルギスは1998年に旧CIS諸国のなかでは最初にWTOに加盟した。しかし他面では，工業生産の水準は最低限にまで下がり，農業は自給

自足農業が一般的となった。インフレは800％に達し，1995年にはGDPは1990年比で50.7％も低下した。そのうえキルギスは旱魃，洪水，地滑りといった多くの自然災害に見舞われ，1992-1999年の間その発生件数は1,210件を超えた[20]。こうした状況にもかかわらず，キルギスでは2000年以降，水管理政策に変化が生まれた。この改革の基本的な理念となったのは，水管理の領域で国際的にも評価されている統合的水資源管理（IWRM）という概念である。キルギス政府は水管理と水のガバナンスに関する多くの立法的措置を行った。地方レベルでは，水管理が分権化され，水利用者連合（WUA）が設立され，水管理へ地方の住民参加のレベルを上げた。

また，キルギスの水力発電の分野においては，1998年から2001年にかけて電力部門は民営化された。キルギスにおける現在の電力消費水準はそのニーズを十分に満たすことができるものとなっており，将来的な余剰電力は輸出に回されるとされている。2005年に，キルギスはその隣国であるカザフスタンとロシアに20億kWの電力を売却した。キルギスはまた中国に対する電力輸出を検討しており，両国は1992年以来それについて協議してきている。2005年1月に，中国政府はビシュケクに総額9億ドルの投資を提案したが，この投資の中身は水力発電所1基，溶鉱炉2つ，鉄道と2本の道路の建設であった。他方，中国がキルギスに求めているものは電力，鉄，稀少金属である。2006年にバキエフ大統領は北京を訪問して，投資と引き換えに中国の西域への電力輸出について正式に承認した[21]。しかし，2010年に発生したキルギス国内の混乱でこの計画は進展していないと思われる。

②中国国境地域——カザフスタンと中国——

中国とカザフスタンは20の河川を共有しており，そのうちカザフスタンの主要河川であるイリ川とイルティシ川の源流は中国に発している[22]。イルティシ川は世界で5番目に長い河川で，カザフスタンの工業地帯を流れ，ロ

シアのオビ川と合流して北極海に注いでいる。旧ソ連時代に，第10次5カ年計画（1976-1980年）の間，カザフスタンで，イルティシ川の水を第2の都市であるカラガンダへ分流するためにユーラシアでもっとも大きな運河が建設された。この運河はカザフスタンの多くの精錬所や工場によって利用され，またイルティシ川の多くの支流が同様の目的のために利用されたために，独立後イルティシ川はユーラシアでもっとも汚染された河川となった。さらに近年，中国からカザフスタンへの流量が減少したことで，カザフスタンはイルティシ川のいくつかの水力発電所施設や港湾施設の機能不全を引き起こしている[23]。

1990年代に中国は新疆ウィグル自治区のカラマイ油田に水を供給するために，あるいは中国西域の産業と農業の開発のために水を供給するために，イルティシ川の流れを変えるために運河の建設に乗り出した。それは中国の第10次5カ年計画（2001-2006年）の優先事項とされたものである[24]。カザフスタンは長年中国によるイルティシ川の分流の大きな影響を自覚していなかったが，イルティシ川の状況はすでに深刻となっている。中国は，国境の上流から多くの水を取水しようとしているが，このことは逆にカザフスタンの農業と産業の発展に大きな影響を与える。

2009年4月にナザルバエフ大統領が北京を訪問した際に，国境をまたぐ河川の水資源の合理的で相互に受け入れ可能な利用とその保護について胡錦濤主席と協議した。胡錦濤主席は越境河川の水配分に関する問題について公式に協議する用意のあることを承認した[25]。

さて，中国からカザフスタンへ流れている越境河川としてはイリ川がある。イリ川はイルティシ川とは異なって，カザフスタンのバルハシ湖に注いでいるが，その水源はやはり中国である。したがって，中国の西域におけるエネルギー開発のためにイリ川を分流するという計画は，カザフスタンのイリ川流域にとっては大きな脅威となる。旧ソ連時代に，カザフスタンはイリ

川に水力発電所を建設したが、それはカプチャガイ湖（旧首都アルマティ近郊の重要なリゾート地）を建設し、バルハシ湖の水位を低下させた。このため旧ソ連の設計者は、バルハシ湖を救済するためにカプチャガイ湖の規模を縮小した。しかし、中国の分流による水量の減少はこのような努力を無駄にするものとなる[26]。カザフスタンは中国の分流に関して攻撃的に対処しないという方針を立てたが、これらの分流は今後も続き、少なくもカザフスタンの状況を悪化させる可能性がある。

③キルギス・ウズベキスタン・トルクメニスタンのあいだの水資源問題
　まずキルギスとウズベキスタンの間には、水配分をめぐる国家間の緊張のほかに、国境地帯の領土紛争が水の権利と関連している。こうした緊張は長年両国のあいだでフェルガナ渓谷をめぐって続いてきた。国境地帯にあるアンディジャン貯水池については、キルギスはウズベキスタンに貸していると主張しているのに対して、ウズベキスタンは交渉につくことすらしない状況となっている[27]。

　他方、ウズベキスタンとトルクメニスタンとの関係では、両国間にはアムダリア川の水利用をめぐって緊張関係が存在している。両国ともに灌漑農業に依存しており、その灌漑水はアムダリア川の水源を利用している。旧ソ連からの独立後、アムダリア川の水資源をめぐって両国で小規模の戦争が勃発したという噂が広がった。その後数年間にわたって、ウズベキスタン軍がアムダリア川のトルクメニスタン側の水利施設を軍事的に管理しているという報告も存在したようであるが、両国ともに過度の取水と水供給の悪用を相互に批難してきた。

　これに加えて、両国間の緊張関係は、トゥヤムユン（Tuyamuyun）貯水池周辺の共有の灌漑システムをめぐっても存在している。この貯水池はウズベキスタンに属しているが、トルクメニスタンに位置している。ロシアの新聞

が報道した情報によれば，1990年代初頭にウズベキスタンはトルクメニスタンの北東部を占領する計画を立てたということである[28]。

4. リージョナルな水ガバナンスの枠組

(1) 地域的経済協力の枠組
①中央アジア地域経済協力（CAREC）

中央アジア地域経済協力は1977年に創設され，その目標はより効率的かつ効果的な地域経済協力によって加盟国の生活水準の向上，貧困の削減をめざすことにある。現在のところ，中央アジアは東アジアとヨーロッパの間の貿易の架け橋としてのかつての役割を再び取り返し，世界のもっとも重要なエネルギー供給の中心地の1つになろうとしている。

CARECプログラムは，輸送，エネルギー，貿易の促進，貿易政策という4つの分野での地域的協力を推進することで，目標の実現をはかっている[29]。

CARECの参加国は，アフガニスタン（2005年），アゼルバイジャン（2002年），中国（1997年），カザフスタン（1997年），キルギス（1997年），モンゴル（2002年），パキスタン（2010年），タジキスタン（1998年），トルクメニスタン（2010年），ウズベキスタン（1997年）である。中央アジア地域経済協力はまた上海協力機構（SCO）とユーラシア経済共同体（EAEC）とも協力関係をもっている。

CARECは基本的には経済の分野での地域協力機構であるとはいえ，経済やエネルギー問題に付随する環境問題への取り組みも視野に入れている。2006年10月に中国のウルムチで開催された第5回大臣会合では，2国間あるいは多国間の水資源管理に関する問題が取り上げられた[30]。さらに共有の

水資源に関しては，以下のように記している。

「CAREC の関与が望ましいものとされるならば，水資源管理を改善し，水・エネルギー関係における状況を解決あるいは改善することに貢献するうえで CAREC が主導することができる。中心となるのは，少なくとも当初は，灌漑と水資源管理における共同体の関与に関するものである」[31]。

2008年11月にアゼルバイジャンのバクーで開催された第7回大臣会合では，越境水路の利用に関する協力関係について触れている。

「利益共有への現代的なアプローチの方法は，アムダリア川やシルダリア川といった重要な河川の流域国における定期的な灌漑，エネルギー源，飲料水という利益だけでなく，経済的・環境的・文化的・社会的な利益を保護するという仕方で，環境的に健全な越境水路の開発と保護を可能とするところにある。2国間あるいは多国間の交渉と関連する流域国間の合意達成が，アフガニスタン，キルギス，タジキスタンといった CAREC 諸国の多くにおける大規模な水力発電の貯水地の計画，建設，操業を可能にする」[32]。

このように，CAREC は基本的には中央アジアにおける経済協力のための地域機関であるとはいえ，水資源問題も視野にいれた協力関係の構築を目指している。

国連開発計画（UNDP）は中央アジアの天然資源管理に関して，CAREC の意義を以下のように記している。

「国際社会は，中央アジアにおける天然資源管理問題のさまざまな側面に広くかかわってきた。中央アジアの地域協力を支援する重要な機会は，国際機関間の緊密な協力を取りまとめ，国内のプログラムを扱う際にも地域的展望に立ち，中央アジアの援助関係機関から100％の支持を得られない場合には，CACO（中央アジア協力機構）の『水・エネルギー共同体』を含む地域イニシアティブと地域機関を支援することから生まれるだろう。CAREC なら，国際援助国と地域機関をまとめる中心的な役割を果たせるだろう」[33]。

このなかの CACO は後述するように 2006 年に EAEC に編入されたが，CACO が提案した「水・エネルギー共同体（Water and Energy Consortium）」は，水資源に関する地域協力を進めるうえで重要な役割をもつものと考えられる。

②ユーラシア経済共同体（EAEC あるいは EURASEC）

ユーラシア経済共同体の設立条約は，2000 年 10 月にカザフスタンの首都アスタナで，ベラルーシ，カザフスタン，キルギス，ロシア，タジキスタンの間で調印され，EAEC は 2001 年 5 月に設立された。2002 年にウクライナとモルドバのオブザーバー参加，その後アルメニアのオブザーバー参加が認められ，2005 年 10 月にウズベキスタンの加盟が承認された。ウズベキスタン 2006 年 1 月に EAEC に正式に加盟したことで，加盟国が重なっている CACO（加盟国はカザフスタン，キルギス，タジキスタン，ウズベキスタン，ロシアで，1998 年に中央アジア経済協力機構になる）は事実上，消滅した。

EAEC は，加盟国間の関税同盟によって単一の経済圏を創設し，世界経済と国際貿易体制に統合するためのアプローチを調整するために設立された。EAEC の活動の主要な目的の 1 つは，社会的・経済的変動の調整による共同体のダイナミックな発展と，加盟国の経済力の効果的な利用を確実にすることである。

EAEC の目標は，基本的に自由貿易体制の確立をめざすさまざまな措置を講じるというものであるが，それらの中で優先順位の高いものは，輸送，エネルギー，労働力移動，農業といった分野である。エネルギー部門においては，主要目標は中央アジアの水力とエネルギーの複合体の共同開発であり，エネルギーと水の供給問題の解決，そして統一されたエネルギーバランスの発展である[34]。

このように EAEC の目標は，自由貿易体制の構築を基本的にめざすもの

であるが，旧ソ連崩壊後に中央アジアにおいて問題化したエネルギーと水の関係をその課題の1つにしている。電力供給に関してみると，2003年には，タジキスタンとキルギスは，カザフスタンとウズベキスタンの高圧送電線網を通じてロシアに900 MkWhの電力を送った。ロシアはキルギスとカザフスタンとともにカムバラタ水力発電計画の実行可能な研究を準備していたが，こうした研究にもとづいて，そのプロジェクトの実施に伴う各加盟国の割当分が確定することになる[35]。

③上海協力機構（SCO）

上海協力機構の前身は，1996年に設立された上海5であったが，2001年にウズベキスタンが加わって現在のSCOが地域的な政府間相互安全保障機構として誕生した。SCOは安全保障に関する問題に加えて，社会経済的な開発問題を扱っている地域機関でもある。

2002年のSCO首脳会議では，「上海協力機構憲章」が承認され，加盟国間の相互信頼や善隣外交を促進すること，協力分野を拡大し，地域の平和や安全・安定を守り，民主的で公正かつ合理的な国際政治経済の新秩序をつくること，そして政治，貿易，国防，法の執行，環境保護，科学技術，教育，エネルギー，交通などの分野での有効な地域協力を促進することが，SCOの基本理念とされた[36]。

中央アジアのキルギスと中国との水協議にSCOが関与している例は，ナリン川の水力発電所建設に関するものである。ナリン川における新規の水力発電所建設をめぐってはカザフスタン，ロシア，中国のあいだで協議がなされ，キルギス政府は3カ国によるコンソーシアムの設立を求めている。キルギス政府はナリン川に新たに5基の水力発電所の建設を計画しており，2004年には中国に対して投資の打診をした。これらの建設のための全コストは20億ドルから30億ドルかかると見積もられており，中国との定期的な交渉は

キルギスと中国との2国間だけでなく，SCOの枠組のなかでも行われている[37]。

5. 中央アジアのリージョナル・レジームとその有効性

(1) 中央アジアの水協定

旧ソ連の崩壊後，中央アジア諸国では，それまで政治的に統一されていた国家が分断されることで，水源の管理もまた分断されることになった。ウズベキスタンやカザフスタンといった下流域に位置する国々は夏期には灌漑のために多くの水量を必要とし，キルギスなどの上流域の国々は冬期に水力発電のために多くの水を必要とする。旧ソ連時代は，シルダリア川の水資源は1984年2月の旧ソ連の議定書413によって管理されていた。それによると，227億m^3の全表流水のうち，ウズベキスタンに46%，カザフスタンに44%，タジキスタンに8%，そしてキルギスに2%，それぞれ配分されることになっていた[38]。

旧ソ連の崩壊後に中央アジア諸国が独立して以降，この流域の水管理の枠組は危機にさらされてきた。にもかかわらず，中央アジアの新しい独立国家は議定書413に明記されていた水資源配分の原理を継続することに合意し，1992年2月18日にカザフスタン，キルギス，タジキスタン，トルクメニスタン，ウズベキスタンの間でアルマティ協定（正式名称は「国家間の共同水資源管理の領域における協力と保護に関する協定」）が調印され，共同の水資源管理が承認された。

この協定の第1条では，「締約国は地域の水資源の共同体と統合を組織化し，水資源の利用のための同等の権利および合理的利用と保護を保証するために責任を有する」とし，第2条では，「締約国は合意された決定の厳密な

監視および水資源の利用と保護の規則の確立を定める義務を負う」とし，第3条では，「この協定の各締約国は，他の締約国の利益を侵害し，それに損害を与え，水の放流という合意された価値や水源の汚染といった逸脱に至るような行為を予防する義務を負う」としている。そして，この協定の第7条によって，単年度協定とともに季節ごとの水配分を取り極める国家間水調整委員会（ICWC）が創設された[39]。旧ソ連時代の流域組織であったBVOシルダリアは，ICWCの一部となり，水配分に関する監視と管理を担当することになった。

しかしながら，各国家が独立して水資源の統一的な管理体制がなくなったという状況のもとでは，どうしても旧ソ連時代の水配分に固執することには困難が伴った。そこで各国は水とエネルギーに関する単年度の2国間協定や多国間協定を締結することになった。これらの協定の下においては，締約国間で合意された夏期の放水量は，以下の2点によって補完することが求められた。それは，第1に，キルギスが夏期に生産した電力がその必要量を超えた場合にそれと同量をウズベキスタンとカザフスタンが輸入すること，第2に，キルギスが冬期に電力不足に直面した場合に，不足分に相当する電力，天然ガス，石油，石炭をウズベキスタンとカザフスタンが供給すること，である。これは本質的にバーター取引であり，そこでの暴騰した価格は増分的なエネルギー貿易の経済学を歪めがちであった[40]。

1990年代には，大まかにみると，キルギスのような上流国は，自国の水力発電のための冬期の水量を増やして十分なエネルギーを確保し，化石燃料の輸入への依存から脱却しようとしたのに対して，ウズベキスタンやタジキスタンのような下流国は，トクトグル貯水池からの冬期の放流水を貯えて夏期に利用するために，新しい貯水池を建設することで十分な水を確保しようとした。しかし，このことはコストのかかる解決方法であることが判明し，続行することができなくなった。

1998年3月17日に，カザフスタン，キルギス，ウズベキスタンの3国は，「シルダリア川流域の水とエネルギー資源の利用に関する協定」を締結した（表9-4参照）。この協定は，以前のアドホックな調整を超える大きな修正であると広く認められ，この地域の緊張を緩和したとみられた。この協定の特徴は，以下のような内容にある。すなわち，第1に国際法とその手続きを支持しようとしていること（前文），第2に水力と灌漑のための水利用を可能にするために通年の水量規制と洪水対策を通じたナリン川貯水池の共同操業の必要性の認識（第2条），第3に貯水池における毎年の貯水に関するエネルギー上の損失を補完する必要性に関する明確な認識（第2条），第4にこの補完は電力，ガス，石炭，石油といった等価的なエネルギーという形でなされるという提案（第4条），第5に借款や担保といった保証メカニズムの利用の可能性（第5条），第6に紛争解決は基本的に交渉と協議によって解決されるとしながらも仲裁裁判所による紛争調停を規定していること（第9条），そして第7に水とエネルギー資源の管理と利用を改善するためにいくつか選択肢を検討していること（第10条），である[41]。

このように1998年3月17日の協定は，水とエネルギー資源の水とエネルギー資源に関する多国間協定であり，このなかで特に水レジームの強化という観点から重要と思われる点は，水利用に関する国際法的手続きの尊重が謳われていることと，紛争調停のための仲裁裁判所の設置に関する規定が盛られていることである。しかしながら，中央アジアの水資源に関するこのような重要な提案にもかかわらず，中央アジア諸国が地域的な国際法の先駆的な役割を果たすことは難しいように思われる。というのは，現代の越境水路法は流域国に共有資源を管理する法的協定を作るだけでなく，「共同管理メカニズム」の設立を促しているからである。ただし，国際法に関しては，カザフスタン，キルギス，ウズベキスタンのなかで1992年の「国際水路と国際湖沼の保護と利用に関する条約」の締約国になっているのは，カザフスタン

表 9-4 中央アジア諸国の水に関する地域協定

名　　称	締約国	基本争点	条約の流域	日時	調　印　国
アラル海とその周辺領域の危機に対処し，環境を改善し，アラル海地域の社会的・経済的発展を保証する共同活動に関する協定	多国間	水質	アラル海アムダリアシルダリア	1993/3/26	カザフスタンキルギスタジキスタントルクメニスタンウズベキスタン
アラル海流域の諸問題に関する国家間協議会（ICAS）の執行委員会の活動に関する中央アジア諸国首脳の決議	多国間	水質	アラル海アムダリアシルダリア	1995/5/3	カザフスタンキルギスタジキスタントルクメニスタンウズベキスタン
ナリン・シルダリアの貯水池の水・エネルギー資源の共同かつ複合的な利用に関するカザフスタン・キルギス・ウズベキスタン間の協定	多国間	灌漑	シルダリア	1998/3/17	カザフスタンキルギスウズベキスタン
環境領域における協力と合理的な自然利用に関するカザフスタン，キルギス，ウズベキスタンの間の協定	多国間	水質	不特定	1998/3/17	カザフスタンキルギスウズベキスタン
シルダリア川流域の水とエネルギー資源の利用に関するカザフスタン・キルギス・ウズベキスタン間の協定	多国間	共同管理	シルダリア	1998/3/17	カザフスタンキルギスウズベキスタン
シルダリア川の水とエネルギー資源の利用に関するカザフスタン・キルギス・ウズベキスタン間の追加と補遺を付した議定書	多国間	水力と水力発電	シルダリア	1999/5/7	カザフスタンキルギスタジキスタンウズベキスタン
チュー川とタラス川の国家間の水利施設の利用に関するカザフスタンとキルギスの間の協定	2国間	共同管理	タラス	2000/1/21	カザフスタンキルギス

出所：J. Granit, et. al., Regional *Water Intelligence Report Central Asia*, Stockholm, 2010, p. 18.

だけである[42]。

（2） チュー・タラス川流域の水管理と水協定

キルギスからカザフスタンにかけて広がっているチュー・タラス川流域は，おもにアサ川，チュー川，タラス川によって形成されている。なかでもタラス川は，全長661 km，流域面積は52,700 km^2 で，そのうちキルギスが22％，カザフスタンが78％を占めている。旧ソ連時代に，このタラス川流域に，それもカザフスタンとの国境近くのキルギスの領土内にキロフ貯水池が建設され，1975年に完成し，翌年からその利用が開始された。この貯水池建設の目的は，下流域であるカザフスタンの灌漑農地のためにタラス川の流れを管理するということであった。すなわち，キロフ貯水池は，農作物の生育期の最初と最後に追加的な水補給をするために下流地域への水の流れを規制するために利用された[43]。現在のところ，タラス川流域の灌漑地域はキルギスで114,900 ha，カザフスタンで79,300 haとなっている[44]。

旧ソ連時代の1983年1月31日に，キルギス自治共和国とカザフスタン自治共和国は水利用に関する協定を取り結び，双方がタラス川の水を50％ずつ利用することで合意した。1983年の協定が想定していたことは，毎年タラス川流域へ16億1,600万 m^3 の水量があるということである。カザフスタン領域内には，キロフ貯水池から7億1,600万 m^3，自国内の水源から9,200万 m^3 の水量が確保できた。この協定の規定によれば，カザフスタンは農作物の生育期（4～9月）にキロフ貯水池から5億7,960万 m^3 の水を，そして非生育期（10～3月）には1億3,640万 m^3 の水を受け取るとされた。この時代は，両国は統一されていたために，その財源は旧ソ連の水資源省から受け取っていた[45]。

しかし，中央アジア諸国が独立した後，チュー・タラス川流域はキルギスとカザフスタンに分割された。独立後もキルギスとカザフスタンの交渉が継

続されてきただけでなく，両国を含めた多国間の協定が締結されるなど一定の成果を上げてきており，水資源の配分方法に関して両国は相互に努力を重ねてきたといえる[46]。

そのような両国の努力もあって，2000年1月21日，キルギスとカザフスタンはチュー・タラス川流域における越境水のインフラのための費用分担に関する協定に調印した。

この協定の正式名称は，「チュー川とタラス川の国家間の水利施設の利用に関するカザフスタンとキルギスの間の協定」[47]である。この協定は，1983年にモスクワで調印された水資源の均等配分に関する協定には言及していないが，水配分に関しては第1条できわめて曖昧に扱われている。すなわち，第1条では，「締約国は，水資源の利用ならびに国家間で利用される水利設備の運用および維持が衡平かつ合理的な仕方で締約国の相互利益を導くものであることに合意する」と規定している[48]。

さらにこの協定は，依然の毎年の2国間協定には触れておらず，第3条で，「国家間の利用のための水利施設を保有する締約国は，安全で信頼できる運転を提供するに必要な費用に関して，その施設を利用する締約国からその補償を受け取る権利を有する」[49]としている。そして第4条では，「締約国は，国家間の利用のための水利施設の運転と維持に関連する費用の回復に関与するとともに，供給される水の割合に見合うように他の合意された提案にも関与するものとする」[50]とされている。

そして協定の第5条は，国家間の水利用施設の稼動の仕方を計画し，その稼動および維持に必要なコストを明らかにするための常設委員会の設置を謳っている。2005年7月26日に，この規定に基づいてチュー・タラス川委員会が設置され，その問題に関しては両国の関係は良好になったようである[51]。実際問題として，独立後，2006年を例外として，キルギスは常にカザフスタンに対して，1983年の協定で規定された水供給義務を目標以上に

達成していたということである[52]。

　しかし,キルギスは旧ソ連時代には6月に最大量の放流をしていたが,独立後はこのキロフ貯水池からの放流の時期を変えたようであり,このことがカザフスタンの農業にとって圧迫となっていたようである。すなわち,キルギスは上流国であるという地理的位置と,必要な水資源管理のインフラを保有しているという戦略的な立場を,キロフ貯水池の稼動と維持の費用をカザフスタンに負担させるための取引手段として利用したということである[53]。ここには上流国であるキルギスの戦略が存在しているということもできる。

6. おわりに

　中央アジアは,ユーラシアというメタ・リージョンという枠組のなかで考えると,西ヨーロッパと東アジアの中間に位置し,しかも石油や天然ガスなどの資源に恵まれている地域である。この地域はかつて東西をつなぐ回廊の中間点として大きな役割を果たしてきた。しかし,ヨーロッパ諸国による近代世界システムの形成により,この地域は周辺化されたり,帝国的な支配下に置かれたりしてきた。また旧ソ連という帝国的な支配体制の崩壊と主権国家の形成という時代的な流れのなかで,中央アジアは民族的にも分断され,地域的な協力体制も崩壊した。

　とりわけ水資源とエネルギー資源の分野においては,地域的な協力体制の崩壊はそれぞれの主権国家にとっては死活的な意味をもつ。それだけに中央アジアの各国家は独立後,紛争を孕みながらも協力体制の構築に努めてきた。中央アジアでは,現在,EU,ロシア,アメリカ,中国といった大国が影響力を行使しようとしている。そうしたなかで,中央アジアの国々はこれら大国の影響力を考慮に入れながらも,地域的なまとまりを形成しようとし

ている。グローバル化時代のリージョナル化という現象はこの中央アジア地域においても例外ではない。むしろ，ロシア，アメリカ，中国といった大国の思惑と利害も絡んで，この地域にはCAREC, EGEC, SCOといったリージョナル・ガバナンスの枠組が多く存在している。中央アジア諸国は以前の同盟国であるロシアとの協力関係を志向しており，他方においてアメリカはこの地域に紛争を生み出すような地政学的な分断を作り出そうとしている。また中国はすでに触れたように中央アジア諸国とのつながりを深めることによって，中東の石油資源への一方的な依存に偏らない石油資源の確保の道を模索している。中央アジア地域にはこうした大国の思惑と利害が存在し，したがって中央アジア諸国だけによるガバナンスとレジームの形成を困難にしているといってよい。

しかし，他面において，中央アジア諸国は2国間協定あるいは多国間協定というリージョナル・レジームを志向してきたこともすでにみてきたとおりである。現在のところ，中央アジアには複数のリージョナル・ガバナンスの枠組が存在しており，それらは重複的なメンバーシップを形成している。したがって，とりわけ中央アジアの水問題や水紛争に関して，多国間の合意を形成することは容易ではなく，ましてやレジーム形成という法的枠組を作り上げることはさらに困難であるとしても，複数のリージョナル・ガバナンスの枠組が存在するということは，それがレジーム形成の可能性につながるということもできる。

とりわけEUは戦後，統合を進めるなかで水に関する諸問題についてもリージョナル・レジームの体制を作り上げてきた。その意味で，ユーラシア大陸の隣の地域に位置する中央アジア諸国は，こうしたEUの経験を生かす道を模索することも可能であろう。また独立後，中央アジア諸国は既存の多国間の環境条約へ積極的にアクセスするとともに条約を批准してきた。たとえば中央アジア5カ国は，生物多様性条約，砂漠化対処条約，気候変動枠組

条約の締約国となっている。したがって，たとえば国際水路に関しては，1997年の「国際水路の非航行的利用法条約」があるが，いずれの国も加盟も批准もしていない。この条約はまさに中央アジア諸国の衡平かつ合理的な統合的水資源管理のための有効な法的手段となりうる。

1) Council of European Union, *European Union and Central Asia: Strategy for a New Partnership,* 2007.
2) J. Nichol, *Central Asia: Regional Developments and Implications for U.S. Interests,* Congressional Research Service, January 12, 2011, p. 3.
3) T. N. Marketos, *China's Energy Geopolitics,* Routledge, 2009, p. 27.
4) UNDP『中央アジア人間開発報告書・概要』UNDPヨーロッパ・CIS局，2005年，8頁。
5) 星野智「中央アジアのハイドロポリティクス―水資源をめぐる紛争とガバナンス―」(『中央大学社会科学研究所年報』第14号，2009年所収)を参照されたい。
6) I. Abdullayev, H. Manthrithilake and J Kazbekov, Water and geopolitics in Central Asia, In: M. Arsel and M. Spoor (ed.), *Water, Environmental Security and Sustainable Rural Development,* Routledge, 2010, p. 127.
7) *Ibid.,* p. 127.
8) *Ibid.,* p. 128.
9) J. Granit, et. al., *Regional Water Intelligence Report Central Asia,* Stockholm, 2010, p. 7.
10) EU, *Climate Change and International Security,* paper from the High Representative and the European Commission to the European Council, S 113/08, 14 March 2008.
11) I. Stanchin and Z. Lerman, Water in Turkmenistan, in: M. Arsel and M. Spoor (ed.), *Water, Environmental Security and Sustainable Rural Development,* Routledge, 2010, p. 264.
12) I. Abdullayev, H. Manthrithilake and J Kazbekov (2010), p. 131.
13) P. Micklin, *Managing Water in Central Asia,* The Royal Institute of International Affairs, 2000, p. 37.
14) *Ibid.,* p. 41.
15) *Ibid.,* p. 40.
16) *Ibid.,* p. 40.

17) M. Spoor and A. Krutov, The 'Power of Water' in a Divided Central Asia, in: M. Parvizi and H. Houweling (eds.), *Central Eurasia in Global Politics*, 2nd Ed., Brill, 2005, pp. 288-289.
18) *Ibid.,* p. 288.
19) The World Bank, *Water Energy Nexus in Central Asia,* Washington DC, 2004, p. 36.
20) E. Herrfahrdt-Pahle, The Politics of Kyrgyz water policy, in: M. Arsel and M. Spoor (ed.), *Water, Environmental Security and Sustainable Rural Development,* Routledge, 2010, pp. 216-217.
21) S. Peyrouse, The Hydroelectric Sector in Central Asia and the Growing Role of China, in: *China and Eurasia Forum Quarterly,* Vol. 5, Nr. 2, 2007, pp. 145-146.
22) J. Granit, et. al., (2010), p. 17.
23) E. Sievers, Water, Conflict, and Regional Security in Central Asia, in: *New York University Environmental Law Journal,* Vol. 10, Nr. 3, 2002, p. 378.
24) E. Sievers, Transboundary Jurisdiction and Watercourse Law: China, Kazakhstan, and the Irtysh, in: *Texas International Law Journal,* Vol. 37: 1, 2002, p. 3.
25) J. Granit, et. al. (2010), p. 17.
26) E. Sievers, Water, Conflict, and Regional Security in Central Asia, p. 379.
27) J. Granit, et. al. (2010), p. 18.
28) *Ibid.,* p. 18.
29) この点については，CREC Institute（http://carecinstitute.org/index.pdf?page=priority-area）を参照。尚，4つの領域のうちの貿易の促進は参加国相互が慣習や手続の改善によって貿易方法を円滑化することであり，貿易政策は，各国が世界貿易機関に加盟する努力を行うことである。
30) *Central Asia Regional Economic Cooperation Comprehensive Action Plan,* 2006, p. 20.
31) *Ibid.,* p. 116.
32) *Strategy for Regional Cooperation in the Energy Sector of CAREC Countries,* 2008, p. 9.
33) 前掲 UNDP『中央アジア人間開発報告書・概要』，23頁。
34) USAID, *An Assessment for USAID/CAR on the Transboundary Water and Energy Nexus in Central Asia, Final Report,* 2004, p. 22.
35) *Ibid.,* p. 22.
36) この点に関しては，星野智『国民国家と帝国の間』世界書院，2009年，186頁を参照されたい。
37) S. Peyrouse, op. cit., p. 146.

38) The World Bank, *Water Energy Nexus in Central Asia,* Washington DC, 2004, p. 8.
39) ICWC に関しては，前掲・星野智「中央アジアのハイドロポリティクス――水資源をめぐる紛争とガバナンス――」を参照されたい。尚，この協定の条文については，The World Bank, *Water Energy Nexus in Central Asia* 巻末付録を参照した。
40) The World Bank, *Water Energy Nexus in Central Asia,* p. 8.
41) Ibid., p. 9. この協定の条文に関しては ibid., pp. 28-30 を参照。
42) E. Sievers, Water, Conflict, and Regional Security in Central Asia, pp. 384-385.
43) A. Krutov and M. Spoor, Integrated Water Management and Institutional Change in Central Asia's Chu-Talas and Vakhsh-Amudaria River Basin, presented at "The Last Drop": Water, Security and Sustainable Development in Central Eurasia, International Conference, 2006, p. 7.
44) K. Wegrich, Passing the conflict. The Chu Talas Basin Agreement as a Model for Central Asia? In: M. M. Rahaman and O. Varis (eds.), *Central Asian Water,* 2008, pp. 119-120.
45) *Ibid.,* p. 122.
46) *Ibid.,* p. 124.
47) この協定の条文に関しては，The World Bank, *Water Energy Nexus in Central Asia,* pp 31-33 を参照。
48) *Ibid.,* p. 31.
49) *Ibid.,* p. 31.
50) *Ibid.,* p. 31.
51) K. Wegrich, op. cit. Passing the conflict. The Chu Talas Basin Agreement as a Model for Central Asia?, p. 125.
52) *Ibid.,* p. 128.
53) *Ibid.,* p. 128.

第 10 章
ユーラシアと南コーカサスにおける地政学的諸論争の将来

サーティ・チャイジュ
(今井宏平 訳)

1. はじめに

　ジョージ・ブッシュ Jr. 政権の武力行使とほとんど単独主義的安全保障と表現できる外交政策に基づいた 2 期 8 年の間, 国際公法の中核原理, 目的, 国連憲章の原則は著しく侵害された[1]。トルコを含むアメリカの伝統的な友好諸国は, 正当な政策選択を実施するあたり, 大変困難な状況に置かれた。法の原則とすでに脆弱な国連の集団安全保障システムは全て「悪い」実践の犠牲者となった。オバマ政権発足直後, アメリカはひどく傷ついた自国の国際的名声を取り戻すために, また世界の多くの地域においてアメリカの信頼を回復するために, 正しい行動を取るようになるだろうという一般的な期待が存在していた[2]。
　グローバルな平和と安全保障に対する現代的な挑戦はこの小論のトピックではない。しかし, 私は基本的な法的枠組みを最初に要約し, その後ユーラシア地域の全体的な平和と安全保障環境に関係するいくつかの主要な問題と紛争に言及することが有益だろうと考える。いくつかの主要な問題と紛争に該当する地域はイラク, イラン, イスラエル, パキスタン, アフガニスタン

である。

2. 集団安全保障：主要なトピック

　イランとイスラエルに対する核拡散防止条約（NPT）の問題は，中東における主要な安全保障に関する要因である。締約国がNPTから脱退する意向を示した際に，この点に関して容易に法の限界を見ることができる[3]。

　アメリカによる「ミサイル防衛シールド」計画は，アメリカ，NATO，ロシアの関係の質に重大な影響を及ぼしている[4]。「ポーランド領内への地上ミサイル防衛迎撃機配備に関する合意」と，「アメリカとポーランド間の戦略的協力に関する宣言」は，アメリカとロシアの間で続いている論争の根底にある2つの問題である[5]。一方で，両国間の核不拡散の目標は有効であり続けているが，米露核平和利用協定（123協定）をアメリカが撤回したことはここに書き記しておく価値があるだろう[6]。

　現在は比較的平穏になった，イラクの未来に関する議論は，隣接したユーラシアの安全保障に影響を与える重要な要因となる。残念なことに我々はいまだにイラクの新しい未来構築を手助けするための国連や地域機構の積極的な介入を全く見ることができない。イラクの人々の民族自決の基本方針の中核において，依然としてアメリカがかなりの程度，将来の戦略に決定的な影響を及ぼしている。

　アフガニスタンとパキスタンの未来と，両国に対するイランの交流及びこの地域においてイランが主張するいわゆる「政治的イスラーム」は，アメリカとNATOだけに影響を及ぼすものではなく，トルコを含めた隣接諸国においてもより大きな挑戦となっている[7]。

3. 法的枠組：集団安全保障法

過去と現在の主要大国の行動を見ると，我々は国際公法，集団安全保障法，そして国際刑事法が侵害されているのを目の当たりにする。グローバルなレベルにおいて，現行の国連システムは国際社会における敬意の回復とその再活性化が必要とされている[8]。国連憲章の下で，安全保障理事会は勧告，評価，制裁，そしてボスニアやルワンダの例のように時には無関心によって，国際社会の平和と安全保障を管理しようとしている。国連総会は補完的な役割を果たしているにすぎない[9]。

ユーラシアにおける主要な地域集団安全保障システムの法的枠組は，基本的にNATO，欧州安全保障協力機構（OSCE），黒海協力機構（BSEC），上海協力機構（SCO）によって構成されている。過去10年間において，ソフトパワーよりもハードパワーに依拠した単独行動主義と覇権，リーダーシップ能力とリーダーシップの力量の間の対立が地球全体を支配していた。アメリカがイラクで行ったことは，ロシアが南コーカサスで行ったこととほとんど違いはない。それは平和維持という名の下で行われた事件の操作と軍事的な介入である。

4. 国内における安全保障問題

ユーラシアにおける不安定要因の1つとして重要なのは，マイノリティの地位と処遇に関係している。自治権と民族自決の問題は，もし乱用されたり外部から操作されたりすると，多くの国家で緊張が高まる原因となるだろう。技術的に，異なった民族，言語，宗教的特徴を持つ人々を，当該国家に

おいて多数派を占める人々と区別するだけでは十分ではなく，この点に関して，マイノリティの集団的な要請に耳を傾けることが必要である，ということを忘れてはならない。最終的にマイノリティは法的にだけではなく，より広範囲な政治的問題として，領域国家に認識されなければならない[10]。

　国土安全保障（ホームランド・セキュリティ）の問題に関して，「人民の民族自決」という考え方が役に立つだろう。第1に，現行の武力紛争法の下では，「自由を求める紛争」と「反政府活動」を区別できなければならない。「自由を求める紛争」において，自決権を求める人々は，植民地支配，外国人による占領，人種差別を行う体制に対して武力闘争を遂行することができる。そのため，民主主義国家の法律において，自決権を求める武力闘争を遂行する余地があるかどうかを問わなければならない[11]。私はその答えは明確に「ノー」だと考えている。そのため，テロリズムについて語らないにしても，我々は自由を求める紛争ではなく，反政府活動に言及することになる。反政府活動は現行の法と政治的秩序に対する国内的な挑戦である。結果次第では，我々は異なった法的結論に訴えることになるだろう[12]。

　この文脈において，国際法と地域安全保障に対する重要な課題の1つは，テロリスト集団や反政府組織を含む非国家主体の地位と処遇に関係している[13]。まず，公的な国際関係と法的諸問題を私的な国際関係と法的諸問題から区別することが重要である。その結果として，我々は国際法の侵害と可能な救済措置を，最終的な政治的，法的解決を探求するために国際紛争または国内紛争の実際の状況に対応する武力法から区別できなければならない。

　国内における安全保障の問題だが，国際平和と安全保障に関するもう1つの課題はいわゆる「破綻」国家の存在から生じる。国際社会は破綻国家の状況を解決するためのより良い方法論を見つけられなければならない。そのための政策は，非自治地域に関する最近の経験と現行の規定から引き出されるだろう[14]。

5. ユーラシアとコーカサス[15]

　過去をふりかえると，ロシア，中国，イギリスがチベット，ペルシア（イラン），中央アジアの支配を巡って争ったことが「グレート・ゲーム」として知られている。南コーカサスと中央アジアにおいてエネルギーと安全保障が新たに結びついたことにより，グレート・ゲーム概念が復活し，新たなグレート・ゲームに関するテーマとなっている。現在，この新しいグレート・ゲームは，ロシアと西洋諸国家の間で行われている。豊富なエネルギー資源を持つユーラシアは，今日の国際関係において不可欠な役割を果たしている。このユーラシアの中には，エネルギーの東西間の流通ハブになろうというビジョンを持つトルコも含まれている。ユーラシア心臓部への入口として，トルコは地域の他のライバル国家の中でエネルギー輸送の国際競争において非常に優位な立場にある。時としてこれは諸刃の剣のような機能を果たすかもしれないのだが。

　こうした状況を理解するためには，シルクロードの地政学を検討しなければならない。この点に関して，ユーラシアの新たな経済的，戦略的機会を考慮する必要がある。将来を見通す新たな「ユーラシア広域地域」の出現に関するいくつかのヒントを与えてくれるかもしれない。我々は新たな「東西」と「南北」の連結について言及できる。この連結は貿易と文化の両面に渡っている。中期的，長期的にみると，この連結の基本的な条件は地球上の異なった地域間の相互連関——中央アジア，中東，トルコ，イラン，パキスタン，インド，中国，太平洋——に焦点を当てることで生み出される。

　この文脈において，「広範な中央アジア」はユーラシア全体にとっておそらく重要であり続けるだろう。「広範な中央アジア」の戦略的重要性は経済，文化，安全保障の点でヨーロッパだけでなく，ロシア，中東，中国にとって

も継続するだろう。我々は，思い出さなくてはならない。もし中央アジアが十分に発展したなら，ユーラシアは間違いなく広域地域になるだろうということを。そのためには，現在の緩やかな歴史的，地形的な調和とは異なった，より高いレベルでの建設的な相互交流が必要である。ユーラシアにおける安全保障環境を改善することは，ある程度，国民国家，国民主権，民族主義の概念に関して教育を受けてきた人民と政治リーダーに依存することになるだろう[16]。

この新たに台頭してきたユーラシアの役割としては，すでに台頭している環太平洋地域の優越的な経済構造に対処し，大西洋の文化的，軍事的，経済的構造にも考慮すべきだろう。中国とロシアの新たな戦略的パートナーシップに関して，両国が結んだ協定にほとんどの中央アジア諸国が参加していることからも，将来のユーラシアの発展においてこの2大国が文字通り重要な影響力を有していることはすでに明白である。現在では，新たな貿易ルートを結合することができるユーラシアの「南部ゾーン」を維持していくことに関して中国・インド・パキスタン3カ国の間で緊張した状況となっている。インドから中国へぬける北西の古いルートは軍事化した地域であり続けているし，一方のパキスタンとアフガニスタンの貿易ルートも中央アジアに安心してたどり着くほどにはまだ安定化していない。

ユーラシアにおける現在と将来の安全保障はグローバルな安全保障の枠組みと概念から切り離すことはできない。ユーラシアの最近の発展と混乱を見ると，国連とOSCEの能力と機能に疑問を抱かざるをえない。この点に関してBSECの方針も検討する必要があるだろう[17]。

それにもかかわらず，ユーラシアにおける最近の発展の特徴に新冷戦というレッテルを貼るのはおそらく正しくないだろう[18]。新たな時代の帝国主義と語られるのも誤解を与えるだろう。もし筆者が現在進行中の発展にレッテルを貼るのであれば，現代世界におけるユーラシアの諸国家と主要大国間の

「戦略的カード」の再分配を行う試みとして定義することになる[19]。言い換えれば，より正しくはユーラシアにおける「影響力を行使する領域の再定義」となるだろう[20]。

　宗教，民族主義，分離主義または過激な離脱主義，重大なテロリズムはユーラシアの安全保障領域の主要な不安定化要因である。カスピ海の法的地位と海洋ゾーンの制限は考慮すべき他のトピックである。そのため基本的な安全保障問題は，カスピ海のガスと石油資源を西側諸国とグローバルな市場に安全に提供することに関連している。そして，カスピ海へのアクセスは「独占的な圧力や地形的な難所から解放」されていなければならない。2つ目の不安定化要因は，暗黙の，そして時には明示的なユーラシアにおけるロシアの拡張主義と覇権に関係している[21]。

　ユーラシアにおける将来の安全保障を見ると，基本的な問いは世界の他の地域の安全保障環境に関して問われるだろう問いと大差はない。それらは，(1) 予見される将来において，単独行動主義と覇権が形成される中で，法の原則や政治的，軍事的パワーに関する原則が国際関係や国家の諸問題を統治するのだろうか，(2) 直接的／間接的な攻撃——特にテロリズムと反乱を支持すること——は費用便益と外交政策における効率の良い手段として引き続き採用されるのだろうか，という問題である[22]。

　上述した全ての理由のため，南コーカサスはグローバルな国際的な安全保障にネガティブな影響を及ぼすであろう[23]。最近話題になっているハードパワーとソフトパワーの両方を通した，ロシアの南コーカサスに対する介入が，もう1つの主要な安全保障問題の要因となっている。特に2008年にグルジアで起こった出来事は，そのことを明示した[24]。以下で筆者は，文脈の範囲内において国際公法の視点から，いくつかの厳選された諸国家とケースを通して，ユーラシアの安全保障環境の将来に関して検証していきたい[25]。

6. 中央アジア[26]

　歴史的に，シーパワーとランドパワーが長期にわたり政治的帝国を創り出すために必要であった。海洋に出ることができず，ある意味では包囲されている特殊な地域がまさに中央アジアと多くのウラル山脈，シベリアから成るユーラシアの中心である。ユーラシアにおける鉱物と人的資源を獲得することと結びつき，ユーラシアの中心部を支配することは，当然のことながら重要なグローバルパワーである大国——ドイツ，ロシア，中国——の力に委ねられた。

　もし中央ユーラシアで何らかの政治的，社会的な不安定化が生じると，この地域はEU，アメリカ，そして日本のような他の周辺諸国からも不利な政策や制裁といった被害を受けるだろう。そのような政策はもちろん，世界経済における成長を制約するが，中央アジアまたはロシアの広範な地域に拡大する地域紛争や民族紛争の例と，より深く結びつくかもしれない。

　我々はヨーロッパ，南アジア，北東アジアがユーラシアと区別されたままであることを望むが，中央アジアは「地域間の接触」に関して鍵となるリンケージの中心である。これは冷戦期における分割とアフガニスタンにおける非常に激しい戦争と，より積極的な関係の中でもたらされた新たな一連の結合の両方から生じたものである[27]。

7. ロシア連邦

　現在のロシアの安全保障に関する思惑は，ユーラシアに到来している変化の不確かな方向性と関連している。近い将来におけるウクライナとモルドバ

の発展の可能性と，シリアにおけるロシア海軍基地設立の実現はそのほんの1例である。ここ最近，ロシアが2つの戦略爆撃機をカリブ海に配備したのもロシアがグローバルパワーとしての地位を取り戻そうと努力している兆候である[28]。

ユーラシアにおける安全保障の将来を十分に理解するための，もう1つの重要な要因が西洋諸国とロシア連邦の関係の将来を検証することである[29]。この点に関して，よい出発点は歴史的な背景を伴う，エネルギー安全保障の問題である。

西欧諸国とロシア連邦の特殊な関係の本質に関する将来は，エネルギー安全保障の問題に関して当然懸念されている。南コーカサスと中央アジアにおけるロシア連邦の将来に目を向けると，他の2つの不確かな要素が地域安全保障に肯定的または否定的な影響を及ぼすだろう[30]。

これら全ての安全保障の挑戦と，ロシア連邦のユーラシアへの政治的，経済的，軍事的な介入は当然，国際的なビジネスにとって，そしてロシア自身の国際貿易関係にとって否定的な影響を及ぼす。ロシア国内における地方でのビジネスと国際ビジネスに対する政策は，特にロシアにおいて外国企業の「企業秘密という問題」を白日の下にさらすことになる[31]。この状況は外国のインテリジェンス機関の活動によって，より複雑になる。「企業秘密」を暴くため，ビザ手続きを回避するため，そしてもちろん西欧企業に対するロシアの監視に対する情報を得るため，インテリジェンスの諜報員は外国企業から個人を雇うよう努力する。

一方で，2008年のグルジア紛争の後，ロシアも既存の貿易取引を見直し，必要とみなせば外国企業に対して報復を行っている[32]。それらはすなわち，アメリカからの鶏肉の輸入に関する協定の停止，関税港でのトルコのトラックに対する封鎖，TNK－BP石油会社との議争の再検討とTNK－BPとの取引を終わりにするための，合意枠組みの覚書に対する公的監査などである[33]。

8. トルコ

　トルコの安全保障を分析する場合，まず，特殊なトルコの国家安全保障文化をよく理解しなければならない。潜在的で秘密裏に行なわれる外国勢力による活動が認識されていたので，トルコの国家，領土の統一，統合は常に危険にさらされており，脆弱であった。そのため，国家の生存は強力で有能な常備軍を持つことによってのみ，維持されることができた[34]。

　ユーラシア地政学の文脈において，トルコの地位と将来はどのように定義され，分析されるのだろうか。地域パワーの1つとしてトルコを考えることが一般的とされているように思われる。しかし，イランとは異なり，筆者はトルコを地域パワーとは考えていない[35]。

　一般的な文脈において，トルコの国際関係は伝統的にアメリカとヨーロッパとの関係に依拠してきた。エネルギーに関する協調，安全保障，民主主義の前進と市場改革に関して，EUとNATOはある共通の基盤を有していた。しかし，この特別な関係の質と肯定的な結果は，ほとんど常に周辺地域と国内における安全保障環境にある問題が生じることに起因していた。

　トルコの独立戦争の時代から，トルコ建国の父であるムスタファ・ケマル・アタテュルクは，トルコ革命の国家目標を国民の努力によって「現代文明を凌ぐこと」と明確に述べていた。アタテュルクは西洋型の民主主義共和国の下で，アナトリア地域に住む人々に西洋の啓蒙思想が提供されることを欲した。国家産業を育成し科学技術を支援するための文化革命はトルコ革命の基本的な柱であった[36]。

　今日のトルコにおいて広まりつつある戸惑いは，将来のトルコとEU関係に関連している。筆者の意見では，この戸惑いはEU自身の将来に対する全面的な不透明さにかなり影響を受けている。そのため，EU自身が将来の組

織構造と手続きに関する明確なビジョンを持ち，実現可能な法的枠組みの施行を行う前に，トルコ－EU 関係の将来を現段階で評価することは，間違いを犯すことになるだろう[37]。

トルコの戦略的重要性はトルコのパワーではなく，むしろトルコの地理と歴史に依拠している。ポスト冷戦期において，トルコの役割はヴォルガ地方のようないくつかの重要な地域，中央アジア，そしてロシア領内のサハ共和国に至るまでのアクセスに特徴付けられる任務に転換した[38]。しかし，筆者の考えでは，トルコは政治，軍事，経済，財政，社会的な力を強力にすること，そして西洋との完全な統合を完了するまでは，多分，現在の「最低限の満足」，「貧弱なレベル」のパフォーマンスを継続するだろう。現在の国際環境において，トルコはまだ実際の国力を国際関係に十分に反映させるには程遠い。

9. グルジア

南コーカサスにおける安全保障に関する現代的課題は，分離主義者，分離独立の反乱，内戦，民族浄化，数多くの現存または潜在的な国内避難民などへの対応である。グルジアの状況は南コーカサスの平和と安全保障に関する懸念の1つである。グルジアの状況はまた，南コーカサスの将来における不確実性，脆弱性，不安定を象徴している[39]。

グルジアにおける政治的転換は有名な 2003 年の「バラ革命」から始まった。理想的でそして幾分過剰であった西洋寄りの雰囲気が多くの民衆を支配していた。グルジアの人々は西洋，すなわちアメリカとの関係と，EU とNATO への加盟に対する高い志，期待，熱狂の虜となっていた[40]。

内政に関して，グルジアはアブハジアと南オセチアで拡大した分離主義闘争の結果，1990 年代前半にグルジアの自治共和国となった両地域の危機管

理に失敗した。結局，グルジアは，集団安全保障の任務という名目の下，分離主義者がロシアの軍事力を背景により多数の支持を得るという，場合によっては最悪のシナリオが起こる状況を経験しなくてはならなかった[41]。

グルジアの西洋への政治的・経済的統合のチャンスとは何だったのだろうか？　妥当な推測は大変難しかったと思われる。人権の行使に関して，市民の保護と市民の財産の保護に関する政府の失敗は，想定される2つの典型的な国内安全保障問題である[42]。以下でアブハジア情勢と南オセチア情勢の展開に関して詳しく検討する。

10. アブハジア

アブハズ人は，アブハジア地域の人口の17%を占めている。冷戦崩壊直後に起こった内戦中に，アブハズ人は25万人のグルジア人—彼らは現在，国内避難民となっている—をアブハジア地域から追い出した。同時に，「ロシア人投資家たち」はグルジアの法律を侵害して，資産を買収し続けた。

国連グルジア監視団（UNOMIG）は，2008年4月15日に採択された国連安全保障理事会決議1808，2007年10月15日に採択された決議1781，2007年4月13日に採択された決議1752の下で，平和維持の任務に着手した[43]。しかし，UNOMIGは任務の基本的なマンデートである，国内避難民となったアブハズ人を元の居住区へ帰還させるよう促すことには失敗した[44]。

11. 南オセチア

2008年8月8日，ミヘイル・サアカシュヴィリ大統領の命令により，グ

ルジア軍は南オセチア地域に対して攻撃を開始した。しかし,すぐに南オセチアにロシア軍が介入し,逆にグルジアに対する攻撃を開始したことで,グルジアの軍事行動は大きな見当違いとなった。2008年8月8日から12日にかけてのグルジア紛争を分析する上で第1の疑問は,この紛争の発端に関係している。つまり,南オセチアにおいて,どちらがはじめに攻撃を開始したのか,という疑問である。この疑問に関しては,グルジアと南オセチアには相反するレポートが存在している[45]。

グルジアの軍事行動は,明らかに国内の安全保障作戦として認識されたが,実際はそれまで効力を発揮していた停戦に関する重大な違反である[46]。一方でロシアの軍事介入は,ロシア政府によって,ロシア市民の保護のために必要な行動であり,また,予防的な人道的介入であったとして正当化されたが,説得力がないように見える[47]。

ロシア軍の対応はロシア市民とこの地域に展開する師団の保護によっては説明できないと筆者は考えている。自衛や市民の保護はどちらも説得力がない。

ロシア軍の行動は平和をもたらすために作戦としては評価できない。なぜなら,ロシアの行動は国連安全保障理事会によって正当化されていないからである[48]。ロシア軍の行動は,また,比例の原則を侵害するものとして批判されるだろう。「予防的な」人道的介入に言及することは,また,的外れであるように思える[49]。より正確には,ロシア軍の行動は国連安全保障理事会の5大国の1つであるロシアによって,国連の集団安全保障のメカニズムが回避された侵略行為であり,この地域における西洋諸国による主導性の発揮に対する挑戦と指摘できる。

このロシア軍の行動に対して,ロシア以外のG8諸国は単に「遺憾の意を表明した」だけであった。EUはロシアの行動を非難したが,何らかの制裁を行うには程遠い立場であった。中国,ロシア,カザフスタン,クルグズス

タン，タジキスタン，ウズベキスタンから成る SCO においては，承認されたわけではなかったが，ロシアの行動に対して比較的控えめな非難を行ったにすぎなかった。

結局，グルジアは南オセチアから撤退しなければならなかった。ロシア軍は南オセチアの首都，ツヒンバリを支配し続けた。一方で，ロシア軍艦はグルジアの黒海沿岸の配備から離れ，グルジアに対する軍事貨物船の探索を継続した。この種の海軍行動はまた，ロシアがセバストポルに海軍基地を持つウクライナを敏感にさせた[50]。

ロシアは EU による外交努力によって，2008 年 8 月 12 日にグルジアに停戦協定に関する「6 つの項目」——これは訂正されたうえで 9 月 8 日にいくつかの項目の実施が決定された——を提示した。基本的な条項には，ロシア軍の撤退，紛争解決のロードマップ，紛争地域への OSCE 監視団の配備，信頼醸成措置，ジェノバにおいて和平交渉を実施すること，が含まれていた[51]。

グルジア紛争は，グルジアの領域統合の将来に暗い影を落とした。国際社会はおそらくアブハジアと南オセチアが独立宣言を行い，結果的にコソボのケースに関する西側諸国への報復として，両地域がロシアによって独立国家として承認されると悟っただろう[52]。現在も，ロシアのグルジアに対する経済的，政治的，軍事的圧力は続いている[53]。停戦合意に基づく平和維持活動という名目の下，ロシア軍はグルジア領内に配備されている[54]。端的に述べれば，グルジアの国家安全保障の状況は地域レベルでも国際レベルでもいまだに脆弱なのである[55]。

もちろん，ロシア人自身は彼らのグルジアに対する中期的かつ長期的な行動の結果，内政に与える反響，ロシア領内の多くの自治共和国に与える影響を考慮しなくてはならない。多民族国家にとって，このような展開は内在する困難な問題である。根本的な課題としては，異なった民族間でうまくバランスを保たせることである[56]。

第 10 章　ユーラシアと南コーカサスにおける地政学的諸論争の将来　235

南オセチアとグルジアに平和と安定をもたらすために，国際的な連帯と協調が不可欠である。しかし，相互主義，共通利益，エネルギー安全保障，天然ガスの輸出と輸入，エネルギーパイプラインの安全性と安全保障など全てがこの地域の持続的な平和のための構成要素である。

12. グルジアに対するアメリカの人道的任務

　グルジアとロシアの対立が活発化した時期に同様に重要だったのは，アメリカがグルジアに対する人道支援を提供する任務を立ち上げたという点であった[57]。それは特にトルコにおいて白熱した議論を巻き起こしたのだが，潜在的な可能性としての条約の締結と 3 隻の重要な軍艦を派遣するためであった。この点に関しては，より法的な分析を行う必要がある[58]。

　アメリカの人道支援に対する最初の疑問は，なぜアメリカが赤十字国際委員会，国際赤十字・赤新月社連盟，国連難民高等弁務官事務所（UNHCR），各国赤十字社のような，人道的支援の伝統的なチャネルを頼りにしなかったかという点である。アメリカ海軍の編成をみると，これらは単なる人道支援任務のために計画されたのではないと容易に結論付けられる。それ以上に，この編成はロシアのグルジアへの軍事介入に対して，アメリカが明白に自己の力を誇示していたように思える。

　我々の推測と関連する 2 つ目の疑問は，異なった任務に関してであったが，アメリカがすでにその時，新しい軍艦をグルジアにおける NATO 軍に配備していたという点である[59]。この動きは前もって立てられていた軍事的戦略の一環としての，永続的な黒海に対する海軍進出のための第一歩なのだろうか[60]？　ここでは，南コーカサスの安全保障と平和環境に影響を与えるだろう，NATO 軍に関して簡潔に法的分析を行いたい[61]。

NATOは軍事的な視点からは，集団安全保障の機構である[62]。そのため，極めて当然のことだが，平時において，戦争になった場合手遅れにならないよう，必要なインフラと緊急時対応策を設立し整備しておく必要がある。こうした試みには生来，インテリジェンスの共有，訪問，教育と訓練，緊急時対応策，軍人と作戦地域の演習，軍事作戦，他の相補完的で似通った活動といった準備が含まれる[63]。2つ目のニュアンスは，「集団防衛行動」と「集団安全保障行動」の違いに関係している。この点に関して，筆者は軍事行動のような集団安全保障の任務にNATOが参加する法的能力に関しては強く反対する[64]。

13. グルジア紛争とトルコ

グルジア紛争とその後の事態の進展は，トルコとロシアの関係においても重大な試金石となった。これはコーカサス地方におけるトルコの脆弱性に関するテストケースであった。1つの側面は，奇妙なことだが，この南コーカサスでの出来事にトルコがさしたる見解を持っていなかったことに関連している。トルコが提示した「コーカサスにおける安定と協調のイニシアティブ」は，必要なインフラと国家能力を欠いており，この診断の1つの兆候であった。これに加えて，ナゴルノ・カラバフ問題に関する事態の進展において，トルコが南コーカサスにおいて置かれている困難な立場を容易にみてとることができる。トルコだけではなく，南コーカサスに利害関係がある他の諸国家も，ロシアの「対立する国家や地域を弱体化させるために国境地域において民族や他の（民族間，国家間の）亀裂を操作する」能力は目をつぶることのできない地政学的な現実となっている[65]。

14. 黒海とトルコ海峡

　一方で，ロシア政府は，直接的にある特定の国々——ほとんどは NATO 加盟国であるが——に対しては心理的な作用を与えるようないくつかの声明を出した。例えば，「黒海には非常に多くの軍艦が配備されている」とか「ロシアは，モントルー条約の取り決めにより，軍艦が黒海から立ち退くために 21 日間待つことになるだろう。そして，もし軍艦の停泊を継続するなら，トルコがその責任を負うことになるだろう」などである[66]。

　トルコ海峡と黒海の安全保障は，常にロシアとトルコまたはロシアと西洋諸国との関係において重大で敏感な問題である[67]。そのため，ここではロシアが主張する，1936 年 7 月 20 日に締結されたモントルー条約の違反という点に関して，検証することが必要なのである。

　ロシアは黒海沿岸諸国ではないが，歴史的，現代的に黒海に対して特別な関心を持っている。安全保障への配慮として，トルコとロシアは黒海において起こるだろう出来事に関する信頼醸成を目的とした特別な合意を行っている[68]。

　モントルー条約は，平時（第 2 条第 10 節），戦時（第 4 条第 19 節），トルコが戦争が差し迫っていると認識した時（第 6 条第 21 節）；商船（第 7 条）と軍艦（第 8 条）；船の数とトン数（第 18 条）；黒海沿岸諸国（第 11 条）と非沿岸諸国（第 18 条）という基本的な区分を行っている。これら全ての要因により，トルコ海峡からの範囲，通関手続きと通行量の制限，非沿岸諸国の軍艦が黒海に停泊できる期間が決定される。人道支援のために，戦争法は戦時において病院船の地位に関する特別条項を設けている。これらの規範が侵害された場合と利用可能な救済策については，異なった研究主題になり得る。モントルー条約は，軍による海軍人道支援の任務に関しても，特別条項を設けている[69]。

モントルー条約は国際法の特別な1部であり、海洋法の一般原則として他の法律に対して優先権を持っている[70]。この文脈において、トルコの権威と責務は、トルコ海峡に関連する政策の実施と仲介問題を含む、通行または通行手続きに限定される[71]。

モントルー条約が侵害されたと申し立てられた場合、まず事件の正確な場所が重要となる。事件が公海、トルコの水域内、またはより具体的にトルコ海峡のモントルー条約で定められた範囲のどこで起こったかである。つまり、これらの区分された水域によって、適用される法が微妙に異なるのである。1例をあげると、正式な手順を踏んで非沿岸諸国の軍艦が黒海に入った場合、黒海で配備、停泊している期間の非沿岸諸国の軍艦の行動は、トルコの責任とはならず、モントルー条約違反とされるべきである[72]。

ユーラシアと南コーカサスにおける将来の平和と安定を左右するもう1つの主要な要因として、トルコの安全保障問題にとっても敏感な問題であるアゼルバイジャンとアルメニアの関係がある。より洗練されたユーラシアと南コーカサスにおける安全保障のイメージを発展させるために、アゼルバイジャンとアルメニアについて詳しく論じることにする。

15. アゼルバイジャン

地域の周辺国とグローバルパワーの注意を引きつけているアゼルバイジャンの主要な国家資源は、天然ガスの埋蔵量、代替エネルギー資源、そして精緻なパイプライン網から構成される。防衛分野において、アメリカはアフガニスタンとイラクの軍事作戦の供給網を支援するために、アゼルバイジャン領内の飛行と着陸に関する権利を有している。現在、アゼルバイジャンの国家安全保障に対する最大の課題は、アルメニアの占領下にあるナゴルノ・カ

ラバフ問題である。そのため，このテーマに関する手短な分析が有益だろう。

16. ナゴルノ・カラバフ

旧ソ連が崩壊した後，アルメニアはアゼルバイジャンの領内に侵攻し，その領土の1部である，ナゴルノ・カラバフ地域の大部分を占領した。停戦の努力によって，1994年に紛争は終了したが，部分的な衝突は継続した[73]。「基本原則」文書に基づき，臨時の「ミンスク・グループ」(アメリカ・フランス・ロシアが共同議長) を通して，OSCEはこの対処が難しい問題の解決に向けた外交努力を続けている。アゼルバイジャンにとって，当然のことだが，ナゴルノ・カラバフは国家領土を維持する問題である[74]。

潜在的な危険性は，増加するガスと石油の収入によりアゼルバイジャンの高級官僚がナゴルノ・カラバフに対する好戦的なレトリックへの執着を強めていることである。国際社会と当事者であるアゼルバイジャンは，ナゴルノ・カラバフにおいて新たな争いを防ぐために実行可能な全てのことを行わなければならない。武力行使は実現可能な選択肢であるようには思われない。「学んだ教訓を生かす」ために，ナゴルノ・カラバフの状況とアゼルバイジャンの死活的な国家安全保障利益に対する挑戦は，思わしくない結果をもたらした，アブハジアと南オセチアに対するグルジアの政策はチェチェンとイングーシにおけるロシアの政策と比較されるべきだろう。

17. アルメニア

アルメニアのアゼルバイジャンに対する激しい攻撃とナゴルノ・カラバフ

における紛争は，アルメニアがアゼルバイジャンの約20%の領土を占領することで決着した。アゼルバイジャンと2カ国間集団防衛協定を結んでいるトルコは，アゼルバイジャン軍に対する支援以外の活動を停止した[75]。

将来を見据えると，アルメニアをより西側に溶け込ませるために，——まずは地域統合の分野から始めなくてはならないが——トルコは西側諸国と共に最善の努力をしなければならない[76]。時折であるが，アルメニアの声明といくつかの政治的文書の中身を見る限り，トルコとアルメニアの間で国際的に定められた国境を不鮮明にする試み——例えばトルコ東部を西アルメニアと参照することによる——が依然として含まれている。予見できる将来において，アルメニアによるアゼルバイジャン領占領は終わりそうになく，トルコとアルメニアの関係においてアルメニア・ディアスポラによる干渉を減じることにもアルメニアは成功していない。また，少なくとも現在と将来に関して，トルコ政府はアルメニアに対して追求する多くの選択肢を有していない。

18. おわりに

いわゆる「対テロ戦争」という名の隠れ蓑の下で，ブッシュJr.政権は国際公法と国際関係におけるアメリカの信用の両方を傷つけた。イラク，イラン，パキスタン，アフガニスタン，グルジア，アルメニア，アゼルバイジャンは，グローバルな規模で引き続き最優先の安全保障課題となっている。

国際社会は国際公法の原則を再考しなければならず，その試みは特に3つの重要な文書である国連憲章，国家間の友好関係に関する国連総会決議，武力侵略の定義から取り掛からなくてはならない。

グレート・ゲームは南コーカサスにおける西洋諸国によるエネルギー資源

へのアクセスとして再び注目を集めている。民主主義と人権は，第三者によって政治的操作が行われる時，当該国家の国内安全保障を不安定化させるだろう。ロシア連邦，トルコ，イランはユーラシアにおける持続可能な平和と安定にとって鍵となる諸国家である。グルジア，アルメニア，アゼルバイジャンの状況は集団地域安全保障に関する主要な試金石である。高性能の軍艦を派遣するというアメリカのグルジアに対する人道的任務は，トルコを含む諸国家の間で白熱した議論を巻き起こした。モントルー条約は再考されなければならない。

最後に，筆者はこうした状況において政治の原則よりも法の原則が優位になることを祈願している。

1) "Declaration on Principles of International Law Concerning Friendly Relations and Co-operation Among States in Accordance with the Charter of the United Nations", UNGA Res. 2625 (XXV), adopted by consensus on 24 October 1970; "Definition of Aggression", UNGA Res. 3314 (XXIX), dated 14 December 1974.
2) American "Smart Power": Diplomacy and Development Are the Vanguard, U.S. Department of State, Bureau of Public Affairs, Fact Sheet, May 4, 2009.
3) NPT に関する問題の概要に関しては，以下を参考のこと。Lisa Tabassi-Jacqueline Leahey, "The Treaty on Non-Proliferation of Nuclear Weapons: Taking Stock After the May 2008 Preparatory Meeting", American Society of International Law (ASIL) Insight, 30 June 2008, Vol. 12, Issue 14. また，大量破壊兵器とそれに対する国連の処置に関しては，以下を参考のこと。UN Security Council Resolution 1540 (2004) of 28 April 2004.
4) 何もこれは新しいことではない。"Moscow Warns Czechs and Poles on U.S. Shield", International Herald Tribune, 19 February 2007. http://www.iht.com/bin/print.php?id=4649113
5) 例えば，Robert McMahor, "Beyond Russia's Near Abroad", Council on Foreign Relations, 19 August 2008. http://www.cfr.org/publication/16972/beyond_russias_near_abroad.html
6) Condoleezza Rice, "Statement on U.S.-Russia 123 Agreement", U.S. Department of

State, 8 September 2008. http://www.state.gov/secretary/rm/2008/09/109256.htm
7) 例えば，Karl F. Inderfurth, "Afghanistan, Pakistan and NATO", International Herald Tribune, 1 April 2008. http://www.iht.com/bin/printerfriendly.php?id=11587815
8) Frederic L. Kirgis, "International Law and the Report of the High-Level U.N. Panel on Threats, Challenges and Change", ASIL Insight, December 2004, 6 pp; Stephen Stedman, "Strengthening the United Nations to Provide Collective Security for the 21st Century", UNA-USA Policy Brief, No 4, 16 December 2004, p. 8.
9) この文脈においては，法の原則の機能と国際公法の機能に特別な関心を寄せる。国連の非常に強い政治的本質と機能を考えた時，全ての司法審査が対象ではないが，そのパワーと慣例に伴い，全ての常任理事国が国際司法裁判所の強制的管轄権または国際刑事裁判所の管轄権の対象とは成り得ない。より正確に言えば，正当性の代わりに国益の競争が，法の原則の代わりに政治の原則が優先される。
10) こうした活動の範囲と限界は，もしあるようであれば，領土的統一と政治・国家統一の思惑によって影響を受ける。この点に関して，トルコにおけるクルド人とイラクにおけるクルド人は，研究の代表的なケースであり，異なった文脈において違いが説明されるよい例であろう。
11) トルコのPKKのケースを例とすると，私はEU評議会のメンバー国が，決して（PKKの活動を）人権のための闘争として前進させたり，支援したりできないと考えている。
12) もし，反政府活動が成功し，承認されると新たな正当性の始まりの象徴とされるだろう。他方で，失敗すれば反政府活動のメンバーは確実に刑事的に責任が問われ，起訴されるだろう。
13) 戦争法において，戦闘行為に参加した個人は，「戦士」と表現される。
14) 例えば，Chapter XI, Declaration Regarding Non-Self Governing Territories; Chapter XII, International Trusteeship System, Chapter XIII, The Trusteeship Council, Charter of the United Nations.
15) この点に関する包括的な分析としては，以下を参照のこと。R. James Ferguson, "Geopolitics of the Silk Road: New Economic and Strategic Opportunities", Eurasia Lecture, Bond University, Queensland, Australia, 2002. http://www.international-relations.com/wbeurasia/wblec10.htm
16) 西洋的な視点において，ナショナリズムは，国家内の肯定的な競争と認識される限り，国際的な平和・安全保障環境に貢献しているかもしれない。しかし，もう1つの，ナショナリズムの否定的な認識としては，他の人々と民族を侮蔑，脅迫する中心であり，確実に国際的な平和と安全保障環境に害を及ぼすだろう。そし

第 10 章 ユーラシアと南コーカサスにおける地政学的諸論争の将来 243

て,最悪のシナリオは,他の人々と民族に対して覇権を確立しようとするショービニズムである。
17) 時として,国際的な共同体が,すでに現在,必要である以上の国際的な組織,条約,協定を有しているように思われる。それらは何度も重複し,重複した利益の分野を有している。しかし,中期的,長期的な期間では,地に足を付けた政治的意志と諸アクターの能力なしでは,限られた資源の浪費が確実となるだろう。
18) Fareed Zakaria, "This is Not a Cold War", Guardian.co.uk, 15 September 2008. http://www.guardian.co.uk/commentisfree/2008/sep/15/comment.russia/print
19) この点に関しては,アメリカ・ウクライナ関係とアメリカのウクライナに対するイニシアティブが良い例となるだろう (See: "United States–Ukraine Charter on Strategic Partnership", U.S. Department of State, 19 December 2008, http://www.state.gov/p/eur/rls/or/113366.htm)。
20) 公式的には,客観的で—うわべだけで名目上だが—法に基づくと謳われているにもかかわらず,その出発点やユーラシアにおけるイニシアティブのための駆動力は,—自然なことだが—各国の国益であった。多くの国々は,国益とナショナリズムを追求し,強化する際に必死で動機を隠した。隠蔽を行った要因は時として,ソビエト連邦時代のイデオロギー・ナショナリズムであったり,いまだにアメリカとロシア連邦がイランやアラブ諸国に見られるような神権的ナショナリズムに対して同じ路線をとっているためであったりした。この点に関して,特に南コーカサスと中央アジアにおいてトルコとロシアは鍵となる 2 カ国である。この点に関しては例えば,K Gajendra Singh, "Russian Bear Calls on Gray Wolf", Asian Times, 2004, internet access: 29 November 2005, http://atimes.com/atimes/printN.html)。
21) Daniel Fried, "The Caucasus: Frozen Conflicts and Closed Borders", Statement before the House Foreign Affairs Committee, Washington, D.C., 18 June 2008. http://foreignaffairs.house.gov/110/43066.pdf, p. 65.
22) 例えば, Christopher J. Fettweis, "Eurasia, the 'World Island': Geopolitics, and Policy-making in the 21st Century", Parameters, Summer 2000, pp. 58–71, at 14 March 2006. http://www.globalresearch.ca/index.php?context=va&aid=2095
23) Kim Murphy, "In Caucasus, Frozen Conflicts are Still Hot", Los Angeles Times, 13 September 2004. http://www.latimes.com/news/nationworld/world/la-fg-frozenwars13sep13,1,6088336.story?coll=la-home-headlines
24) Matthew J. Bryza, "Russia, Georgia, and the Return of Power Politics", U.S. Department of State, 10 September 2008. http://www.state.gov/p/eur/rls/rm/109468.htm
25) この研究の目的に関して,私はユーラシアという用語を,特にロシア連邦・黒海

沿岸諸国・南コーカサス，そしてより限定された範囲として中央アジアを意味する語として用いる。必要が生じた際には，私は中東やいわゆる近東と呼ばれるアフガニスタンやパキスタンといった国々を参照することにも躊躇しない。

26) 詳細な分析に関しては，以下を参照のこと R. James Ferguson, "Geopolitics of the Silk Road…".

27) 中央アジアは同時に，激しい軍事対立が起こっている地域である。例えば，カザフスタンは実質的に，世界の核の均衡に影響を与える核保有国となった。このことは，EUがカザフスタンに対して新たな窓口を開く1つの駆動力に違いなかった。例えば, Andrew Rettman, "EU Launches New Central Asia Policy in Kazakhstan", Euobserver.com, 28 March 2007. http://euobserver.com/9/23805/?print=1

28) ロシア政府の新たな政策は，国際法，グローバルな覇権国であるアメリカの一極体制への反対，他国との友好関係の発展，国外のロシア市民の保護，ロシアの利益—世界の特定の地域においてロシアの関心領域を創り出すこと—から形成されている。"Moskova'nin Yeni Doktrini"（モスクワの新たな政策）, Milliyet, 2 September 2008. http://www.milliyet.com.tr/yazar.aspx?aType=YazarDetayPrint&ArticleID=985726

29) ロシアの視点に関しては，以下を参照のこと。Dmitry Rogozin, "Russia, NATO, and the Future of European Security", Chatham House, REP Roundtable Summary, 20 February 2009, 10 pp. http://www.chathamhouse.org.uk/files/13622_200209 rogozin.pdf

30) 例えば，Andrew C. Kuchins, "Prospects for Engagement with Russia", Johnson's Russia List, testimony for Senate Foreign Relations Committee, 19 March 2009. http://www.cdi.org/russia/johnson/2009-56-39.cfm

31) Fred Burton−Scott Stewart, "The Second Cold War and Corporate Security", STRATFOR, 3 September 2008. http://www.stratfor.com/weekly/second_cold_war_and_corporate_security

32) Alan Beattie−Luke Peterson, Russia Reviews Trade Deals After Conflict, Financial Times, 3 September 2008. http://www.ft.com/cms/s/0966bc18-79e0-11dd-bb93-000077b07658,dwp_uuid=7c48...

33) トルコのロシアへの輸送事業に対するロシア税関の業務による遅延は，トルコで議論を巻き起こした。理由は単に新たな関税法のためだったのか？　新たな関税法がトルコに対する差別や報復として作用したのか？　法的な側面においては，ロシアの実施した政策を国際公法，国際私法，契約法，申し立て，論争の解決の観点から分析することができる。もちろん，ロシアにおけるトルコのビジネス活動にとっての教訓と考えることも可能である。トルコはロシアの天然ガスの輸入

第 10 章　ユーラシアと南コーカサスにおける地政学的諸論争の将来　245

に関しても同様の懸念を感じていた。ここで何度も疑問を呈したように，トルコに対するロシアの処置は本当に政策行使の問題だったのか？　それとも，関係断絶が計画されていただけなのか？　などである（"Russian Delays Costing Turkish Firms Half Billion Dollar", Today's Zaman, 9 September 2008, http://www.todayszaman.com/tz-web/detaylar.do?load=print&link=152580&yazarAd=;CarolaHoyos, "BP Poised to Settle TNK Dispute", Financial Times, 4 September 2008, http://www.ft.com/cms/s/ab2e386c-7a00-11dd-bb93-000077b07658,dwp_uuid=5b566...)。

34) 多くの分野で，トルコはグローバルな領域では完全に「衰退した」大国と考えられている。この定説はトルコにとって苦い過去を反映するものであるが，事実を無視し，客観的で分析的な研究を欠いたものである。多分，何十年もの軍政による政策概念と実践の影響下で，いくつかの基本的な概念—国益，他の政治組織と個人に対する政策や外交，利益の競争，対抗，衝突，論争，危機，紛争，軍事衝突，武力紛争—のニュアンスが見落とされている。そのため，結果は政治，外交，その他の進展や履行に対する不必要で不均衡な反応の結果として生じた，黒か白かの出来事としてしばしば理解されている。私の意見は，この自己の欠如は——非難とほぼ全ての種類の非難の認識——トルコにおいて政治的イスラームの空前の成長と分離主義がその構成要素となっている国家への反逆と，個人または組織を国家の敵として問題視することは時として不適切である。現在，私たちが見ているもの（一連の軍による国家転覆計画事件）も，結果として混乱の理由の最たる例であり，トルコの国家安全保障環境を正しく理解することを困難にしている。

35) 例えば，Ruben Safrastyan, "The Concept of Eurasia and Turkey's Regional Strategies", Global Politician, 24 May 2005. http://www.globalpolitician.com/2761-turkey

36) この点に関して，「西洋」は光と闇の両側面を持っている。一方では，現代的な概念である民主主義，人権，自由市場経済，法の下の平等は輝かしい未来への基本的なガイドラインを象徴しているが，他方で西洋諸国の外交政策の実践は，上述した概念が彼らの国益に役立つ限りにおいて履行されることが明らかである。また一方では，多くの分野において，西洋諸国がほとんど独占し，「人間の価値の核」としてまるで全人類の共通基盤を象徴するような，いわゆる「西洋の価値」の扱いが混乱の原因となり，西洋的価値観への拒否反応を引き起こしている。マナー，服装，国家と宗教の関係，国家と社会の関係において，ある種の均一化やある程度の協調を模索する上での微妙な差異は非常に重要である。より実践的な挑戦は，表現の自由（差別発言と侮辱），ジェンダーの平等性（女性のボクシング），同性婚といった，人権と自由の制限に関係している。私は EU 諸国の人々

が，基本的な権利と自由の制限に関して彼らのやり方の中道を見つけるための責任を負っていると考えている。

37) EU の不透明な領域は，それだけに限ったものではないが，ヨーロッパ・アイデンティティの定義に関する地理的／文化的な境界線：統治性の視点から，内部における統合と外部への拡大の限度に関する最適性，などを含んでいる。

38) 例えば，D. Ulke Aribogan, "Revisioning Turkey's Geopolitics: The Determinants of Continuity and Change". http://www.obiv.org.tr/2003/AVRASYA/Uaribogan.pdf, p. 17.

39) 例えば，Richard Corbett, "No Easy Answers to the Status of Ossetia, Abkhazia and Others", EUObserver.com, 24 October 2008. http://euobserver.com/9/26983?print=1

40) かつてトビリシを旅行した時，私は「ジョージ・ブッシュ大通り」という名の通りと，至るところに EU の旗がなびいているのを見かけて驚いたことがある。しかしながら，より「深い」考察と分析は，グルジアの過去と現在の政策が過ちを続けていることを明らかにする。すなわち，歴史的にだけではなく，現在のこの地域におけるロシアの政治的，経済的，軍事的影響と能力が，不当に見落とされているということである。そのことはもちろん，すでに調停が行われているグルジア・ロシア関係と，ロシアと他のコーカサス地域の関係の調停を困難にさせている。

41) グルジアとロシアの紛争は，軍事行動の計画と実施に関する人権法の重要性も明らかにした。グルジア政府は，この点に関するロシア政府の経過措置を明らかにすることを欧州人権委員会に要請し，2008 年 8 月 12 日に承諾された。欧州人権委員会のプレスリリースによると，グルジアに対する南オセチアからの，生存に関する権利の侵害，非人間的，侮辱的扱い，私的生活と家族生活に関する権利の侵害などに基づいた 2,700 の申請が委員会によって受理された。これは，紛争において公共の支援を強化するための人権の尊重，特に国内安全保障に関する行為の重要性を示している（European Court of Human Rights, "2700 Applications Received by the Court from South Ossetians Against Georgia", 10 October 2008; "European Court of Human Rights Grants Request for Interim Measures", ECHR, Registrar, Press Release, 12 August 2008; http://cmiskp.echr.coe.int/tkp197/viewhbkm.asp?sessionId=5455230&skin=hudoc-pr-...)。国際司法裁判所は，一方で，グルジアのロシアに対する国連人種差別撤廃委員会への申告を考慮し，グルジアとロシアの両国に対して暫定的な措置を行うことを明らかにした（International Court of Justice, 15 October 2008 in International Law in Brief ("ILIB"), 17 October 2008, ASIL Bulletin）。

42) グルジアは欧州人権委員会の基本的人権に関する勧告を 2008 年 8 月 11 日に受け

第 10 章　ユーラシアと南コーカサスにおける地政学的諸論争の将来　247

　　　入れた。一方で，グルジアとロシアの対立に関して，国際司法裁判所は，2008年8月12-13日に国連人種差別撤廃委員会の規定として，南オセチア，アブハジア，その近隣地域に関して，直接暫定処置を実施することを決定した。
43) 国連グルジア監視団と CIS 平和維持軍との協力は，南コーカサスにおいて持続可能な平和環境を創り出すための1つの挑戦であった (UNSC Resolution 1666 (2006), dated 31 March 2006. For a summary of Abkhazia conflict and the U.S. policy, see: "The Abkhazia Conflict", U.S. Department of State Fact Sheet, 28 July 2005, http://www.state.gov/p/eur/rls/fs/53745.htm)。
44) 国連安全保障理事会の視点として，勧告と集団安全保障の任務はアブハジア紛争と関連していた。UNSC Resolution 1781 (2007), dated 15 October 2007.
45) 例えば，Andrew Purvis, "Who Started the War in Georgia?" Time-Cnn, 03 September 2008. http://www.time.com/time/world/article/0,8599,1838305,00.html
46) 冷戦終結直後のグルジアと南オセチアの非国際武力紛争（内戦）は1991年1月に始まり，1992年6月24日にソチ停戦合意を締結したことで終了した。この合意はまた，ツヒンバリ（Tskhinvali）周辺の紛争地域と南オセチアの境界線に沿った安全保障回廊を定義した。また，共同管理委員会と共同平和維持軍が設立された。2度目の紛争は2004年7-8月に勃発し，その後新たな停戦協定が締結された。Sadi Cayci, "Gurcistan'daki Silahli Catismalar ve Hukuk（グルジアにおける武力衝突と法）", 12 August 2008.
47) なぜなら，そのような「平和の強制」行動は国連安保理決議の決議によって，正当化されていなかったためである。この行動はむしろ，コソボの独立を認めた西洋に対する報復措置であったように思われる。実際，ロシア軍の行動はヘルシンキ条約の第1条項パラグラフ3，第4条項パラグラフ13，第6条項パラグラフ19に対する重大な違反である。OSCE Code of Conduct on Politico-Military Aspects of Security, Budapest, 3 December 1994.
48) 例えば，"UN Split Over Georgia Resolutions", BBC News, 22 August 2008. http://news.bbc.co.uk/go/pr/fr/-/2/hi/europe/7575939.stm
49) 例えば，Robert Marquand, "Russia's Case on Georgia Territories: Like Kosovo or Not?" The Christian Science Monitor, 28 August 2008, http://www.csmonitor.com/2008/0828/p01s01-woeu.html. 一方で，国際社会が実際に人道的介入の必要性を確信し，比例の原則を満たした時，単に防衛を正当化するものとして扱う代わりに，まるで国際法における権利として人道的介入の概念を描く試みは，持続可能な国際平和と安全保障に対するもう1つの研究者たちの危険な態度である。Michael Kelly, "Putin Lays Down the Law But Misses the Point", Jurist, 10 February 2007.

http://jurist.law.pitt.edu/forumy/2007/02/putin-lays-down-law-but-misses-point.php
50) Michael J. Strauss, "And When the Lease on Sevastopol Expires?" International Herald Tribune, 9 January 2009, http://www.iht.com/bin/printerfriendly.php?id=19226335; "Georgia 'Pulls Out of S Ossetia'", BBC News, 10 August 2008. http://news.bbc.co.uk/go/pr/fr/-/2/hi/europe/7552012.stm
51) "Georgia and Russia Agree on Truce", BBC News, 13 August 2008, http://news.bbc.co.uk/go/pr/fr/-/2/hi/europe/7557457.stm. 和平会談は 2008 年 10 月 15 日から始まった。"Russia vs Georgia:The Fallout, International Crisis Group-New Report", Tbilisi, 22 August 2008. http://www.crisisgroup.org
52) ロシアのセルゲイ・ラヴロフ外務大臣は，南オセチアの承認がロシアを南オセチアから撤退させる唯一の方法だと述べている（"Tek Cikar Yol G. Osetya'yi Tanimakti（撤退への唯一の道は南オセチアの承認），CNN-Turk, 02 September 2008, http://www.cnnturk.com/News/Print.aspx?NewsID=492149）。もう 1 つの疑問は，北オセチアの将来と関係している。北オセチアと南オセチアの両方がロシア連邦を支持するだろうか？ 現時点では不明である。ロシアによる政治的意志と奨励がこの点に関する 2 つの鍵となる要因であり，ロシアのそのような態度が西洋，CIS 諸国，SCO とロシアとの関係の将来に確実にネガティブな影響を及ぼすだろう。こうしたネガティブな影響がロシアにある種の孤立をもたらすのだろうか？ これも現時点では不明である。
53) C. J. Chivers, "Russia Expands Support for Breakaway Regions in Georgia", The New York Times, 17 April 2008, http://www.nytimes.com/2008/04/17/world/europe/17 georgia.html?_r=1&th=&emc=t...; "Moscow Maintains Georgia Blockade", BBC News, 3 October 2006. http://news.bbc.co.uk/go/pr/fr/-/2/hi/europe/5401316.stm
54) 最近の国連安全保障理事会の見解と勧告に関しては，以下を参照のこと。Resolution 1866 (2009), dated 13 February 2009; Resolution 1808 (2008), dated 15 April 2008.
55) 「アメリカ・グルジアの戦略的パートナーシップに関する宣言」がどのようにグルジアの国家安全保障におけるロシア要因に貢献し，バランスをとるかは現時点では不明である。"United States-Georgia Charter on Strategic Partnership", U.S. Department of State, January 9, 2009,（http://www.state.gov/p/eur/rls/or/113762.htm）.
56) 例えば，Fred Weir, "Rising Violence in Russia's Ingushetia-Faced with Insurgency", Federal Forces are Cracking Down in the Northern Caucasus Republic, The Christian Science Monitor, 14 September 2007. http://www.csmonitor.com/2007/0914/p06s01-woeu.html

第 10 章　ユーラシアと南コーカサスにおける地政学的諸論争の将来　249

57) 3 隻の軍艦の内，マクファウルは誘導ミサイルが配備された近代的な駆逐艦である。USS マウント・ウィットニーは USN の第 6 艦隊の旗艦である。3 隻目のダラスはアメリカ沿岸警備隊の大型船である。
58) グルジア戦争とグルジア戦争に対するアメリカの政策に関しては，以下を参照。The United States and the South Ossetian Conflict, U.S. Department of State Fact Sheet, 29 June 2005, updated on 31 March 2008. http://www.state.gov/p/eur/rls/fs/53721.htm; "The Current Situation in Georgia and Implications for U.S. Policy", U.S. Department of State, Fact Sheet, 9 September 2008. http://www.state.gov/p/eur/rls/rm/109345.htm
59) 軍艦はスペイン（Juan de Bourbon），ドイツ（Lubeck），ポーランド（Pulaski），アメリカ（Taylor）から派遣された。
60) 黒海におけるこの種の進展は，明らかにトルコ軍部の上層部を苛立たせる原因にもなった（"TSK'nin Karadeniz Endisesi", Radikal, 27 November 2008, http://www.radikal.com.tr/default.aspx?aType=HaberYazdir&ArticleID=910373)。
61) 例えば，Tara Bahrampour–Philip P. Pan, "U.S. Military Ship Delivers Aid to Georgia", Washington Post, 28 August 2008, p. A 14.
62) 北大西洋条約第 5 条項。
63) ここでは，全ての「準備活動」を，日常生活における集団安全保障の任務のための「実際の進展」と区別すべきである。政府は準備活動の任務おける広範な権威となるだろう。集団防衛任務の実際の進展は，しかしながら，厳格な政治的・法的な配慮と制限の影響下にある。
64) この点に関して，私は平和維持活動と平和強制活動の間の違いが理解できない。これは北大西洋条約において想定されていなかった。NATO と NATO の武力行使の概観に関しては，Christopher Bernett, "NATO and the Use of Force", book review, NATO Review, Spring 2007. http://www.nato.int/docu/review/2007/issue1/english/book.html　一方で，私は心から国際法に基づき，NATO が国際的な平和と安全保障の任務を行えるために北大西洋条約において更新，補足または改良が行われることを支持する。例えば，Jan Oberg, "Secret UN–NATO Cooperation Declaration", Newropeans Magazine, 4 December 2008. http://www.Newropeans-magazine-org/index2.php?option=com_content&task=view&...
65) Michael Reynolds, "Turkey's Troubles in the Caucasus", 30 August 2008, Middle East Strategy at Harvard. http://blogs.law.harvard.edu/mesh/2008/08/turkeys_troubles-in_the_caucasus
66) NATO 海軍の黒海におけるプレゼンスとその状況への反響に関する興味深い分析

として，以下を参照のこと。Irina Volkova, "Karadeniz'de Geri Sayim（黒海におけるカウントダウン）", Cumhuriyet, 8 September 2008, p. 10（translation from German by Osman Cutsay, from Neues Deutschland, 4 September 2008）。ロシアは当時，全てのモントルー条約の侵害のケースに，国連の立場も盛り込もうと考えていた。("ABD Bogaz'i Gecti, Rusya Tepki Verdi（アメリカはボスポラス海峡を通過し，ロシアは遺憾の意を示した）", Sabah, 23 August 2008, p. 17; Nerdun Hacioglu, "Rusya, Montro'yu BM'ye Goturecek（ロシアはモントルー条約に国連を引きずり込む）", Hurriyet, 6 September 2008, p. 29）。

67) ヨーロッパの黒海情勢に対する関心に関しては，Cansu Camlibel, "EU Looking for Involvement in Black Sea Politics", Turkish Daily News, 13 April 2007. http://www.turkishdailynews.com.tr/article.php?enewsid=70544

68) BLACKSEAFOR（黒海海軍合同任務部隊）と「黒海協調」が黒海における興味深い他の2つの海軍作戦である。NATOのメンバーと黒海沿岸諸国はこれらの作戦に参加しており，アメリカも参加できる余地がある。黒海地域は1936年のモントルー条約の影響下にある。この点に関する，トルコの黒海に対する見解とこの地域の国際的な見取り図の詳細な研究は，以下を参照のこと。Igor Torbakov, "Turkey Sides with Moscow over Black Sea Force", ISN (International Security Network), 24 May 2006. http://www.isn.ethz.ch/news/sw/details.cfm?ID=14987; "Turkey and the Black Sea", internet access: 24 May 2006. http://www.turkishembassy.org/index2.php?option=com_content&task=view&id=50...

69) モントルー条約 18/1 (d).

70) 例えば，数名のコメンテーターは，病院船は軍艦とは考えられていないのだが武力法に基づく病院船の保護を認めない。一方で，モントルー条約の人道的支援の任務に関連する特別条約も，病院船の保護をかえりみない。例えば，John C. K. Daly, "Montreux Convention Hampers Humanitarian Aid to Georgia", The Jamestown Foundation, 3 September 2008. http://www.jamestown.org/single/?no_cache=1&tx_ttnews%5Btt_news%5D=33915; Armagan Kuloglu, "ABD Montro'yu Zorluyor（アメリカはモントルー条約を厳格にする）", Cumhuriyet Strateji, Year 5, Issue 218, 1 September 2008, p. 4）。モントルー条約の骨子の改訂を手短に説明したものとして，以下を参照のこと。Rona Aybay, "Montro Sozlesmesive Turk Bogazlari（モントルー条約とトルコ海峡）", Cumhuriyet, 16 August 2008, p. 2; Mark Rosen, "The Black Sea and Her Approaches: Will There Be Fair Winds and Following Seas?" The Columbia Caspian Project, Caspian Infrastructures: Roads, Rail and Pipelines, held on December 11-12, 1997. http://www.sipa.columbia.edu/RESOURCES/CASPIAN/inf_p

第10章　ユーラシアと南コーカサスにおける地政学的諸論争の将来　251

15.html
71) Rona Aybay, "Montro Sozlesmesi ve Turkiye'nin Sorumluluklari（モントルー条約とトルコの責任）", Cumhuriyet, 7 September 2008, p. 9. For a detailed analysis on MC, see: John Daly, "Oil, Guns, and Empire: Russia, Turkey, Caspian "New Oil" and the Montreux Convention", 1999. http://ourworld.compuserve&com/homepages/usazerb/325html, internet access: 26 April 1999; "Analysis: Montreux Convention and Energy", Energy Daily, 27 August 2008. http://www.energy-daily.com/reports/Analysis_Montreux_Convention_and_energy_999.html
72) ここで，我々は紛争解決の特別な議題に関する全ての論争において，モントルー条約の実践と解釈を区別しなければならない。制裁適用に関する他の可能性や強制行動も区別して扱ったり評価したりする必要がある。
73) 今回，ロシアの仲介によって進められた新たな停戦は，2008年11月にモスクワ近郊で開かれた会談において調印された（"Nagorno Karabakh Agreement Signed", BBC NEWS, 02 November 2008, http://www.bbc.co.uk/go/pr/fr/-/2/hi/europe/7705067.stm）。
74) この点に関して，国際法と「基本原則」文書の中で提案されている「政治的原則」に基づいて，アゼルバイジャンに妥協するように要請したことは，私には理解が困難である。
75) しかし，西洋諸国家はトルコがアルメニア国境付近でそのような武力行為に対して控えめで適切と思われる対応（これは私の見解だが）をしたことを非難した（Articles II, III, "Protocol for Mutual Co-operation and Assistance on Defence co-operation Between Turkey and Azerbaijan", ResmiGazete (Official Gazette), 24 May 1994, Issue 22998）。
76) アルメニアの態度は，1915年の歴史的な事件に関連している。この事件は，以下のようなものである。イギリス・フランス・ロシアの扇動によってオスマン帝国統治下のアルメニア人が武装組織である「革命委員会」を設立し，ギリシャやブルガリアがオスマン帝国から独立したのを成功例として，国家の独立を目指して武力による反乱を起こした。こうしたアルメニア人の武装グループは，多くのオスマントルコ領内のムスリムを殺害したが，それが結果としてアルメニアの人道的な悲劇となるオスマントルコ軍の過度の軍事的報復の原因となった。このオスマントルコ軍の報復に対して，西洋がオスマン帝国に対して人道的介入を行なったが，アルメニア人グループは，介入したロシア軍とフランス軍と手を組み，オスマントルコ軍を背後から攻撃した。そのため，オスマン帝国はアルメニア人居住区に行政的・刑事的・軍事的措置を含む，徹底的な安全保障政策を採らねば

ならなかった。行政的措置にはオスマン帝国南部への大規模なアルメニア人の（強制）移住も含まれていた。アルメニア人の試みが失敗に終わり，反乱が鎮圧されたことで，この事件は大きな人道的悲劇となり，交戦したオスマン帝国軍を含むオスマン帝国のムスリムだけでなく，アルメニア人にも大きな影響をもたらした。

第 11 章

日本政治外交への新しい視座：
「近代国家」視点から「現生人類」視点へ
――思考の枠組をとらえ直す――

斎 藤 道 彦

1. はじめに

　日本は，明治維新を経て「近代国家」としての発展を遂げ，政治・経済・文化・軍事の近代化を推進し，他の欧米近代国家同様，帝国主義化し，台湾・朝鮮・満州を植民地とした。だが，日清戦争・日露戦争・日中戦争・太平洋戦争・東南アジア戦争を遂行した結果，大敗北を喫し，帝国主義日本は1945年8月，亡国の日を迎え，戦争の50年という時代に幕を下ろした。
　日本は，その廃墟の中から復興への道を辿り，「民主主義・平和主義」日本が生まれ，アメリカが構築した東アジア反共体制に組みこまれ，アメリカの「核の傘」のもとで，加工貿易を中心とした経済発展を追求して1960年代には高度成長期を迎え，アメリカに次ぐ経済力を築き，1970年代には「ジャパン・アズ・ナンバー・ワン」（エズラ・ヴォーゲル）と呼ばれるようにさえなった。ところが，日本は1990年代以降の「失われた10年」と言われた時代を迎え，そこからさらに10年経っても抜け出すことができず，2011年3月11日の東日本大地震・大津波・東京電力福島第一原子力発電所事故が発生し，没落のスパイラルからの脱出は今日，厳しい課題となっている。

この現実を踏まえ、本稿では歴史と現実をめぐる思考の枠組について、総括的な議論を試み、日本の歴史的立ち位置をとらえ直してみる。まずは、「現生人類」史の視点から「近代国家」「民族」に関わる問題を取り上げ[1]、ついで日中関係論における「歴史問題」から中華人民共和国の「軍事膨張」への歴史的転換を論じ、さらに中華民国から中華人民共和国に移行する時期の民主主義をめぐる中国共産党の変身の歴史をふり返り、最後に東日本大地震・津波・福島原発事故に言及する。

2. 現生人類の集団移動

(1) 「民族移動／大移動」

今日、世界の諸問題は「近代国家」「民族」の枠組で考えることが当然の常識となっている。しかし、「現生人類」史の視点でとらえれば、「近代国家」「民族」の誕生・形成はその内の一部分にすぎない。現生人類は、およそ20万年前に誕生し、今から約10万年に「出アフリカ」を果たし、地球上の陸地のすみずみに広がり、各地で集団を形成し、独自の言語や生活様式、文化をつくりあげていったと見られるが、ときには食糧獲得の必要などさまざまな理由で集団的移動を行っていった。古くはシュメール人のメソポタミア地域への移動、アーリヤ人のインド地域進入などがあるが、集団移動の代表例はフン人のヨーロッパ地域への進入を引き金とする4〜5世紀ゲルマン人の「民族移動／大移動」と呼ばれるものである。

「民族移動」という概念には、検討すべき課題がいくつかある。その第1は、前近代の人類各集団を「民族」と呼ぶことは検討を要するが、まだほかに適切な呼称が見つかっていないので、便宜的呼称として用いられているという点である。第2に、「ゲルマン人」を単一の「民族」集団にくくること

が適切なのかという疑問があり，現在では「民族移動」ではなく，単に「大移動」と呼ばれている。第3は，「民族移動」と見ることが可能な現象はこのほかにも多数あり，中国地域における匈奴族・氐族・羯族・鮮卑族・羌族などによる五胡十六国，鮮卑族による北朝5王朝，テュルク系集団などによる五代，キタイ（遼），ジュシェン族金朝，モンゴル元朝，ジュシェン／マンジュ族清朝などをあげることが可能である。第4は，「民族移動」と膨張主義をどこで区別するかということである。1例をあげれば，ロシアのシベリア進出は歴史学では一般に「民族移動」と位置づけられてきたが，筆者は膨張主義行動と見るべきだろうと考えている。

(2) 国家概念の地理概念へのすり替え

　今日，われわれが用いている地理名称は，実は近代国家群に分割された領土を指していることが少なくなく，それらが前近代から続いたものであるかのごとく思いこんでいたり，あるいは意図的にその領土が古代から継続しているもののように思いこむ錯覚が横行している。

　しかしながら，例えば「インド」とは，イギリスが1877年に「インド帝国」を樹立したことによって発生した「国家」呼称であり，それ以前にインドと名乗った王朝はなかった。「中国」も，前近代においては地理呼称であり，「国家」の正式名称の代わりとして使われるのは清朝後期以降，特に中華民国・中華人民共和国においてである。「中国」が「国家」概念になったのは，近代以降であるのに，意識的にか無意識的にか，それを地理概念にすり替えるという思いこみが幅広く存在しているわけである。中華人民共和国が領土紛争において「中国の固有の領土」と主張するとき，「中国」＝「中華人民共和国」と等号で結び，「中華人民共和国の領土」＝「古代・中世中国の領土」，つまり現在の中華人民共和国の領土は前近代から「中国」という「国家」の領土であるとする先入観念を主張しているのである[2]。

(3) 純然たる地理概念の不在

地球上の地図を見ると、ギリシア神話のエウロペに由来するとされる「ヨーロッパ」、アッシリア語起源と見られる「アジア」、ローマ人による呼称をもととする「イベリア半島」、あるいは「スカンディナビア半島」、「バルカン半島」、中国地域の「山東半島」、東南アジアの「スマトラ」、「ジャワ」などは近代国家名称とは関係がないが、朝鮮・フィリピン・インド・中国・インドネシアなどは中世・近代以降の国家名称に基づく呼称であり、実は純然たる地理的呼称ではなく、地理学においても独自の呼称は用意されていないのである。

3. 日中関係の局面の転換

日中関係を論ずるとき、従来は日本が「歴史問題」をどう考えるのかという問題がもっぱら日本人に問われてきたが、1990年後半以降は、問題構造に大きな転換が起こり、主要な側面は日本の「歴史問題」から中華人民共和国の「軍事膨張」主義に転換した。

(1) 歴史問題
―――東アジア太平洋戦争の定位

「東アジア太平洋戦争」とは、筆者のネーミングで、日中戦争と太平洋戦争、東南アジアから南アジア東端に至る地域での戦争を指す。従来は、この東アジア太平洋戦争が侵略戦争であるか否かという設定で論争が行われ、日本の戦争の歴史を反省するという視点・立場からは、日本が侵略を行ったことへの道議的責任が問われ続けてきた。筆者は、そのことには道徳的価値があったと考えるが、このとらえ方の枠組にはコミンテルンの「反ファシズム

統一戦線」が前提されていた。すなわち,「日本・ドイツ・イタリアなどファシスト国家による侵略を民主主義世界が連合して阻止する」という図式であり,その構成国家にはソ連とともにアメリカ・イギリスなどが含まれていた。

　日本の中華民国,東南アジア諸国への軍事行動は「民族解放」のためなどではなく,帝国主義的行動であったと筆者は思っているが,東アジア太平洋戦争の当時はアメリカもイギリスもフランスもオランダも,フィリピン・香港・シンガポール・マレーシア・インド・ビルマ（ミャンマー）・ベトナム・カンボジア・ラオス・インドネシアを植民地支配していた帝国主義国家群であったという当時の現実の枠組の中に置いてとらえなおすべきであろうと考える。つまり,台湾・朝鮮・満州はこれらの植民地諸地域と連続していたのである。日本とアメリカ・イギリス・オランダ等との対立構造は,政治体制としては「ファシズム対民主主義」という側面があったが,「ファシズム対民主主義」が主要な側面ではなく,帝国主義的世界再分割の争いであったのであり,日本は東アジアの再分割をめざして,東アジアにおけるイギリス・アメリカ・フランス・オランダの植民地支配に挑戦していったのであった。それを欧米帝国主義からの「解放」をめざす戦いであったと美化することはできないが,イギリス・アメリカ・オランダ等の対日戦争を単に「反ファシズム」とだけ美化することもできないのであり,この側面への考慮を欠落させていたことが,問題をくすぶらせ続けた原因のひとつであった。

(2)　戦後「民主主義・平和主義」日本

　日本近現代史は,明治維新から東アジア太平洋戦争の敗北までの77年と敗戦から今日（2011年）までの66年に分かれ,戦後日本は1度も戦争をしたことはなく,中国に危害を加えたこともない。それどころか,対中ODAをはじめ日本企業の中国進出も,中国経済の発展・飛躍に大きく貢献してき

た。中国にしばしば反日運動が起こるのは，戦後日本そのものにではなく，それ以前の歴史を美化しようとする一部政治家の言動への反発に発するものがほとんどだった。こうした要因は低下・消滅させることが必要である。

現在に至る百数十年の間に，日本は明治憲法下の帝国主義日本と戦後日本国憲法に規定された「民主主義・平和主義」日本という2つの時代を経験したが，中国地域では清朝・中華民国・中華人民共和国という3つの体制が交代し，2つの革命を経験した。マンジュ（満州）清朝が辛亥革命で倒されると，中華民国が成立したが，孫文の掲げた三民主義は実現にはほど遠く，清朝の羈絆を脱した外モンゴルは独立し，チベットも事実上独立し，新疆には2度にわたって東トルキスタン共和国が樹立された。東アジアから中央アジアにかけて，重要な変動が発生したのだった。

ソ連の援助で革命を成功させた中国共産党（略称する場合，中共）は，内戦で中国国民党（略称する場合，国民党）を打破すると，日中戦争終了後に掲げていた「国民党一党独裁」批判と「議会制民主主義」の主張を投げ捨て，みずから一党独裁体制を敷き，今日に至っている。国民党との違いがあるとすれば，国民党が一党独裁（訓政）を6年間と区切り，その後の憲政への移行を約束していたのに対し，中共は「党の指導」を絶対化し，永続させようとしている点である。中華人民共和国は，国家機構を党の下部機構と位置づけたので，「党国家主義」と名づけることができる[3]。中華人民共和国は，対ソ関係から外モンゴルの奪回はあきらめたが，チベットは軍事占領し，新疆は中華民国から引き継ぎ，台湾の吸収をめざしている。

文化大革命（1966～1976年）[4]での混乱は，中国政治を行き詰まらせただけでなく，中国経済を「破綻の瀬戸際」に追いやった。そこで，中共内の非文革派は1976年の毛沢東の死後，毛沢東夫人江青を含む文革派「四人組」を逮捕して文革を終結させ，1978年に鄧小平の「改革開放」政策を決定し，「外資の中国進入は侵略」として拒否する従来の鎖国主義的経済政策を180度転

換して外資を大々的に呼びこみ，市場経済原理・失業の容認・株式市場の導入などを実施し，経済を浮揚させることに成功した。中華人民共和国では，経済力の増大とともに狭隘な民族主義がふくれあがり，ときには反日，ときには反米の感情・行動が暴発するようになった[5]。

(3) 局面の転換
―――中国の軍事膨張主義と日本人の対中感情の激変

日本人の対中好感度は，総理府1980年調査の78.8％から内閣府2011年調査の20％へと低下し，劇的な変化が起こっている。日本「言論NPO」と中国『チャイナ・デイリー』（英字紙）の合同アンケート調査によれば，中国を嫌う一般日本人（教師・学生を除く）は2011年に78.8％（日本を嫌う一般中国人は2011年に65.9％），内閣府調査とほぼ同じ数値を示した（同紙2011年8月12日）。

その理由は，日本人がこの間に「右傾化」してきたからなどということではなく，中華人民共和国側の威嚇的な対日言動への反感の高まりによるものである。筆者自身，1960年代の学生時代に隣国・中華人民共和国との間に国交関係がないことは間違っていると考え，日本政府の中華人民共和国不承認政策に反対して日中国交樹立要求の署名運動に参加したことがあり，またかつての日本による中国侵略の歴史に心を痛めた者であるが，今日の中華人民共和国の膨張主義的政策と行動に対しては批判者たらざるをえない。長年，日本政府の対中政策を批判し，「日中友好」を追求してきた人々の中には，わたし同様に感じている者は少なくないだろう。中華人民共和国は，日本の政界・財界などで新しい「友人」を獲得したのと引き替えに多数の平和主義的「友人」を失ったのだ。

しかし，幸いにして日本人の戦後平和主義には，まだ決定的な変化は起こっていない。中華人民共和国は，日本国憲法第九条を尊重・擁護すること

を表明し，実際の行動でそれを示すべきであり，軍事的威嚇行為は慎むべきであるが，中華人民共和国は日本などからの中国への懸念の表明に対しては「根拠のない中国脅威論」であり，「自国の領土・領海を防衛するのは当然の権利だ」と一蹴しており，中華人民共和国当局者側の視野狭窄は当分の間，是正される可能性は見えない。中華人民共和国が東シナ海・南シナ海で領土・領海を保全するということの具体的意味は，尖閣諸島・台湾・南シナ海諸島の確保にほかならない。中国地域歴代王朝が膨張主義を繰りかえし，その財政負担が各王朝の滅亡をもたらしたという歴史を中華人民共和国がふり返ることが期待される。

(4) 中華人民共和国と周辺諸国との摩擦

　中華人民共和国の積極的な膨張主義的傾向は，1990年代以降，経済発展を背景としたガス田問題や尖閣諸島問題などの東シナ海問題や日本近海での海洋調査活動などで日本側に反発と警戒感を生みだした。中華人民共和国の海洋進出路線に基づく戦闘機・駆逐艦・潜水艦等の増強，航空母艦の建造などの軍拡を主導的要因として，東アジアにおける「軍事バランス」は変化が進行している。中華人民共和国の軍拡と日本近海での軍事行動の活発化は，日本自衛隊の南西諸島重視への転換を引き出した。中国の軍事増強政策は，東シナ海から南シナ海に影響を与えており，日本だけでなく韓国・台湾・フィリピン・ブルネイ・インドネシア・ベトナム・マレーシアなどの東アジア諸国・東南アジア諸国とも摩擦を強めつつある。

　東シナ海では，尖閣諸島をめぐって中華人民共和国と日本との間に摩擦があり，中国は尖閣諸島は自国の領土だと主張し，中国艦船がしばしば尖閣諸島に接近し，2010年には中国漁船が日本の領海を侵犯した上，日本の海上保安庁巡視船に2度にわたって体当たりを行った結果，日本国民の対中感情は決定的に悪化してしまった。2011年には中華人民共和国の戦闘機が尖閣

諸島に接近するという事態が起こった。中国漁船の活動は，韓国とも対立を引き起こしている。また，南シナ海でも，中華人民共和国によるフィリピン・インドネシアなどの漁船への発砲事件が発生している。

中華人民共和国の強気の行動には，ふたつの要因がある。第1は，経済の発展を担保するための資源獲得衝動が熾烈であることである。東シナ海におけるガス田開発はその一環にほかならない。第2は，経済の発展を背景とする空軍および海軍軍事力の強化がある。「今日の中国はかつての中国ではないのだ」というわけである。

中華人民共和国の軍拡は，周辺諸国に不安を引き起こしているが，「中国が西太平洋を管理する」などという願望が国際的に支持・理解されるということは期待すべくもないだろう。中華人民共和国は，南シナ海問題について2国間協議を主張しているが，2国間協議では国力差が大きく不利であることからアセアン諸国が中華人民共和国との集団協議を要求しているのは合理性があると理解される。アセアン諸国がアメリカの力添えを期待しているのは自然な成り行きと見られる。

中華人民共和国は，1950年代から1960年代にかけて日米安全保障条約と自衛隊に反対し続けていたが，今から約40年前，ソ連を最大の敵と見なす対ソ政策に転換したのに伴い，日米安保支持・自衛隊支持に転換したのであったが，中華人民共和国による1996年の台湾近海に対するミサイル発射以来，東シナ海・南シナ海におけるアメリカの軍事的プレゼンスが中華人民共和国の軍事行動を一定程度抑制させている現実も認めないわけにはいかない。アメリカと日本・韓国・台湾・フィリピン・インドネシアなどとの軍事的協力関係は存在するが，アメリカ以外の各国間の連携はできていない。中華人民共和国の軍事膨張政策に対しては，韓国・日本・フィリピン・インドナシア・ブルネイ・ベトナム・マレーシアの連携が求められているが，日韓関係では竹島問題が阻害要因となっている。

(5) 台湾と日本

　台湾の地政学的地位は，日本の安全と深く関わっており，台湾問題に無関心であるわけにはゆかない。台湾人には，「独立」意識が成長していることからも目をそらすべきではないだろう。台湾の未来を選択する権利は，中華人民共和国政府にはなく，台湾住民にのみある，というのが，「4つの基本原則」の一部にも入っている「マルクス主義」の民族自決権原則である。

　2011年3月11日東日本大震災に対して，人口13億人の中華人民共和国が3億円（プラス中国紅十字会3億円）の義援金を提供したのに対し，人口2,300万人の台湾が200億円の義援金を提供したことに見られるように，台湾の人々は現在，もっとも親日的な人々であり，日台関係は実質的に強化すべきである。

4. 民主主義をめぐる中国共産党の変身

(1) 中国現状肯定論

　現在，中国共産党は三権分立を否定し，中共の国民に対する「指導」的地位を主張し，国家権力を独占的永続的に掌握し続けようとしている。無論，欧米型民主主義が理想的であるわけでもないが，中華人民共和国の人権状況や民主主義の欠落に対する批判は国際的常識となっている。しかし，中国経済の発展が好調なのを見て，この中国の権威主義的で民主主義を規制している現体制は中国の実情に合っているのだという中共の主張に同調する現状肯定・合理化論が日本の中国研究者の一部で有力になりつつある。これは，例えば文革礼賛など歴史上これまでしばしば見られた歴史と現実に対する洞察の欠落の繰り返しであり，さらには歴史に対する無知のゆえであろうと思われる。中共は，今でこそ欧米型民主主義を根本的に否定しているが，かつて

は欧米型民主主義を礼賛していたことがあったのである。

(2) 革命政党間の抗争

中国共産党は，マルクス主義を立党の精神として1921年に結党され，以来，階級闘争論を立脚点とし，さらに民族解放論によって活動してきた。1921年から1949年までの運動では，当初は中華民国北京政権を打倒するため，1924年，革命政党である中国国民党に個人資格で加入し活動していたが，1927年に国民党が「容共」から「反共」に転換するにおよび，国民党に対する武装闘争に転じ，1927年から1937年までは国民党を「反動・反革命」と規定し，革命戦争を遂行してきた。一方の国民党も中共を「反動・反革命」と規定し，その殲滅をめざした。中共の国民党への挑戦は，中共が言うような「革命」対「反革命」という対立ではなく，1928年に地方革命政権から全国政権化した革命政権である国民党政権に対する新しい革命政党である中共による否定であったのであり，その本質は孫文革命の否定なのであった。

1937年，日本が中華民国に全面戦争をしかけるという新しい状況が発生し，中共はコミンテルンの「反ファシズム統一戦線」方針に従い，抗日という目的のための協力を申し出，国民党もこれを受け入れ，中共軍は国民党の国民革命軍に編入されて八路軍・新四軍となった。しかしこのとき，中共は階級革命論を放棄したわけではなかったので，日中戦争中も国共間の軍事的摩擦はしばしば発生していた。

(3) 孫文革命の否定としての中華人民共和国の誕生

1945年，日本が東アジア太平洋戦争で降伏したことにより，国共対立は激化し，中共は階級革命論に基づいて1949年の勝利をかちとり，中華人民共和国を建国した。それは，中共の言うような「反動的」国民党の打倒では

なく，ソ連型社会主義をめざした中共による国民党の訓政・憲政構想の否定に止まらず，孫文の三民主義建国・革命論，つまり民主主義的近代国家建設構想の否定であった。それは，その後，中華人民共和国が作り出した政治体制を見れば明らかなのであるが，この歴史の太い文脈，枠組を指摘したものは，管見の限り，存在しない。

中共は，1954年の「中華人民共和国憲法」で中国社会における自身の「指導的地位」を規定し，1980年代にも「4つの基本原則」でそれを再確認し，建国以来62年たった現在でもそれを社会生活のあらゆる面に貫徹させている。また，欧米型三権分立制度を「ブルジョア民主主義」として否定している。

(4) 中華民国政治協商会議から中華人民共和国樹立へ

しかし，抗日戦争からその後の新中国建国構想論の中では，中共は階級論を押し出さず，「ブルジョア民主主義」と見られる方針を掲げて活動していた時期があったことは，ほとんど忘れ去られている。

1945年の中国国民党と中国共産党の重慶交渉（8月～10月）は平和をもたらさず，国共双方は各地で戦闘をやめなかった。しかし，だからといって「和平交渉」はそれで終わったわけではなく，一方で戦争を継続しつつ，「政府と中共代表の会談紀要」（双十協定，1945年10月10日）第2項に基づき，内戦が続く中で[6]翌1946年1月には，政治協商会議（以後，政協と略称）が開催された[7]。中共は1月，これを「平和と民主主義の新段階」と呼んだ。当時の中共は，今日の中共の「指導」権（一党独裁）の主張，議会制民主主義・三権分立の否定，人民の自由権の否定，地方自治の事実上の否定，省長民選の否定などの立場・見解・政策からは想像もつかないような主張をしていた。

政協中共代表・周恩来は1946年1月10日，政協開会の挨拶で，国共両党

は「双十会談紀要」で「徹底的に三民主義を実現」し，「政治の民主化，軍隊の国家化および党派の平等・合法が和平建国に到達するためにかならず通るべき道」であることを確認したこと，蔣介石主席が人民の自由権4項目を公布したことを歓迎する，と述べた。周恩来は，政協第3回会議（1月12日開催）でも，「われわれは三民主義を支持」していると述べた（46・1・13『中央日報』，『新華日報』。以下，「中」，「新」と略称）。

1月16日付け中共「和平建国綱領草案」も，「総則」で「蔣主席の指導下で速やかに訓政を終結させ」，「三民主義を実行し」，「蔣主席の唱道する政治の民主化，軍隊の国家化および党派の平等・合法は和平建国に到達するためにかならず通るべき道」とし，「中央機構」では「多数党の政府の主要な職位の中に占める人数は3分の1を超えてはならない」，「国民大会」では「今年中に各党派の参加する自由で普通選挙の国民大会を開催し，憲法を制定」するとし，「地方自治」では「1年以内に新しい選挙」を行ない「民選の省政府を設置する」とし，「文化教育改革」では「教学の自由」，「教授治校制度」をうたっている（46・1・17新）。

政協中共代表の1人，董必武は政協第5回会議（1月15日：共同施政綱領問題）で「人民の自由権」については，人民には「身体・思想・信仰・言論・出版・集会・結社・通信・居住・移動・営業・ストライキ・デモ・貧困と恐怖を免れる自由」があるべきで，この原則に抵触する法令を修正ないしは廃除すべきである，訓政終結，政府の民主的基礎の拡大については，現在の国民政府を「一党専政」の政府ではなく全国各抗日党派および無党派が公平で有効に参加する政府にしなければならない，「多数党」（国民党を指す，斎藤）は政府中の主要職員の人数において3分の1を超えてはならない，と主張した。

『新華日報』「社論 共同綱領を論ず」は，「現在の国民政府は，国民党の一党政治である。それが実行しているのは，党治であって民治ではなく，訓

政であって憲政ではなく，専制であって共和ではない。内外が承認している唯一の政府ではあるが，民選によって生みだされたものではなく，事後にも人民の同意を求めていない。それゆえ，臨時政府の性格にすぎない」とし，この政府を「改組して各党派と無党派の人士が共同して参加する民主連合の国民政府にしなければならない」，「国民党の訓政をただちに終結させなければならない」，「共同綱領」には「人民の自由権を保障して臨時連合政府を誕生させる，普通選挙による国民大会の招集，民主憲法の起草，地方自治の積極的推進および軍事改革，財政経済改革，文化教育改革」等の項目が具体的に規定されなければならない，と論じた（46・1・16新）。

　周恩来は，政協第6回会議（1月16日／軍事問題）で「和平建国法案」は軍隊の国家化と政治の民主化を含むと述べ，「民主国家とりわけアメリカの軍隊制度を手本とすべきだ」，軍隊教育を三民主義で行うことは問題ない，党・軍の分離に大賛成，と述べた。

　政協中共代表の1人，陸定一は，政協第8回会議（1月18日／国民大会問題）で「中国では一党専政は通用せず，中国は多党政治のみを実行すべきだ」と述べた。

　政協中共代表の1人，呉玉章は，政協第9回会議（1月19日／憲法草案問題）で「憲法の根本方針は三民主義建国原則に基づき」，「孫中山の偉大な精神が憲法に入れられるべき」とし，「中央と地方の権限は孫中山の均権主義を採用する」，「世界でもっとも民主的な国家は英米であり，われわれは将来，英米等の先進民主国家が実行している国会制度の経験を採用してよいが，わが国の実際の状況を参酌すべきだ」，「省が自治単位であり，省長は民選すべきだ」，「文化・経済は自由に発展させ，制限を加えないことを規定すべき」だ，「憲法の根本方針は，三民主義建国原則に基づき，世界の民主の潮流に順応し，中国の当面する状況と全国人民の要求に適合すべきだ」とし，「英米等の先進国の国会制度の経験を採用するのがよい，地方制度は省

を自治単位とし下から上への普通選挙，孫文遺教に基づく省長民選，省が自主的に省憲法を制定すべきだ」，と述べた。

1月23日『解放日報』社論「軍隊国家化の根本原則と根本方案」は，中華民国は「民有・民治・民享」（「人民の，人民による，人民のための」の孫文訳）の国家にしなければならず，まず国民党一党専政と個人独裁政治の国家を民主国家にしなければならない，毛沢東は「連合政府論」（1945年4月）で新民主主義の連合政府と連合統帥部ができたら解放区の軍隊はそこに引き渡すと言った，などと述べた（歴史文献社編選『政協文献』104〜110頁，1946年7月初版）。

周恩来は，政協第10回会議（1月31日／5項目決議）では「蒋主席の指導により」，「政治的解決が得られた」，「和平建国綱領と憲草原則」は「政治の民主化」と「軍隊の国家化」の根拠であり，「各党各派・社会賢達合作の挙国一致の国民政府を設立し，訓政を終息させ，憲政を準備することに同意」する，「これは中国が和平・団結・民主・統一に向かっての歩みの開始」であると述べ，「三民主義新中国万歳」と結んだ。

1946年1月の政協合意は，中国政治史上また精神史上画期的な意義があった。国民党・中共・民主諸党派を含んで民主主義体制へ前進する具体的な展望が示されたのである。しかし，その後の政治的軍事的過程は，こうした期待を完全に裏切るものとなった。

「訓政」は，孫文の「軍政・訓政・憲政」三段階プログラムの第2段階であり，中共・民主同盟などが批判するまでもなく，国民党自身が認めていたように「国民党独裁」にほかならなかったが，独裁は国民党の自己目的ではなく，憲政を準備する移行過程と位置づけられていたわけである。

1946年1月政協に参加した中共の言論は，①孫文三民主義・国民党と蒋介石の指導権の承認，②「一党独裁」批判・「訓政」の即時廃棄要求，五・五憲法草案（1936年）が「総統独裁憲法案だ」という批判，③英米型民主

主義，国会設立の主張，諸党派連合政府樹立の3部分からなっていた。中国民主同盟も同様の主張を行った。しかし，中共と民主同盟は完全に一致していたわけではなかった。民主同盟が本心から民主政治の即時実現を願っていたことは疑いないが，中共は実は違っており，国民党を孤立させるための戦術として「国民党独裁反対・民主主義の即時実現」の主張を採用したものと思われる。民主同盟の理念は，実は国民党の憲政論とほぼ共通していたのであり，国民党のプログラムを実行させていれば中国における民主的憲政の実現は可能であったのだったが，中共と組んだことによって民主主義の実現を永遠の彼方に押し流してしまった。

　孫文三民主義に対しては，国民党はもちろん，中共・民主同盟・無党派のすべてが賛成していた。ただし，中国青年党および無党派の傅斯年・胡霖などは孫文の政府構想である「五権政府」と「国民大会」構想に対して「三権分立」と「上下院設置による国会」設立を主張していた。中共の，「英米の議会制度を手本にすべき」とまで言った1946年1月政治協商会議における民主主義要求は，今日までの90年に及ぶ中国共産党史の中でも特異な時期であった。中共が1946年1月，国民党に対して要求していた「一党独裁」の即時廃止，憲政の実現，普通選挙による民主政府の樹立，政治の民主化，軍隊の国家化，人民の自由権，省を自治単位とする，省憲法制定，大学の教授会自治，自由な教学，党化教育反対などは，そのわずか数年後の中華人民共和国の成立以降今日に至る60年余の歴史の中でどれひとつ実行しようとはしなかったことを見るなら，それは驚くべきものであった。

　軍事面での国民党の敗北，中共の勝利という決着が中国における民主憲法の実現による民主主義社会の実現という道を閉ざすものとなろうとは，民主同盟は夢にも思わなかったのであった。五・五憲草および中華民国憲法は「国民党独裁・蒋介石個人独裁の憲法」であるという民主同盟の認識には錯誤があったのである[8]。民主同盟は，この誤認のつけを中華人民共和国成立

後の反右派闘争で味わうことになった。

　傅斯年の「国会二院制」主張は，中華人民共和国成立7年後の1956年「百花斉放・百家争鳴」の中で民主同盟副主席章伯鈞によって繰りかえされた。しかし，1957年には，中共に民主主義を要求した民主同盟の羅隆基・章伯鈞・章乃器，国民党革命委員会の邵力子らは，「右派」として処罰され，羅隆基は1966年，文化大革命初期に自殺に追いこまれた[9]。

　中共は，1946年前後に「国民党独裁」を批判し，「民主主義」要求をもって対峙したのであるが，これは国民党打倒戦略と民主主義要求によって国民党を攪乱・孤立させる戦術との使い分けであったのか，それともこの時期には本気で英米型民主主義を志向していたのかという問題は，ひとつの検討課題である。

　中共は中華人民共和国成立後，民主党派を「裏切った」という見方があるが，「裏切った」のは間違いないにしても，その言い方は中共の思考過程，政策決定過程の思想史的分析を放棄している。もし中共がこの時期には本気で民主主義の実現をめざしていたのだとすれば，そこから民主主義を事実上否定し，みずからが批判していた国民党独裁と同様の中共独裁への転換がどうして起こったのかが説明されなければならない。これについては，管見の限り，やはりまだ満足な検討は行われていないようである。それが中共の戦略・戦術の使い分けであったにせよ，大変考えにくいが本質的な思想的転換が中共に起こったにせよ，この変化・変更・変身がどのように進められたのかは，中共の革命戦略・戦術，ソ連共産党との関係なども視野に収め，今後さらに検討が深められなければならないのである。

(5)　民主化運動弾圧が生みだしたもの

　中華人民共和国の「改革開放」後も，1978～1979年の北京「民主の壁」弾圧があり，「言論の自由」は否定された。1980年には廖蓋隆らの「庚申改革」

案が出されたものの実現はされず[10]，1983年には外国からの影響を排除しようとする「精神汚染」批判[11]，1986年には「ブルジョア自由化」批判[12]があり，1989年の天安門前の民主化要求運動に対しては人民解放軍が発砲する軍事弾圧が行われた[13]。1998年には王有才による「中国民主党」結成申請への弾圧があって「結社の自由」が否定され，さらに劉暁波らの「08憲章」[14]という民主化要求署名運動があったが，劉暁波は逮捕されて「言論の自由」は否定された，というようにだめ押しが続いているのである。2010年にノーベル平和賞を受賞した劉暁波は，獄中で受賞したのであった。中華人民共和国政府は，1997年に政治的権利に関する「国際人権B規約」に署名したが，うわべのリップサービスと本音の実際を使い分けており，人権状況に改善はまったく見られない。

西村成雄『20世紀中国政治史研究』（財団法人・放送教育振興会，2011年3月）は，意欲的かつ刺激的な力作である。他の多くの歴史記述に見られるような事実の羅列に止まらず，それらの事柄が何を意味するかについて，「正統性」なる概念を主旋律として分析が行われており，特に文革前から中華人民共和国史を同時代的に観察してきた者のひとりとして興味深い議論が行われている。サルトーリの概念を援用した同書中の西村・佐々木の「ヘゲモニー政党制」論は，中華人民共和国史を中共一党独裁一色で見ず，いくつかの段階に分けて見ようとするという意欲的な試みではあるが，果たしてどれほどの実態的に意味のある内容を持ち得ているのかは検討の余地があろう。

西村・佐々木が「ヘゲモニー政党制」と規定する①1949〜1954年および②1978以降今日までについて，1949〜1954年段階で「民主党派」の提案や意見がどれほど取り入れられた事例があるのか，1978以降今日まででは鄧小平の政治システム改革論や天安門前民主化要求運動で「民主党派」はいかなる役割を果たせたのだろうか。2007年に科学技術部長と衛生部長という2

つの部長ポストが「民主党派」・無党派に割り当てられたことが「ヘゲモニー政党制」の事例としてあげているが，すべてについて「民主党派」・無党派は政治的には無力であったというのが，わたしの認識である。「民主党派」のすべて（無党派ももちろん例外ではない）が，中共の指導に従うという枠組[15]の中にある以上，「民主党派」のすべてを独立した政治党派と認定することは根本的に成立しない。それらは，中共一党独裁の無力な飾り窓にすぎないのである。同書が，中華人民共和国ナショナリズム問題をほとんど視野に入れていない点も政治史論として理解しがたい。

　2011年7月23日，中国高速鉄道は浙江省温州近辺で追突事故を起こした。しかし，事故原因を解明するのではなく，追突車先頭車両を破壊した上で埋めてしまうという目を疑うような露骨な隠蔽工作を行ったため，当局の言論・報道規制を無視して抗議する動きが一時生まれたが，これが泰山を揺るがす蟻の一穴になりうると期待できるようにも思えない。この事故をめぐる一連の事態は，中国の伝統的社会構造のみならず，「言論・報道の自由」が欠落している社会の弱点が生みだしたものであったということが重要なのである。

5. 地震・津波・福島原発事故

　「21世紀における日本の生存」という中央大学政策文化総合研究所設立の根本テーマを考えるなら，福島原発問題を避けて通るわけにはゆかない。

　2011年3月11日，マグニチュード9.0の東日本大震災とそれに伴う大津波が起こり，東京電力福島第一原子力発電所事故が発生し，核燃料のメルトダウンが起こった。これは，日本にとって1945年の米軍による広島・長崎への原子爆弾の投下，1954年のビキニ環礁での米軍の水爆実験による第五

福竜丸の被爆に続く核体験となり、日本列島は放射線と共存せざるをえない列島、放射線内部被爆の人体実験場となったのだ。

　福島原発事故が発生したとき、テレビでは原発の安全問題について、人間は火や蒸気や電気など新しいエネルギーを獲得したとき、いつも大きな危険を経験してきたのだから、原発問題も過敏に受け取る必要はないという主張がしばしば見られた。だが、原発は火や蒸気や電気などで経験してきた危険とは次元が違う。蒸気や電気などと違って原発・核エネルギーは、まだ現生人類がコントロールできる知識と技術を持たない対象なのである。いったん原子炉内で事故が発生したとき、それを完全に処理できる知識も技術もないのであり、廃棄物の安全な処理方法もないのが現実だという事実は、すでによく知られている。

　原発の日本への導入にあたっては、原子力問題についての批判的専門家をはじめ、市民運動などが数十年前からその危険性を警告してきたにもかかわらず、日本政府・各電力会社・原発御用学者は「原発は安全」と言い続け、警告を無視してきた結果、東日本大震災とそれによって発生した津波による福島原発事故が発生したのであった。これまで原発は安全と言い続けてきた学者の一部は、間違いであったと認めるに至っているが、東京電力清水社長は事故発生後、「安全と言ってきたが問題があったと思うか」というマスコミの質問に対して、「われわれは最善を尽くしてきた」と答え、問題があったとは認めなかった。原発を推進してきた原子力安全委員会斑目委員長は、「3・11以降のことを消してほしい」と子供が何か都合の悪いことを消しゴムで消したいという類の発言をしたが、原発事故は不可逆的であり、やってしまった以上、やり直しはできないし、消すこともできないのである。

　日本政府・東京電力・原子力保安院・原子力安全委員会などの「原子力村」集団がやってきたことは、日本と東アジアを筆舌に尽くせない惨禍に陥れた東アジア太平洋戦争当時の日本政府・軍部の非理性的判断・行為の愚を

繰りかえしたのである。当時は言論の自由などの民主主義がなかったことが重要な条件のひとつだったが、原発導入以降今日に至る日本には言論の自由はあったのに原発批判は権力・利権構造、それらを反映した大学の人事、マスコミの報道姿勢などによって的確には国民に伝えられず、日本経済の発展を保証するためには原発は必要との報道が主流となってきたのだったし、事故後の今でもそれは変わっていない。福島原発事故の発生によって、日本列島は放射能と共存する列島になってしまったが、これはひとり日本一国の問題に限定されず、大気汚染・海洋汚染は全地球的問題、「現生人類」の類的生存を脅かしているという広がりを持っている。

福島原発事故後、ドイツのメルケル政権はそれまでの原発推進政策と決別し、脱原発を決定した。原発路線を進もうとしていたイタリアのベルルスコーニ政権も原発推進をあきらめ、脱原発を決定した。これに対して、フランス・イギリス・アメリカ・ロシア・中国は引き続き原発依存・推進路線を追求しようとしている。隣国・中華人民共和国は原発増設政策を改めないものと見られるが、中国で原発重大事故が発生すれば、日本列島への影響は深刻なものとなろう。原発の設置は、「近代国家」の枠組で推進されるが、その事故の被害は「近代国家」の枠組に収まるものではなく、「現生人類」的枠組で受けとめなければならないのである。

今日、日本は、先駆的に脱原発を選択したドイツ・イタリアとともに脱原発の日独伊三国同盟を形成し、脱原発に世界各国を導くことが求められている。しかし、それでは日本経済が立ち行かなくなるという議論が日本では依然として根強い。わが身は放射線にさらしてでも日本経済のためなら犠牲になろうという決断なら見上げたものだが、そういうわけではなく、「安全性を今より高めれば問題はないのではないか」という詰めの甘い話で、結局、「安全」神話の枠内をさ迷っているだけであり、ここには本質的に没落のスパイラルを抜け出す展望はない。

6. おわりに

　今日，歴史についての思いこみを正し，思考の枠組を見直し，より客観的で全面的な視点で歴史的事実に接近する努力が求められている。東アジア太平洋戦争については，視野を広げてそれをより正確に定位することが求められている。領土・領海をめぐる対立は，「近代国家」「民族」という枠組を前提としているが，問題解決の方向は，この「近代国家」「民族」間対立という枠組を，時間はかかるだろうが長期的に徐々に緩和してゆくことである。そのさい重要なのは，大国の自制である。また，中国共産党は，みずからの1946年の民主主義の主張をふり返ることがあるのだろうか。原子力発電所の事故による放射線地球汚染は，「現生人類」視点で対処する必要があり，「国家」の枠組を絶対化しても対処しきれないであろう（2011年8月20日）。

1) 斎藤道彦『アジア史入門　日本人の常識』（白帝社，2010年11月）参照。
2) 斎藤道彦「歴史認識と現実認識――近現代日中関係史論史の問題点」（斎藤道彦編著『日中関係史の諸問題』所収，中央大学出版部，2009年2月）参照。
3) 斎藤道彦「民主主義か，『党国家主義』か――〈資産階級自由化〉反対問題」（『季刊中国』第10号，1987年9月），斎藤道彦『暮らしてみた中国』（田畑書店，1993年6月）所収。
4) 斎藤道彦「文化大革命と中国社会主義問題――『文革』批判勝利30周年紀念」（『季刊中国』第46号，1996年9月）。
5) 斎藤道彦「中国の狂熱的民族主義と中国国内からの批判」（『季刊中国』第82号，2005年9月）。
6) 斎藤道彦「戦後国共内戦起因考」（中央大学人文科学研究所編『中華民国の模索と苦境』所収，中央大学出版部，2010年3月）参照。
7) 政治協商会議については，斎藤道彦「1946年1月政治協商会議」（仮題）準備中。
8) 斎藤道彦「孫文と蔣介石の三民主義建国論」（中央大学人文科学研究所編『民国

後期国民党政権の研究』所収, 中央大学出版部, 2005 年 3 月) 参照.
 9) 毛里和子「毛沢東政治の起点——百花斉放・百家争鳴から反右派へ」(藤井省三・横山宏章編『孫文と毛沢東の遺産』所収, 研文出版, 1992 年 4 月) 参照.
10) 座談会 (芝田進午・斎藤道彦・丸山昇)「中国にとって民主化は可能か」(『中国研究』第 108 号, 1980 年 1 月), 対談 (上原一慶・斎藤道彦)「『歴史決議』の評価をめぐって」(『中国研究』第 127 号, 1981 年 9 月) 参照.
11) 斎藤道彦「整党決定と『精神汚染』批判」(『中国研究』第 154 号, 1984 年 2 月) 参照.
12) 前掲「民主主義か,『党国家主義』か——〈資産階級自由化〉反対問題」および「私は信号を送り続けてきた——劉賓雁の 1986 年天津講演を聴く」(『日中友好新聞』1987 年 1 月 15 日) 参照, いずれも前掲『暮らしてみた中国』所収.
13) 斎藤道彦「中国における党国家主義——六・四事変の歴史的意味」(『中央大学経済研究所・研究会報・第 27 号　第 4 回研究会・共通テーマ:「21 世紀への展望——世界と日本の経済と経済学——」　社会主義経済における 70 年代〜80 年代 (2) ——中国の諸問題』所収, 中央大学経済研究所, 1990 年 5 月),「中国の人権論をめぐって」(『季刊中国』第 28 号, 1992 年 3 月),「『六・四』五周年をめぐって」(『季刊中国』第 38 号, 1994 年 9 月) 参照.
14) 劉暁波『天安門事件から「08 憲章」へ——中国民主化のための闘いと希望』(藤原書店, 2009 年 12 月).
15) 斎藤道彦『中国の政治・行政システムと地方「自治」』(東京都議会議会局, 1999 年 7 月) 参照.

資　料　篇

《資料 1》
　　第 23 回中央大学学術シンポジウム（2010 年 12 月 3 日）
　　開催の趣旨，プログラム，討論

《資料 2》
　　中韓関係の展望とインプリケーション
　　　　　　　　　　　　　　　　　　　　　　　　ハン・ヨンスプ

《資料1》
第23回中央大学学術シンポジウム

開催の趣旨

　冷戦が終結して約20年経つのに新たな世界秩序は明確な姿を現していません。冷戦終結をも契機として始動したグローバリゼーションによってもたらされた混沌とした状況の中で，グローバルガバナンス論あるいは地球市民社会論などが，現れつつある，あるいは現れるべき世界秩序を説明しようとしてきた。これらの見方はそれぞれある程度，説明力を有しているものの，我々の眼前には1世紀前の「帝国主義の時代」を彷彿とさせるような国際政治の現実が展開しているのも事実です。

　アジア地域では人口大国である中国・インドが，技術力・経済力・軍事力を背景に政治的影響力を増大させ，究極のユーラシア国家であるロシアとともに21世紀ユーラシアの秩序形成にその政治力を利用していく可能性が高まってきています。一方，アメリカはその「覇権性」を低下させており，内部矛盾を孕みつつも国際政治経済におけるプレゼンスを高めてきたEUは，アメリカとは異なる中印露3国への政策を展開しつつあります。

　明確な世界秩序は現れていないものの国際政治の力学は明らかに変化しつつあり，ユーラシア地域をめぐる地政学も激変していく可能性が高まってきています。第23回中央大学学術シンポジウム「ユーラシアの地政学」というプロジェクトでは以上のような認識に基づき2008年4月より3年間にわたり，ユーラシア地域，とりわけ東ユーラシア地域の冷戦後の国際関係を多角的に検討し，2010年12月3日の総括シンポジウムではその成果の一部をもとに参加者とともに活発な議論を行いました。以下の記録は，この日のシンポジウムにおける5つの講演と，これに対するコメントや質疑応答の全記録です。読者諸氏のご批判を頂ければ幸甚です。

中央大学法学部教授

滝　田　賢　治

■シンポジウムテーマ「21 世紀ユーラシアの地政学」

日　時：2010 年 12 月 3 日（金）13：00〜17：30
場　所：中央大学多摩キャンパス 2 号館 4 階研究所会議室 4

プログラム
開　会　13：00〜13：20　　司会　武山　眞行
　　　　　　　　　　　　　　　　　　（社会科学研究所所長, 文学部教授）
　開会の挨拶　椎橋　隆幸（副学長, 法学部教授）
　　　　　　　佐藤　元英（政策文化総合研究所所長, 文学部教授）
　趣旨説明　　滝田　賢治（研究代表, 法学部教授）

講　演　13：20〜15：00　　司会　武山　眞行
　　　　　　　　　　　　　　　　　　（社会科学研究所所長, 文学部教授）
　滝田　賢治（法学部教授）「21 世紀東ユーラシアの国際関係と展望」
　内田　孟男（経済学部教授）「東アジアにおける地域ガバナンスの課題」
　スワラン・シン（ジャワハルラル・ネルー大学教授）
　　　　　　　　"India-China Relations: its prospect and implication"
　ハン・ヨンスプ（韓国国防大学教授・元安全保障研究所所長）
　　　　　　　　"Korea-China Relations: its prospect and implication"
　徐　勇（北京大学教授）「中国沿岸都市ベルトの発展とその地政学的意義」

休　憩　15：00〜15：30

討　論　15：30〜17：30　　司会・討論者　星野　智
　　　　　　　　　　　　　　　　　　（大学院法学研究科委員長, 法学部教授）
　討論者　斎藤　道彦（経済学部教授）　　深町　英夫（経済学部教授）
　　　　　武山　眞行（文学部教授）　　　佐藤　元英（文学部教授）
　　　　　金　香海（中国・延辺大学教授）

閉　会　17：30
　閉会の挨拶　齋藤　邦夫（理工学研究所所長, 理工学部教授）

〈開　　会〉

司会（武山）　それでは時間ですので，第23回中央大学学術シンポジウムを開催させていただきます。

　私は，第1部の司会を務めさせていただきます社会科学研究所の武山眞行でございます。よろしくお願いいたします。

　このシンポジウムは政策文化総合研究所の主催で，テーマは「21世紀ユーラシアの地政学」でございます。

　開会のご挨拶に続き，シンポジウムの趣旨説明をいただき，進行としては，第1部は13時20分から15時までの間，5名の研究者の方々にお一人約20分をめどにプレゼンテーションをしていただきます。そして30分の休憩の後，第2部の討論に移り，15時30分から約2時間行いたいと計画しております。

　それでは，まず中央大学を代表し，副学長の椎橋隆幸先生にご挨拶をいただきます。

椎橋　こんにちは。ただいまご紹介いただきました中央大学副学長の椎橋でございます。

　本日，第23回中央大学学術シンポジウムが「21世紀ユーラシアの地政学」というテーマで開かれることを，大学としても大変うれしく思っております。

　本日は，インドからスワラン・シン先生，韓国からハン・ヨンスプ先生，中国から徐勇先生という3名の講演者をお招きし，さらにそれぞれの分野で著名な方々が一緒になって討論を交わすということで，大変有意義な会になるものと確信しております。

　この頃の世の中の動きは，専門でない私にとってはとても先が読めないような目まぐるしい動きをしております。以前の考え方，枠組みではとても読

めないような事態が展開し，国際政治，外交，それから背景には軍事的な問題と，いろいろな問題が錯綜しています。こういうときこそ，専門家の見識をお伺いすることは非常に大事だと考えております。

きょうのシンポジウムは，滝田先生が 2008 年度から精力的に進めてこられた研究活動の締めくくりの年で，このシンポジウムがまさにその締めくくりの会になるのではないかという非常に重要な会議であります。この重要なシンポジウムにふさわしい先生方に参加していただいたことはとても大事に思っております。

私事を申しますと，私は中央大学で国際交流を担当しておりますけれども，国際交流をする上でどの国のどういう大学と連携していくかということを常にいろいろ考えながらやってきております。その国の置かれた状況，政治，外交，さらには文化的な背景に遡って考え，中央大学としてどこの大学と協定を結んでいくかを考えていくことも非常に重要だと考えておりますので，きょうのシンポジウムを拝聴させていただき，個人的にはそのための有益な示唆も得たいと考えております。

本日のシンポジウムが成功裏に終わることを祈念し，私の挨拶とさせていただきます。

どうもありがとうございました。（拍手）

司会 椎橋先生，ありがとうございました。

続いて，このシンポジウムの段取りについていろいろご尽力いただきました，主催研究所であります政策文化総合研究所の所長，佐藤元英先生からご挨拶をいただきます。

佐藤 皆様，こんにちは。佐藤元英と申します。

「21 世紀ユーラシアの地政学」の研究は，当政策文化総合研究所が拠点となり，進めてまいりました。そういう関係で，所長の私の方から，この研究所の紹介も含めて一言ご挨拶させていただきます。

まずは，ご案内のパンフレットにありますように，「東ユーラシア地域の冷戦後の国際関係を多角的に検討する」というのが今回のシンポジウムの目的であります。そのシンポジウムの目的に最もふさわしい海外の4名の教授をお迎えできたことに感謝申し上げる次第であります。

　インドのジャワハルラル・ネルー大学のスワラン・シン教授，どうもありがとうございます。

　韓国国防大学のハン・ヨンスプ教授，大変お忙しい中をご参加いただきまして，ありがとうございます。

　中国の北京大学の徐勇教授，さらに，延辺大学の金香海教授，ご参加いただきましてありがとうございます。

　また，このシンポジウムの中心となって計画された滝田賢治教授，さらに内田孟男教授も加わり，5名による基調講演から始まるわけですが，まさにここに国際的議論の舞台が整ったという感があります。皆様には重ねてお礼を申し上げます。

　政策文化総合研究所は1996年に，文化の融合，新しい学際研究，内外研究者の交流を目的にして設立されました。しかしながら，研究所の全研究プロジェクトの総合テーマといたしましては，「21世紀・日本の生存」という命題を掲げて研究活動を展開しております。ですから，「21世紀ユーラシアの地政学」も，まさに当研究所の掲げております命題にふさわしい研究プロジェクトであることをまず申し上げておきたいと思います。

　研究所の研究員は本学の教員でありますが，現在74名，そして「内外知識の交流」ということで，本学以外の研究者47名に客員研究員として協力いただいております。つまり，総勢121名体制で研究活動を展開していることになります。また，この席には大学院生の皆様も大勢参加していただいていると思いますが，本学の大学院生29名も準研究員として参加しております。

「21世紀ユーラシアの地政学」の研究プロジェクトチームは，滝田賢治研究員を代表に，19名の研究員を中心に2008年から開始されました。今年で3年という期限を迎えるわけです。その間，国内での公開講演，そのほかトルコ・アンカラのユーラシア戦略研究所，あるいは中国の清華大学，インドのジャワハルラル・ネール大学と海外でのワークショップを重ね，また，国の内外におきまして東ユーラシアの国際政治を議論しながら活動してまいったわけですが，その研究の一部をもとに，そして研究期間のまとめの意味も込めまして，本日のシンポジウムになったということです。

　数年前より多くの人が口にしておりますが，世界のパラダイムシフト，社会全体の価値観の変革・移行が起こっている。それは，アメリカによる世界秩序が揺らいできたことによって，世界のパワー構造が変質しつつあり，そこで新たな国際秩序が模索されているということであります。

　また，行き過ぎた市場原理主義によって誘発された世界経済危機ということでは，国際金融市場システムの再構築が迫られている問題もございます。

　さらに，資源・エネルギー・地球環境問題をどうするかということで産業システムの改革が迫られている等々，今日，私たちは非常に多くの難問を抱えているわけです。

　そうした中でよく言われることは，欧州連合は地域内重視に傾いてはいないか。ロシアは資源を武器に大ロシア主義に回帰しつつあるのではないか。あるいは，中国・インドなどの新興国や中東産油国が経済力と発言力を高めて，世界は多極化に進みつつある。こういうようなことをしばしば皆さんも耳にすることと思います。

　そうした激動が起こっている国際社会の状況におきまして，この度の「21世紀ユーラシアの地政学」のシンポジウムが行われることはまさにタイムリーである。しかも，実践的に国際秩序の安定，平和維持に貢献しようとするアカデミックなシンポジウムを開催するということに大いなる期待を込め

て，これから始まる開会の挨拶とさせていただきます。

　どうもありがとうございました。（拍手）

司会　佐藤先生，ありがとうございました。

　それでは，このシンポジウムの趣旨につきまして，シンポジウム研究代表の滝田賢治教授からご説明いただきます。

滝田　法学部の滝田です。

　椎橋副学長，佐藤所長，お言葉ありがとうございます。

　それでは，3年間にわたるプロジェクトの趣旨，概要について簡単に説明させていただきたいと思います。

　テーマにあります「地政学（geopolitics）」という言葉から説明させていただきます。ジオポリティクス，あるいはゲオポリティクスという言葉を聞きますと，私よりも上の世代の人はある種の反応を起こすという経験をしております。第2次世界大戦後，日本や世界各地のジャーナリストや学者たちは，ジオポリティクスとか地政学という言葉を聞きますとあまりいい反応をいたしません。場合によっては疑似科学ではないかといって忌み嫌う傾向がありました。私が指導を受けた大学院の教授もこの言葉を大変嫌っておりました。しかし，あえて地政学という言葉を使って，この3年間研究を進めてきたわけであります。

　なぜ，地政学という言葉が嫌われたのか。これは言うまでもなく，ナチス・ドイツによって地政学という言葉が利用されたという認識があったからであります。カール・ハウスホーファーの地政学だけが地政学ではないけれども，彼の地政学的な考察というものが，ドイツの生存圏，あるいは勢力圏構築に使われたのだという思いが強くあったからだと思います。

　これはまだ十分に論証されておりませんけれども，恐らくは日本の大東亜共栄圏という構想にも影響を与えたのだろうと思います。日本では，岩畔豪雄という陸軍中野学校を創設した人物が「大東亜共栄圏」という言葉を使い

始めた。諸説ありますが，彼が言い始めたという説が強力であります。

彼の経歴を調べますと，今のところはハウスホーファーの影響を受けている可能性が大変高いように思います。カール・ハウスホーファーは，1908-1910年までドイツの日本大使館に駐在武官として滞在しておりました。その他の経歴を見ても，世代は若干ずれているのでありますが，非常に影響を受けた可能性が強いのではないかと思います。

こういうわけで，日本，あるいはその他の国において，地政学という言葉が忌み嫌われるという過去があったことは十分に承知しております。

ただ，地政学というのは，何もハウスホーファーだけが言ったものではないわけです。古くはギリシャ，ローマの時代から地理的条件と政治のあり方を考えるとか，あるいはイマヌエル・カントも，地理的な条件と国家のあり方を考えるという論考を出しておりますので，決して怪しげなものではない。純粋に考えてみても，地理的な条件，あるいは自然条件が国家・政治・経済・国防のあり方に影響を与えるというのは当然考えられるわけであります。

アメリカではアルフレッド・マハン，イギリスではオックスフォードの地理学院を始めたマッキンダー，イエール大学の教授であるスパイクマン，こういう人々がかなりきちっとした根拠に基づいて，彼らなりの，いわば現代地政学の構築に励んでまいりました。

日本において忌み嫌われたといいましても，2004年，かなり前でありますが，冷戦が終わった後に，あのリベラルな岩波から『ユーラシアの地政学』という本すら出ているわけであります。徐々にそういう過去のこだわりを払拭して冷静に地政学的な発想を取り入れ，外交政策，あるいは来るべき新しい世界秩序考察に利用しようという動きが出てきたというのは好ましいことであります。

地理的な条件を絶対視して，地理的条件決定論というような考え方は，そ

れこそ生存圏構想につながる危険な思想であるということは私も認めますが，地理的・地政的な条件を外交に取り入れていくというのは極めて重要です。この意味において，このプロジェクトの副題は「日本外交をどう考えるか」ということでありまして，日本にはあまりにもこういう戦略的な発想が欠如している。あるいは，いい意味での地政学的な条件を政治のあり方や安全保障に取り入れる習慣がなかったと思うわけであります。

1997 年に出たブレジンスキーの "The Grand Chessboard" という本があります。ブレジンスキーは今でも影響力のあるアメリカの国際政治学者ですけれども，カーター政権のときの国家安全保障補佐官でもあります。彼の "The Grand Chessboard" は，マッキンダーやスパイクマンの地政学の成果を十分に取り入れて彼自身の考察を展開したものであり，その後十数年経ったわけですが，彼のこの考察は今日，例えば中国と日本との関係，あるいは台頭するロシア，インドの行動をかなりの程度予測していたという結論を出さざるを得ないものでもあります。

こういう意味で，我々は忌み嫌うのではなく，新たに地政学的な観点を取り入れた日本外交というものを考える必要があるということで始めさせていただいたわけであります。

時間になりましたので，これで終わらせていただきます。(拍手)

司会 滝田先生，ありがとうございました。

それでは早速，第 1 部に移りたいと思います。

第 1 部は，5 名の研究者の方々からプレゼンテーションをいただくわけでありますが，今度はスピーカーにかわっていただきまして，最初に本学の滝田賢治・法学部教授でございます。「21 世紀東ユーラシアの国際関係と展望」という題で，20 分ほどでプレゼンテーションをいただきます。

以下，滝田賢治，内田孟男，スワラン・シン，ハン・ヨンスプ，徐勇の 5

名が報告を行ない，続いて討論に移った。ハン・ヨンスプ教授は御事情により報告をベースにした論文を寄稿されなかったため，本《資料1》のあとに，ハン教授の報告記録を《資料2》として付け加えた。ハン教授以外の4名の報告は，討論を踏まえ，加筆・修正し，本書に収録してある。（編者）

〈討　　論〉

司会（星野）　それでは，時間になりましたので，早速討論に移りたいと思います。

　司会は法学部の星野が務めさせていただきます。

　前半の5名の基調報告を受けまして，討論者は私を含めると6名おります。予定の時間を大分オーバーしておりますので，この討論は16時から始めて17時半の終了を考えております。

　まず最初に，私を含めて6名の討論者に10分ぐらいずつ発言していただきまして，その後にフロアの方から質問をいただきます。そして，その質問に報告者から答えていただくという形で進めたいと思います。

　私は司会と同時に討論者ということで，簡単に2点ぐらい，報告を聞いた感想を述べさせていただきます。

　まず1点目は，「ユーラシアの地政学」という非常に大きなテーマが設定されておりますが，考えてみますと，文明というのは東から始まって西へ移っていく。今のユーラシアに位置している国々，中国・インド・メソポタミアで四大文明が始まって5000年の歴史があるわけですけれども，それが西の方に伝わっていき，16世紀以降，ヨーロッパで市場経済を前提にした経済体制がつくられ，それがさらに東に，大西洋を超えてアメリカに移っていった。20世紀になりますと，アメリカから太平洋を超えて日本が経済発展し，さらに西に進んで中国，インド，中央アジアの方に伸びようとしてい

るということで，文明の発展を見ますと，東から始まって地球を1周し，またもとのところに到着したというイメージを持っています。そういう意味で，ユーラシア大陸の持つ意味は歴史も非常に古いと感じております。

1つ目は，確かにユーラシア大陸については，近年，地政学的な視点が入っておりますが，ユーラシア大陸，あるいはユーラシアを考えますと，ヨーロッパ，つまり西は北海から東は太平洋まで，非常に広大な地域を含むわけです。そういう地域が注目されてきた背景には，ヨーロッパ世界経済が東から西へ発展し，さらにヨーロッパからアメリカ，アメリカからアジアの方に発展する。これは，広い意味ではグローバリゼーションとかグローバル化の流れと考えることができるかと思います。

もう1つは，中央アジアを含めた地域に世界的な関心が深まっているのは，最近，よく資源戦争が問題になっていますけれども，特に石油，天然ガスとか，レアメタルといった多くのエネルギー・資源が，中央アジア，ユーラシアのいわゆる「ハートランド」と言われる地域に埋蔵されている。それが，各国が特に中央ユーラシアに注目する大きな点になっているのではないかというのが1点目の感想です。

2つ目は，ユーラシアは非常に広い地域であります。ユーラシアの西側はヨーロッパですけれども，ヨーロッパはEUという形で現在27カ国が統合を深めております。さらにユーラシア地域は，インドではSAARC（南アジア地域協力連合）が発展し，南アジアを中心としたそういう地域的な協力体制ができ上がっております。

それから，中央アジア，中国を見ますと，上海協力機構が中国とロシアと中央アジア4カ国（トルクメニスタンを除いた）の6カ国によって構成されています。東南アジアではASEANがあります。そういう地域的な協力体があるわけです。

そういうように，日本を除いてユーラシアの東側においては現在，多国間

の協力体制ができ上がっているのではないか。多国間の協力体制というのはいろんな国々を含む，言うなれば複合的なメンバーシップと言いますか，一つの地域協力体に複数の国家を含む。それだけまとまりがないといえばないと言えるかもしれませんが，今はそういう地域的な協力体制を模索しているような感じがいたします。

　今後，果たしてそういう地域的な体制が固まっていくのか，あるいはこのまま複合的な地域協力体が併存するのかどうかという点について，もしご意見があったらお聞きしたいということです。

　時間の関係がありますので，私からはこの2点の問題を出させていただきました。

　引き続きまして，討論者の方に発言していただきたいと思います。

　それでは，まず経済学部の斎藤道彦先生にお願いいたします。

斎藤　斎藤です。報告者の諸先生，力のこもったご報告をどうもありがとうございました。

　第2次世界大戦が終わった後の国際関係の中で，ユーラシアに問題を特定して議論しようという試みであるわけですけれども，日本に限定して言うとサンフランシスコ体制というものがあって，これをどう見るのか。つまり，サンフランシスコ体制に永続的に規定されるべきなのかどうかということが問われてもよい時代になっていると私は思います。

　この中でエポックメイキングな事件は1991年のソ連の崩壊であって，それまで続いた米ソ対立時代が終わり，軍事的にはアメリカ一強時代に入った。その中で，特に1990年代以降，中国経済が浮揚することによって，中国が社会主義や共産主義というよりもナショナリズム国家という特徴を強く打ち出すようになってきた。この中で中国の大国化が進んできているというのが，今までの国際関係とは根本的に違う新しい時代が始まったということだと思うのです。

この中で，時には反日を主要側面とするときもあり，また時には反米を主要側面として運動の矛先を変えることが行われてきたわけですけれども，21世紀に入って大体 2005 年ぐらいから，対立が表面化することを避けていこうという選択が，中日両国政府によって選択されてきた。しかし，それが今年の 9 月以降にまた新しい対立の時代に入ったと捉えられると思います。

　こういう中で，中国は「核心的利益」という言葉を使っているわけですけれども，これは第一列島線，第二列島線という線引きの問題もあり，また，先ほど滝田先生が指摘された「生存圏」というのはドイツで出された帝国主義の論理ですけれども，「生存圏」という考え方と，日本がかつて言った「生命線」という考え方は共通するのではないかと私は考えるのです。それで，やや挑発的な質問を報告者の方々にさせていただきますが，軍事挑発はしませんのでご安心ください。

　まず滝田先生ですが，アメリカが現状維持派で，中国が現状打破派という図式を描かれたと思いますが，現状打破という面も確かにあって，それは軍事関係の問題です。西太平洋は中国が管理するというようなことを言い出しているのが現状打破に当たるかと思います。

　しかし同時に，サンフランシスコ体制を守ろうという現状維持的な傾向ももう一方にある。具体的には日本が国連の安保理常任理事国に入ることに反対するというのは，サンフランシスコ体制を守れという動きだったのではないかという点で，単純に現状維持対現状打破とは言い切れないところがあるのではないかというのが 1 つです。

　それから，新帝国主義をどう規定するかということですけれども，単なるかつての 19 世紀〜20 世紀にかけての帝国主義の復活だけではない側面が，新しい特徴として捉えられなければならないだろうと思います。その中に，実は大変古い旧王朝秩序の回復志向があるという点を指摘する必要があるのではないかというのが第 2 点の質問です。

もう1つは,「地政学」という言葉を使われることについて説明があったんですけれども,あえて「地政学」と言う必要がどこにあるのかがよくわからないんです。つまり,「政治学」とか「国際関係論」と言うならすっきりわかるんですけれども,地理的な要因が政治関係に大きな役割を果たしているという意味のことをおっしゃったように思うのですが,「地政学」という言葉を使わなければならない,「ユーラシアの国際関係」ではだめだという理由をご説明いただければと思います。

次に,内田先生には簡単に1つだけです。11ページの最後に,「開かれて包括的な地域主義は可能なのか,現実的なのか」という問いで結ばれています。しかし,私としては,内田先生はこれを可能とお考えなのか,現実的とお考えなのかということについて一言触れていただけるとありがたいと思っています。

その次に,スワラン・シン先生については,1962年に中印国境紛争がありましたけれども,この領土問題はインド側から見て解決されたものだとお考えなのかどうか。もう1つは,そういったことにも間接的には関連してくると思うんですが,いわゆるカースト制度の問題についてです。インドは特に身分制という点で現在の世界の中で突出していると思いますが,カースト問題の解決の現状はどうかということを伺いたいと思います。

次に,ハン・ヨンスプ先生にお尋ねします。韓国はここのところ経済発展が目覚ましく,日本よりもいろいろな点で優れていることが指摘されてきました。しかし,今回の延坪島に対する北朝鮮の砲撃事件によって一挙に状況が変化し,平和の問題で非常に大きな不安定要因を抱えていることがあらわになったと思いますが,この際,仮に北朝鮮が崩壊した場合に,中国が北朝鮮を援助することと引きかえに獲得していたと見られるさまざまな権益,鉱山権益であるとか,そういったものは果たしてどういうふうになるとお考えか,伺いたいと思います。

もう1つは，習近平が新しく副主席になりましたが，彼がこの攻撃の直前に（朝鮮戦争—正確な言い方をすると抗美援朝戦争ですが，朝鮮戦争と言いかえても全く同じだと思いますけれども），「朝鮮戦争は正義の戦争だった」という発言をしています。このことと軍事攻撃との間には何か関係があったとお考えかどうかを伺いたいと思います。

　次に，徐勇先生に伺います。沿岸都市ベルトの形成というのは大変に興味深い問題提起であって，都市の発展というのは人類の歴史の中で文明の形成発展の歴史そのものであるわけです。そういう点で21世紀に新しい都市ベルトが形成されているということは極めて注目に値することだと思いますが，この問題は歴史的に捉える必要があります。

　まず第1に，中国はかつて内陸都市国家だったことが明らかになっているわけですけれども，沿岸部が発展した第1段階は，やはり阿片戦争があって，阿片戦争以来のヨーロッパの進出や侵略が，中国における沿岸部の都市形成を開始したということが第1段階としてあったと位置づける必要があると思います。

　第2段階としては，中華民国時代に孫文が「実業計画」というかなり細かい計画を出しているわけです。それに基づいて国民政府は沿岸部の港湾の建設などに力を入れてきたわけですけれども，これもいわば沿岸都市の発展の第2段階と捉えられると思います。

　第3段階は，改革開放によって非常に急速に都市の形成が行われたということになろうかと思うわけです。

　かなり挑発的な質問になりますので，失礼の段はあらかじめおわびしておきたいと思うのですが，レジュメの10ページに，アメリカの戦略的意図は，中国沿岸の都市ベルトの発展を牽制し，東アジアの平和を妨害しているというご指摘があり，11ページには，オバマ・ヒラリー政権は覇道政策をとっているというご指摘があります。これは具体的にどういうことをおっしゃっ

ているのかがわからないんです。少し被害妄想的なのではないかという一言い過ぎでしたらごめんなさい。おわびします。

その点についてお考えをお聞かせいただきたいと思います。

司会 どうもありがとうございました。

質問は各5名の報告者に出されていますけれども，後でまとめて回答をいただきます。

次に，深町先生にお願いいたします。

深町 深町でございます。

では，5名の方々にそれぞれ簡単にご質問を申し上げます。

まずはシン先生です。シン先生は，インドと中国の類似性を指摘されたと思います。一方で，それは新しく出現しつつある新興勢力であり，そして既存の秩序や規則，価値に対して挑戦しようとしている勢力，滝田先生の言うところの現状打破勢力であると。そしてもう一方では，中国とインドはSCOとSAARCとそれぞれ独自の地域協力組織を持つ中で，それぞれ重要な役割を果たしているということです。

そこで簡単な質問をしたいと思います。では，この2つの国家群，グループが将来合流し，現状のアメリカの東半球における覇権に挑戦する可能性はあるでしょうか。これがもし実現すれば，アメリカにとって，あるいはASEANや日本，韓国等にとって悪夢かもしれません。

次に，ハン教授です。朝鮮半島の統一は当然望ましいわけですが，私はそれに対して，残念ながらやや悲観的です。なぜならば，北朝鮮という国は，ある意味でアメリカと中国の間の緩衝国であります。韓国には大量のアメリカ軍が駐留している。しかし，北朝鮮に中国の人民解放軍がいるわけではない。

ですから，緩衝国としての役割を果たしているのですが，もしも将来，この緩衝国が消滅すれば，2つの軍事超大国が直接向かい合い，接触すること

になる。これは双方にとって決して望ましいことではない。特に中国にとっては望ましくないでしょう。それが，北京が北朝鮮の現体制を支援し維持していることの1つの理由ではないか。その点をどうお考えでしょうか。

　次に，徐先生に対してです。先生は1番最後の部分で，最近30年の中国の平和的な発展，平和的な台頭と，それから主に西洋列強，あるいは日本も含むかもしれませんが，そういった国々の非平和的，暴力的な発展とを対比されました。しかし，第2次世界大戦後の日本の発展は完全に平和的なものでありました。60年間，日本は1回も戦争をしたことはございません。実は日本以外にも韓国や台湾といった東アジアの国や地域の経済発展も，これまた平和的なものでありました。

　こういった東アジアの国や地域の経済発展は，むしろ第2次世界大戦後の世界の自由貿易体系への依存によって可能になったものです。このような国際システムというのは，どちらかというと主に西側先進国によってつくられたものであります。それに依存することで1980年代以後の中国は発展が可能になったわけですから，むしろ中国は，このような西側諸国がつくり上げた国際システムの受益者であると言うことができるのではないでしょうか。そして，これと第2次大戦以前の帝国主義とは別のものと分けて考えるべきではないでしょうか。

　次に，内田先生には大変簡単な質問です。先ほどの斎藤先生の質問と関わると思うのですけれども，アジアの共通の価値観というものは果たして存在し得るのか。むしろ，それは多元的なものなのか。普遍的な民主主義や人権以外にそのような共通の基盤は果たして存在し得るのか。また，そもそも地域統合というのはそのような価値に基づくのか，それとも現実的な利害に基づくのか。私はこの分野では全くの素人ですので，ぜひお教えいただきたいと思います。

　次に，滝田先生です。滝田先生の論文の1番最後のところで述べられてい

ましたが，滝田先生は新興国が地政学的な発想をすることを批判されています．それに対して，多国間主義に基づく地域主義の推進こそが望ましいとおっしゃっている．これはとてもよくわかるのですが，現実にこの2つは果たしてどれぐらい区別できるだろうかということです．例えば，東アジア共同体でもいい，東アジアのサミットでもいい，それらの中で，日本と中国の間でリーダーシップの争いがある．そうすると，これはやはり地政学的なものに傾いてしまう可能性もあるのではないだろうかということです．

司会 どうもありがとうございました．

それでは続きまして，佐藤先生にお願いいたします．

佐藤 初めに，マッキンダーのユーラシア地政学の主張と100年間の日本外交というものを結びつけた話を少しさせていただいた上で，質問させていただきたいと思います．

マッキンダーが今からちょうど100年前，日露戦争直前の時期に，「歴史の地理学的な座標軸」という講演をやったわけですが，この講演の内容については，滝田教授のペーパーの15ページ，16ページあたりのユーラシア地政学の説明のところに述べられておりますので，私もそこを使わせていただきます．

ユーラシア大陸の中央，ハートランドに弧を描くようになっているのが，ドイツ・オーストリア・トルコ・インド並びに中国の関係であり，さらにその外枠を囲むように，シーレーンとも言えますが，イギリス・南アフリカ・オーストラリア・アメリカ合衆国，日本が位置している．そしてロシアが中央アジアを勢力圏におさめた状態での回転軸が始まる．そこで，ヨーロッパとの関係はフランスのあたりで勢力の釣り合いをとる．

そして東の方は，いわば1900年代の時期といえば，アメリカがやがて米西戦争を経て太平洋に勢力を拡大してくる時期で，ロシアのシベリア鉄道の開発とアメリカのパナマ運河の開通の計画がぶつかってくるというのが太平

洋の地域になるわけですが，マッキンダーが1番心配したことは何だったのかを改めて考えますと，ロシアという国と強力に武装したドイツが手を結ぶということが世界制覇につながるのではないかという危機感があったわけです。

日本の外交はそれに合わせてどう進化していったのかと申しますと，20世紀に日本が同盟条約を結んだのは10件あります。そして，1番長い同盟はアメリカで，もちろん1951年以降ですから，ほぼ60年という年数でこれが1番長いわけです。ところが，戦前においては1902〜1921年までの日英同盟が次に長いです。しかし，日英同盟は1920年に終わったわけではなく，実質的には1930年まで同盟の効力があったと思います。

そこで，日本の軍事同盟を1900年から今日まで110年というタームで考えた場合に，90年間がイギリスとアメリカの同盟の長さです。そして，5年という戦後の占領期間は外して，満州事変から太平洋戦争終結までのいわゆる15年戦争の時期，この15年間だけがシーレーンから外れているという体制になっています。しかも，この15年で日本は何を目指したかというと，欧米の現状維持という方向性を打破し，アジアの新秩序をつくろうという外交努力をしたのが，わずか15年間です。もちろんこれは失敗に終わるということです。

これからちょっと申し上げたいことは，同盟というのは必ずしも敵対関係を生むだけではなく，やはり国際秩序の安定という抑止力も考えなければいけないということです。

もう1つは，軍事同盟を築きながら，日本は世界中に通商・貿易網をつくってきたという経緯があります。ちょっと紹介しますと，1900年冒頭には日本の在外公館は55カ所あり，そのうちアジアが20という数です。アジアの貿易・通商ネットワークが日本にとっては非常に大事です。もちろん地理的問題もあります。そういう状況から，先ほどの90年間の軍事同盟があ

る。

　さらに，現在はどうなっているかということですが，今日はもちろん日米同盟という体制があります。しかし，その一方で世界との貿易を考えれば，今や在外公館は242になります。240のうち41がアジアにおける大使館・領事館で，領事館が圧倒的に多いです。

　領事館の役割は何かというと，貿易，通商，あるいは在留邦人の保護といった経済活動にかかわる内容を主としております。そういう意味で，そういった数だけの経済交流があることも一方で認識しなければいけない。

　ここから戦後のことを言わせていただきますが，この後については内田教授とスワラン・シン教授にご質問をさせていただきます。

　1990年に入るとロシアの崩壊が始まります。そこで日本は直ちに，資源の豊富な中央アジア，新興独立国といった国々に注目するようになります。その出発点となるのが，1992年の渡辺美智雄の外交といいますか，訪問が始まります。そして，1997年に橋本龍太郎首相がユーラシア外交を初めて全面的に打ち出すことをやったと思います。

　ただ，そのときに，日本の外交はユーラシアの地域を緩衝地帯と考えた。私としては，そうではなく，新興国家の育成を地域外から支援する，パートナーとして振る舞うべき外交の姿ではないかと考えています。

　この地域には，カスピ海地域に豊富な石油やガス資源があり，世界エネルギー供給において非常に影響がある。日本は，中央アジアにおける通信・運輸・エネルギー網にODAやその他で協力しながら，援助を一生懸命打ち出しているわけです。

　ところが，残念ながら，最近の民主党内閣になって以来，この地域の外交は途絶えた状態です。しかし，戦後の日本の積極的な外交の1つを挙げれば，非常に日本らしいというか，主導権をとった外交を展開したのではないかと私は考えるわけです。

そこで，上海協力機構なるものが2001年から始まっています。恐らく外務省もこれに対して非難とか反対は公然としないまでも，日本が率先して中央アジアの経済地域を形成するために地域外からの協力を一生懸命やっていたさなかに上海協力機構というのは，実は中国とロシアが手を結んでその地域の排他的協力をしているのではないかという批判が，私には新聞その他で聞こえてくるような気がするのです。

　そこで，インドの立場は非常に重要で，SCOにオブザーバーとして入ってきています。スワラン・シン教授にお聞きしたいのは，日本外交の中央アジアの支援，関わり合い方と，インドがSCOにかかわっている関係を，インドはどう見られているのかということをお聞きしたいと思います。

　もう1つ，今度は内田教授にお願いします。東南アジアのASEANという機構が，ある種，非常にその成果を認められていることになるわけですが，中央アジアに同じような仕組みの試みということはいかがなものか。

　つまり，この地域は，中国，日本といった国が参加しながら覇権争いに関わるという可能性が極めて高い地域になりやすい。そういう中で，日本が域外からパートナーとしてやる。ASEAN＋1という形，あるいは韓国・中国を入れた＋3といったスタイル，そういう試みについてはどうお考えかをお聞きしたいと思います。

司会　どうもありがとうございました。

　それでは武山先生，お願いします。

武山　私の考えていたことは斎藤先生とかなり重複しますので，徐勇先生お一人だけにお尋ねします。3つあります。

　1つ目は，沿岸都市ベルト化現象についてです。これは，中国の歴史をマクロに見た場合の歴史学者としての先生の見方をお尋ねしたいんです。中国は伝統的に大陸国家であったわけですけれども，それが海洋国家への転換の時期にあるのかどうか。また，歴史学者としてどのようにお考えになるか。

私たちが高校の歴史で教わったのは，明の時代の鄭和ぐらいしか，中国が海に乗り出したことでは記憶がないのですけれども，その点，海洋国家への転換であるのかということです。

2つ目は，中国の海洋戦略の変更についてです。先生がおっしゃったように，海岸線を周辺ないし境界とする伝統的な戦略は，今，第一列島線及び第二列島線というふうに海軍戦略思想が変わってきております。沿岸都市ベルト化はこれを促したファクターであるのかどうか。

3つ目は，今のことに関連しますが，中国海軍の戦略思想は，もはや19世紀や20世紀前半と時代が異なり，中国を侵略する国，あるいはできる国はもうないと見てよいのではないか。そういうときに中国海軍が強化の方向をとっていることは，日本とのあつれきを生む要素になるのではないだろうか。この点についていかがお考えでしょうか。

司会 どうもありがとうございました。

それでは最後に，中国の延辺大学からいらした金香海さん，お願いします。

金 金香海と申します。

今回，母校に戻り，貴重なシンポジウムに参加させていただき，恩師の滝田先生，星野先生を初め，先生方には本当に感謝しております。

恩師の前でああだこうだと言うのは恐縮なんですけれども，全体的な自分の感想を申し上げた上で，幾つかの質問をしたいと思います。

滝田先生の全体的な問題提起は非常に体系的で，多くの視点を与えた。特にユーラシア大陸の地政学的変動にどう取り組むか。先生の最後の結論を見たら，やはり多角的な枠組み内でこれに取り組むという非常に良い考え方でした。もう1つは，地政的にユーラシア大陸の変化を見るといろいろな視点が出たわけですけれども，新しく感じて私は非常にヒントをもらいました。

それを受ける形で，徐先生の報告は，中国の外交戦略の中では地理的な印象が非常に強い。例えば，中国の国土防衛戦略は2つのアプローチがある。1

つは「塞防」，もう1つは「海防」，海か北かによって，地理的に外交戦略に取り組んでいる。

　中国が発展してきた軌跡を見ると，特区，沿海地域，全開放というアプローチで発展し，その中国の発展，もしくは中国の利益がどんどん海外に延長する。その延長線に周辺国と対立ができた。それを中国はどう貿易政策で取り組むかということでした。

　インドのシン先生と韓国のハン先生ですが，中国の利益が延長した周辺地域のことですけれども，1つはインドと中国の関係を聞いて，私は非常に安心しました。中印関係は非常に緊張していたんですけれども，多国の中で解決していくという楽観的な観点でした。

　もう1つ，朝鮮半島は非常に問題が多いんですけれども，例えば中国は朝鮮半島にどう取り組むかということで，ハン先生の報告を見たら，中国は北朝鮮をサポートすると。それもあると思いますが，中国としては北朝鮮問題は非常にジレンマです。

　1つは，国際ルールを守って国際的な責任をとらなければならない。もう1つは，地理的に見れば，北朝鮮問題に取り組まないといろんな問題が起きる。私は延辺大学で，中国と朝鮮半島の境のところに長期間いるので，現場で実感します。ですから，中国としては北朝鮮が非常に問題であると思います。それにどう取り組むか。

　前は，負担になるとこれをたたいたが，最近は抱き込む，あるいは取り組むというアプローチが展開される。去年，上海フォーラムで北朝鮮問題をどうするかという議論になったのですが，中国の全体的なアプローチとしては，北朝鮮を国際社会の中に取り込むということが非常に重要な点だと思うんです。北朝鮮については，北京と上海ではちょっと観点が違い，北京では北朝鮮に対する批判が学者の間で盛んに議論され，上海ではこれを国際社会の中に取り込むという議論がなされています。

最後に，内田先生は，ユーラシア大陸で起きた国際関係の変化にどう取り組むかということで，大変重要なガバナンスを提起され，東アジアなりのガバナンスがあるから，それが開かれた中で取り組むということで，私は非常にいいヒントをいただきました。

もう1つは，中国は多国的な枠組みが嫌いか。私はそうだと思えないんです。なぜかといえば，中国が発展した軌跡を見れば，多国間の枠組みの中に入ったから経済発展がある。それを中国はよくわかっているのです。最近聞いた，外交部の人によれば，国際会議が多くて参加できないということです。

去年は中国建国60周年で，60年のいろんな外交を総括する。その中で2つの点に非常に印象を受けました。1つは公衆外交です。外務省だけではできないから，いろいろな公的な機関と民間が外交をやる。もう1つは，国際的な，多国的な枠組みに参加するとアイデア等が足りないので，研究者に頼むということが見られます。ただ，中国は，多国間の枠組みと二国間枠組みを並行する。二国間の話し合いのテーマと多国のテーマを分ける。例えば，領土問題はあくまでも国際化しないで二国間で解決する。そういうことは言えると思います。

滝田先生に質問です。非常に詳しい統計資料で中国の発展を展望して，これは中国の国力をはかる指標だと思うんですが，人口を見たら2050年も同じ数字で変化しないので，この人口停滞が，中国の国力，経済発展にどのような影響を与えるか。それが1つです。

ハン先生にも1つあります。中国と韓国の経済関係は非常に密接で，中国は経済力を安全保障面の影響力として使用しているということですが，具体的にどういうことか伺いたいのです。

最後は，インドのシン先生です。私は，中印関係は非常に重要だと思います。去年の上海フォーラムで中印関係の単独的なセッションをやりました。私から見れば，中印関係の中では今いろんな課題が残っているんですけれど

も，特にチベットの宗教独立指導者ダライ・ラマの問題を両国でどういうふうに解決に取り組むかということがあります。

司会 どうもありがとうございました。

今，5名の討論者の方に質問及び意見をいただきましたけれども，まとめて回答いただくということで，フロアの方から質問があれば，名前と所属をおっしゃってから質問をいただきたいと思います。

重田 法学部の重田と申します。

韓国と北朝鮮のことについてハン先生と徐先生にお聞きしたいと思い，質問させていただきます。

ついこの間の砲撃事件以前のアメリカと韓国というのは，北朝鮮に対してどちらかというと融和的な姿勢をとっていたと思うんです。水路支援プロジェクトやら，太陽政策やら，かなり融和的な政策だったと思います。でも，結果的にはその政策が金正日を生き長らえさせてしまって，現在のような状況をつくってしまったと僕には見えるんです。

ここで，ハン先生に1つお聞きしたいと思います。本当のところ，韓国としては，北朝鮮に崩壊され，南に北朝鮮の難民が流れてきてしまっては困ると思ったりするのでしょうか。

それと，徐先生にもお聞きしたいのですけれども，北朝鮮が崩壊したとして，その難民が中国に流れてくるようなことを懸念していたりするのでしょうか。

少し過激な質問かもしれないと気後れしたのですが，よろしくお願いします。

司会 質問は1点でよろしいですか。仮に北朝鮮が崩壊した場合，韓国と中国に難民が押し寄せるのではないかという点ですね。

ほかに何かありますか。

松尾 法学部法律学科の松尾と申します。本日は興味深いお話をどうもあり

がとうございました。

　内田先生にお伺いしたい点が1つあります。内田先生のペーパーの8ページに，市民社会とNGOについて言及されていて，東アジアというのはNGOが少ない，人口のことを考慮すると東アジアにおける市民社会の育成と組織化がこれからの課題であるとおっしゃっているんですけれども，東アジアには民主的でない国，中国のように言論が統制されている国もありまして，そういう中でどういうふうに成熟した市民社会が形成できるのかという点についてお伺いしたいと思います。よろしくお願いします。

司会　ほかにフロアの方から何かないでしょうか。

　では，後で時間があったら質問を出していただきます。

　今，5名の討論者の方からたくさんの質問を出していただきましたが，これに答えるだけで1時間以上かかるのではないかと思います。私の方で質問の中身についてまとめるのはちょっと時間がかかってできませんので，5名の討論者の人とフロアから2名出ましたけれども，その質問についてお一人ずつ答えていただきます。

　まず滝田先生，お願いします。

滝田　斎藤先生の方から，衝突は避けたいということで，穏やかに答えられるかどうかわかりませんが答えさせていただきます。

　3点ぐらいあったと思います。かなり象徴的にアメリカは現状を維持したい。それから中国は現状を打破したい。ちょうど1920年代～1930年代の日本のように，ワシントン体制を打破したいと中国は思っているのではないか。

　それに対して中国は，サンフランシスコ体制の重要な一要素であるP5を維持しようとしているとおっしゃいました。でも，基本的にアメリカはステイタスクオ（status quo）を何とかキープしたい。

　それから，国際的な血液としての米ドルというものを，今はドル安に誘導

していますけれども，基本的には国際決済通貨として維持していきたい。それに対して中国は，すぐにはできないけれども，まず人民元をアジアの地域国際通貨にした上でということを考える。

もう1つは，すべてを変えようというのではなく，自国のパワーエリートが定義する国益を損ねないという前提で現状を打破したい。ですから，例えば日本がP5に入ってP8になるということは国益を損ねるということで，やはり認められない。むしろ，その意味では日本が現状打破ということになると思います。マクロ的に見ると，中国は打破しようとしていると考えざるを得ないと思います。

きょうは余り話が出なかったと思いますが，1992年の領海法，それから1997年の国防法によって，今問題になっている第一列島線，第二列島線という話が出てきているわけです。1つ大きな要因は，冷戦が崩壊して社会主義が中国共産党の権威を担保するものにならなくなった。それに代替するものとして，経済成長だと。そのためにどうするか。そこで，中国版の世界政策を展開しているかのように見える。そのためにはシーレーンの確保が重要ということで海洋権益の確保に乗り出す。これは明らかな現状打破の政策につながる。そのために合従連衡をやっているにすぎないと思います。

2番目は，「新帝国主義」を私が言っているのではなくて，そういう議論もありますということです。私のペーパーでは最近，例えば「大衝突」とか，「グローバル・トランスフォーメーション」，「パワーシフト」，ハンチントンは亡くなりましたけれども「文明の衝突」とか，こういう言葉の流れの中で100年前を彷彿とさせる帝国主義の時代。ちょうど第1次世界大戦に至るイギリスという現状維持勢力に対してドイツが打破しようとした，これは新海軍の建設，領土問題，メイド・イン・ジャーマニーの話を彷彿させるので，新帝国主義の時代という人も出てきているという指摘であります。

3番目に，「地政学」という言葉を使う必要があるのかどうか。「政治地理

学」という言葉を使う人もいます。それから，ブレジンスキーは「geo-strategy」という言葉を使う。やはり地理的な条件が，国家のあり方にかなりの影響を与えるということで使っているわけです。ですから，別に使わなくても処理できるかもしれないけれども，地理的条件ということは，要するに環境的な条件になります。

問題は，「地政学」という言葉を使うかどうかよりも，新興国家，例えば中印露の比較的若いパワーエリートたちが，自国の安全保障，国防を強化し，かつ経済成長を継続的に行うときにどういう国家運営をするかを考えると，彼らが地政学的な発想に依存しがちだということを，現状維持勢力は，意識すべきだということです。きょうの徐先生のお話を聞いていて，また参考文献にも，中国の研究者たちが地政学をかなり詳しく勉強しているということがわかったのも，その1つの例だろうと思います。

それから深町先生から，新興勢力というのは地政学的な発想が強い，しかし一方で，滝田は多国間主義だと。そうすると，新興国のパワーエリートたち，中国でいえば楊毅海軍少将とかは盛んにネットでは見ますけれども，第一列島線を打破するのだと。

余分なおしゃべりで申しわけないんですが，ちょっと誤解があるのは，難しいのが第一列島線と第二列島線なんです。これはものすごく複雑でよく理解されていなくて，メディアでも間違っていることがあるんですが，もともと第一列島線というのは，アメリカが共産圏を封じ込めるために設定したラインです。アチソンが1950年1月に口を滑らせて言って朝鮮半島を外していたので，金日成が侵攻したという説が神谷不二先生などから出されたということです。ですから，もともとはアメリカがコンテインメントするためのラインだったのです。

ところが今度は，1992年の領海法，1997年の国防法に象徴されるように，中国人民解放軍，とりわけ海軍がこれを取り戻し，第一列島線の内部は核心

的な利益だと捉え直したんです。そこを皆さんは理解していない。

　ですから，ネットで検索すると，第一列島線，第二列島線の地図が日本語でも英語でもたくさん出ているんですが，よくよく見ると，第一列島線というのは，アリューシャン列島から日本列島，沖縄，そして，その次の台湾海峡に入っている場合はアメリカが封じ込めるためのラインであって，台湾自体が中国側に行っているときには，中国が自らの権益，すなわち台湾を確保したならばすぐに太平洋に出られ，宮古水道を通って日本とぶつかる必要もないわけです。ですから，非常に confusing だということを指摘しておきたいのです。

　ちょっと脱線したんですが，そういう新興国の地政学的な発想が一方にあるんだけれども，そのままでいけば，場合によっては中国と日本の衝突に象徴されるようにぶつかりかねない。だから，それは多国間の枠組みに持ち込むことによって解決していくしかないだろう。

　ところが，さっき金先生が言われたと思いますけれども，中国は，領土問題は二国間でその他は多国間と使い分けるんです。それから，現状維持をした方がいいときには現状維持を言いながら，一方で現状打破のために多極化を望むと使い分けて，非常にトリッキーである。それが外交だろうと思いますけれども……。

　ですから，日本としては中国を多国間の枠組みにどう引っ張り込むかだろうと思います。それは外交力に頼るしかないということです。

司会　多国間の場合，例えば東アジア共同体の中で日本と中国との間のリーダーシップの争いがあるのではないかという点と，金先生からの，2050年の人口が一定なのに GDP が上がるというあたりを簡単にお願いします。

滝田　最近，今年9月の事件以来，私は妙な気分になっています。そういう多国間協調主義でということを主張していたのに，ああいう現実を突きつけられると，何かこう，失恋したような気分です。恋い焦がれていたのにひじ

鉄を食らったような，非常に嫌な気分になっている。

　今のは冗談ですけれども，東アジア共同体というのはあくまでもプロセスとしての共同体で，「亡国の東アジア共同体」なんていう議論が出てくるときの明確な枠組みを言っているのではなくプロセスを強調しているのです。私はレトリックとして使っているんですが，なかなかそこを理解されない。私がそれを言うと，すぐにEUみたいなものはできっこないと反論されます。そうではなくて，プロセスを言っています。何人かで書いた本がもうすぐ出ますけれども，グローバリズムの力を抑制しながら，不健全なナショナリズムを抑えるメソレベルにある抑止力（デタランス）としてのリージョナリズム——ということは，プロセスがプロセス・オリエンティッドで，それを当面「東アジア共同体」と呼んでいるだけです。

　それから，金先生の質問です。中国は一人っ子政策ですから，ただし，あなたのような朝鮮族である少数民族は一人っ子政策が適用されない。だから，2人のカップルが1人を生んでいたら，理論的にはどんどん減っていくわけですね。ところが，少数民族はそうではない。それから，中国ももしかしたらある一定程度，プロフェッショナルを入れていくかもしれない。ですから，それは減らない。

　それから，人口が増えないのに経済がというのは，生産力が上がるわけですから別にそれは直接関係ないわけです。中国は，電力は中国にやってこないのに，アメリカのスマートグリッドなどのような新しい送電線システムに投資しているというんです。なぜかというと，そこに使う機材を中国から輸出して使ってもらう。それから，そこで蓄えた金融資産をかつてのイギリスがやり，この間までのアメリカがやったように，今度はお金でお金を増やそうとするわけです。

　ですから，将来的には，2050年は恐らく金融国家になっていくのだろうと思います。

司会 どうもありがとうございました。

次に内田先生です。斎藤先生からは，開かれた地域主義とは何か。深町先生からは，アジア共通の価値観といいますか，利害なのか，価値なのかという点，そして佐藤先生からは，中央アジアにはASEANのようなまとまりのある地域協力体ができるのかどうかということ，また最後に学生の方からもありました。その辺をお願いいたします。

内田 お答えの前に，星野先生から最初，全員に対する1つの質問としてあったのは非常に重要な点だと思うんです。

今，例えばユーラシア，東アジア，またはアジア太平洋に限って見てもいろいろなネットワークがある。そういうものがこれからもっと収れんして統合されていくのか，それとも併存してそのまま続くのかというご指摘がありました。もちろん，これは時間を区切らないと言えないと思いますけれども，私は，少なくともこれから数十年の間は収れんすることはないだろうと思います。それぞれネットワークのオーナーシップがあり，自分たちの発言権を維持するために，それほど簡単に統合するようなことは多分ないだろうと考えます。

斎藤先生からの開かれた地域主義云々ということでは，「開かれた」というのと「地域主義」はある意味で矛盾するんです。要するに，あるものを排除するから初めてリージョナリズムというものができるわけです。例えば，EUの貿易は，かなりちゃんとしたリージョナリズムを持っている。だけれども，3分の1の貿易は域外です。やはりヨーロッパだけで生存することはできない。3分の1は世界に依存する。そういう意味での「開かれた」ということだろうと思います。

私がここでクエスチョンマークをつけたのは，東アジアまたはアジア太平洋地域にちゃんとしたリージョナリズムがないのに，オープン，オープンと言って，今は「開かれた」という形容詞が非常に注目されていて，本来のリー

ジョナリズムとは何かということが看過されているのではないかという印象を持っているということです。この点は金先生も指摘されたと思います。

それから，アジア共通の価値観や伝統が存在するのか。それから，利害とそういうふうな価値との関係ですけれども，あるガバナンスを構築するときにまず最初に来るのが，私は利害だと思います。それが公共財です。それが制度化に進んでいって，ある程度の経験のもとにやっと共通の価値観やアイデンティティが出てくるので，アイデンティティを先に求めるというのは，歴史を見れば本末転倒だろうと思います。お互いに戦争をして，要するに共通の経験というものがまずは必要で，それからだんだんとアイデンティティが出てくるんだろうと思います。

とはいえ，北東アジアにおいては欧米と違った一定の価値観がある。それは個人と集団です。片仮名で言うと，コミュニティのことを非常に重視する価値観，中国で今言っている和諧社会です。非常に調和のある社会というのはあまり個人中心の人権思想からは出てこない考え方で，そういうものはアジア地域からのいろんな歴史・伝統ということから，グローバリズムに対する貢献だろうと考えます。

佐藤先生の質問については全くわかりませんけれども，ASEANのようなモデルを中央アジアにつくり，域外から日本がそれをサポートするということは，僕はほとんど現実的ではないと思います。現在あるSAARCのオブザーバー・ステータスを利用してせいぜいそのメンバーと協力すると。日本の外務省は今，毎年400〜500万ドルを使って，特に知的交流，シンポジウム等をやって支えているといっても非常にモデストな協力体制だと思うし，外からというのはなかなか難しいだろうと思います。

もう1つ，学生からありましたが，NGO・市民社会の育成というのはこれからだと。では中国のような社会において，それをどういうふうに育成していくのかと，これはいい質問だと思います。市民社会が伸びるためには，

政治的な自由な空間がなければいけないわけですが，中国においてはその空間がまだまだ小さい。日本においても，1995年がNGO元年とか言っていて，まだ15年ぐらいしか歴史がない。それは別に政治の問題ではなく，市民の意識の問題ということもあると思います。でも，いかにして市民社会を育てていくのかというときには順序があります。

例えば，中国において環境団体というのは割と活発に活動できる。人権というと弾圧されるかもしれないけれども，環境問題とか貧困問題，特に都市に来た貧困者をサポートするNGOというのは中国でも行われている。だから，ある意味では機能的な，非政治的な分野から，市民活動は始まらないといけないのではないかという気がします。

多分これで，私に向けられた質問にはお答えしたと思います。

司会 どうもありがとうございました。

次に，シン先生の方からお答えをいただきたいと思います。

シン （通訳を使って話をさせていただきます。ご了承ください）

特に感銘を受けましたのは地政学に関する議論です。

私は頻繁に中国を訪問させていただきますが，地政学に関してそんなに大きな問題になっているということはございません。

ただ，地政学というものは，中国，インド両方において受け入れられていますけれども，本当に地政学という考え方を使うのがいいのかどうかに関しては疑念が出ております。

地政学というものは的を射た考え方であると言っている専門家の人たちはどういう言い方をしているかというと，これまで人の生活は土の上で行われてきたが，今や人の生活のありようが変わってきて，海の上の方へ動いたり，サイバースペース，あるいはアウタースペース（宇宙）へ動いてきているということです。

したがって，人間の生活に対して理解の仕方も変えていかなければいけな

い。

　アメリカという国を，私どもは隣国という言い方をするわけですが，それはアメリカという国が，唯一海洋を支配している国だからです。

　なぜかというと，全世界で飛んでいる軍事用の 200 ある衛星のうちの 110 という，かなりの部分をアメリカが支配している。そして，サイバースペースの 40% はアメリカが支配しているということです。

　したがって，アメリカは依然として極めて強力な国として支配権を持っている。

　こういうようなサイバースペースへの支配が高まってくる中で，「地政学」，「地」というものが入った言葉から動かなくてはいけない，少し考え方を変えなくてはいけないのではないかというものが出てきています。

　そういうところから，スパイクマンを初めとしていろいろな人たちの話が出て，沿岸地域の都市という話が出てきます。

　すなわち，これまでハートランドの方で多くのことが支配され，決まっていたものが，ますます海洋地域の方に移ってきている。国際関係もそういったところで決まってくるであろうということで，沿岸地域の話に考え方が移ってきたわけです。

　そうした背景を踏まえて，斎藤先生の方から賜りました 2 つの質問にお答えをさせていただきます。

　1 点目は，1962 年の中印の国境紛争の問題は解決を見たのかどうかという質問です。

　過去 30 年間，インドと中国はこの問題にいわば封印をしてきたと申しますか，痛みどめを飲むことによってこの問題を抑えてきましたが，鎮静剤を打って痛みをとめる状況が少し長く続き過ぎたのかもしれませんけれども，中国，インドともに国境の紛争があったことは十分認識しております。しかしながら，そのことから両国の対立に至ってはいけないと考えているわけで

す。
　国境紛争が両国の発展を脱線させてしまうようなことがあってはいけない，そういうことをしている余裕はないというのが中印の考え方だと思います。
　2点目に，斎藤先生から賜りました質問は，カースト制度について問題は解決しているのかということでした。
　石田さん，湧さんが私どもの大学で長い時間を過ごされ，この問題にも取り組まれましたけれども，非常に答えるのが難しい問題です。
　カーストの発祥は随分大昔に遡り，当時はその人が社会でどういう機能を果たしているかに応じて分けるということで，いわば経済的な区分分けだったわけです。
　これが中世に至りまして，カーストが文化のカテゴリーに変わったという，これは好ましくない事態への展開でありました。
　そして，今や近代を迎えておりますけれども，インドでは民主主義が進んだことによって，カーストというのは政治的な枠組み，政治的な分類に変わりました。
　したがって，選挙があるときにはだれに投票するかということでカーストの持つ政治的な意味合いは非常に重要ですが，社会的・文化的な意味合いとしては，カーストはその重要性を薄めてきております。
　それから，今や経済的にはカースト制度は存在しなくなったと申し上げてよろしいかと思います。
　カーストは今も完全になくなったわけではありませんで，存在はします。ただ，都市や教育のある人たちの間ではカーストはそれほど重要ではございません。逆に田舎の方，農村地帯や，あまり教育のない貧しい地域に行きますと，カーストは依然として重要であります。
　それから，深町先生から非常に重要な質問をいただきました。

中国とインドは 1 つになるかという話で，もし 1 つになったら，ASEAN にとっても，アメリカ，日本にとっても大問題ではないかということでした。

中国とインドははっきり違う国ですし，文明的，文化的，言語，政治のありようも違うということで，もし両国が合併するとすれば政略結婚以外にはあり得ないわけですけれども，この両者が併合することは決してないと思っています。

今，両者とも経済成長を第一義的に考えております。そして，国を発展させる革命のようなチャンスが来ているということです。もちろん相互の理解が不十分であるがゆえに，国と国との間に問題が発生することはあり得ないとは言えません。

インドは特に，ここ 5 年間，アメリカとの関係を非常に重視してきましたので，その結果，対中関係がややおろそかになって衝突を生じる，お互いにいらいらする状況がありました。これも少し状況が変わってきて，先月などもかなりの数の会議が行われております。

しかしながら，合併をすることはないだろうと思っています。

上海の新聞に記事がありましたけれども，これはあくまでも経済的に協力し合ってやっていくという意味であって，中国とインドが 1 つになるという意味で申し上げているわけではございません。(一応，参考までに申し上げますと，これは通訳の訳し方が悪かったので誤解を生じてしまって申しわけないですけれども)，SAARC と SCO の合併という意味で，中国とインドが 1 つになるという意味で質問したのではないというご指摘が，深町先生からございました。それに関しても，なおかつ SAARC と SCO が 1 つになることはあり得ないのではないかと思います。

お互いに自分の組織に自信を持っておりますので，中国としては SCO と SAARC を一緒にするようなことは受け入れないと考えるでしょうし，インドは SCO のメンバーにもなっておりませんので，両者が 1 つになるという

ことはないと私は思っております。
　ご指摘をいただきまして，正しい答えをすることができて喜んでおります。
　そして，佐藤先生からの質問について，確かに渡辺元大臣といった人たちがユーラシアに特に力を入れたことは，私も同じ見方をしております。そして，対外的な圧力に対する対応として日本の政策が変わってきたのではないかと見ております。
　あくまでも個人的な見解ですけれども，日本はやはり中核となる本来の強みを生かしていくべきだと思っていますし，そうしていただければありがたいと思っています。
　例えばODAがそうであり，日本のODAといった場合，きちんと透明性を確保するという形でのODAです。
　それに対して中国のODAは，一切質問をしないという形のODAのありようになっていますが，やはり国際的な基準に合った形，透明性のある形での国際関係を確保するというODAが必要だと思いますので，日本は引き続き，現在のODAの立場を堅持していただきたいと思っております。
　それから，1990年代の民主主義の話が出ました。
　例えば台湾，韓国もそうですけれども，日本が諸外国にいろいろな支援をすることによって非常に民主主義が発展したということです。中国も同じように民主主義化の方に向かうのではないかと，当時はみんな見ておりました。
　いずれにせよ，民主主義というのは全世界で受け入れられている考え方ですので，日本は引き続きユーラシア，中央アジアの民主化にご努力をいただきたいと思っております。
　そして，このことが金先生から出てきた質問と結びついているわけですが，北朝鮮，パキスタン，イランといったところは，アジアの北の方や南の

方にありますが，非常に孤立している国であり，こういった国々も支援を必要としているということです。

最後に，ダライ・ラマと中国，インドの関係で質問をいただきました。

私どもは，インドが民主主義国であるということを中国の友人の方々にもぜひご理解いただきたいと思っております。そして，ダライ・ラマは非常に優れた宗教の指導者で，彼を信奉する人もたくさんおります。

ただ，私どもはダライ・ラマを亡命させていますが，このような形でチベットの人たちが我が国に入ってくることは決して正しいことではないと思っていますし，インド政府の公式の立場としても，チベットの指導者，あるいはチベットの人たちが政治的な理由でインドを使うことは好ましくないと考えております。

1988年以降，私どもは難民の方々もチベットに帰れるように何度も取り組みをしてきました。私自身もダライ・ラマがいるところと同じ省の出身ですけれども，今，チベットの難民はインド社会に同化していますので，このことが大きな政治的勢力になったりすることはもちろんないと思っております。ただ，申し上げたいのは，中国にとってダライ・ラマと話をする時間はだんだん少なくなってきたと思います。中国が早くダライ・ラマと話をして，この問題の解決をしてくれればと願っております。

この問題を解決することが，中国が近隣諸国から，そして国際社会から尊敬をかち得る方法だと思っております。繰り返しになりますけれども，インドにいるチベットの難民の方々，あるいはダライ・ラマもそうですけれども，難民というのは決して幸せな人たちではございません。インドにいるべきではなく，やはりチベットにお帰りいただくのが筋だと思っております。

司会 シン先生，どうもありがとうございました。

それでは，ハン・ヨンスプ先生，お願いします。

ハン 私には4つの質問が寄せられましたが，まず，佐藤先生からの質問に

答えさせていただきます。

　佐藤先生が，韓国の方が日本よりも良いというふうなことをおっしゃっていましたけれども，決して真実ではないと思います。

　ただ，2つの例外があり，その点において，韓国は日本よりも，あるいは優れているかもしれません。

　それはゴールドメダルの数です。アジア大会と冬のオリンピック大会で，韓国はゴールドメダルの数で日本に勝りました。特に冬のオリンピックにおいては，金妍兒（キム・ヨナ）選手の活躍があったことが大きく寄与しております。

　2番目の点は，実は，韓国政府に対しての信任が韓国国民から十分にないという現状があります。韓国政府を信頼している人の数は，日本人が日本政府を信頼している数に比べれば少ないのが現状です。

　例えば先般，天安号の魚雷攻撃事件がありましたけれども，多くの韓国国民が，これは北朝鮮によって行われた攻撃ではないとすら信じております。

　まず，中国の北朝鮮に対する政策ですけれども，朝鮮半島の統一に対し，中国は悲観的な反応や行動をしてくるのではないかという意見を述べられた方がお二方ほどいらっしゃいました。そして，中国はこれまでの北朝鮮に対する投資などの問題もありますので，便益を守るためにも北朝鮮が崩壊してしまう前に当然介入してくるであろうというご意見があったと思いますし，これに関しては私も全く同感であります。

　しかし，中国の北朝鮮に対する政策は，北朝鮮が行った2回目の核実験までは一貫した方向を向いておりました。その1カ月後に金正日の息子，金正恩への権力の移譲という問題が出てきて，先般の事件を起こしたわけです。これに対して，中国が北朝鮮を支持するという表明をしました。

　これは当然，北朝鮮が崩壊してしまうと非常に大きな懸念事項になるといった背景がありますし，北朝鮮の国内の事情もあったということです。

どうして北朝鮮がそのように大胆な行動に出てしまったのか。そしてまた，その大胆な行動に対して，なぜ中国が非常に大胆に北朝鮮をサポートしたのかということに対して，やはり分析を加えていく必要があると思います。

まず第1に，アメリカと中国との間の関係を見ていきたいと思います。アメリカはこれに先立ち，中国との間でＧ２対話を持って，経済問題，あるいは安全保障上の戦略的な問題について話し合おうという提案を行っております。

私もこのときに個人的に国務省に対して書簡を送っておりまして，半島や北東アジアの安全保障の問題について話をするのであれば，Ｇ２ではなくて日本を含めたＧ３の形での対話をしなくてはいけないと提案いたしました。もし，仮に日本を除外した形でＧ２の対話のセッションを持ってしまうと，中国を北東アジアにおいての戦略的なパートナーとして重要視するというメッセージを送ってしまうことにもなるという書簡を送っております。

第2に，オバマ政権は現在，核のない世界，非核化を目指しており，実際にアメリカにおいても核兵力の削減を図っていますので，決して北朝鮮の核化というものは望ましい状況にはなっておりません。

ただ，国連の安全保障理事会において，中国が核不拡散条約に調印しましたけれども，このときに何らかの外交カードが切られたのではないかと思います。その結果，中国としても韓国や日本の核の保有に関して非常にセンシティブなリアクションを示すようになってきているのではないかと考えております。

中国政府は，北朝鮮に関しては，長期的な国益よりも短期的な国益を重視しております。そして，中国政府や中国の指導部は非常に近視眼的な考え方をしておりますので，何らかの形でマルチラテラルなフォーラムを醸成し，中国指導部に対しての影響を与えていく必要があります。そして，多国間で

協力した関係を持ち，長期的な視野で北朝鮮問題を捉えていく必要があろうかと思われます。

　学生の方から，北朝鮮に対する太陽政策，融和政策が，今回の北朝鮮の軍事的な挑発行為に結びついたのではないかという質問がありましたが，決してそうではなかったと思います。ただ，韓国から北朝鮮に対しての経済支援に関しては，韓国は経済支援を強めれば強めるほど北朝鮮がよい子になると想定していたわけですけれども，結果としてそうならなかったという事実があります。そして，6カ国協議はマルチラテラルなフォーラムの一つではないかと思われますが，これまでのところ，6カ国協議を通して何ら有形の結果，あるいは帰結を見ることができておりません。

　次にこの会合を開催するならば，今の代表メンバーではなく，外務大臣のレベルに代表を格上げする必要があろうと思います。また，会合に出席する前に，アメリカ・日本・韓国は事前に共同し，中国，あるいは北朝鮮に対して，考え方や意識の変化を促すような努力を行っていかなくてはならないと思います。

　そうすれば6カ国協議も成功し，効率的に行われるだろうと考えます。

司会　ハン先生，どうもありがとうございました。

　次に，徐先生，お願いします。

徐　ただいま先生たちが，私の報告にいろいろ質問を提出されました。

　斎藤教授は1ページのペーパーで，私に3つの意見を提出されました。ありがとうございました。

　これらの質問は，私の研究テーマを考えるためにとても有益です。

　以下，私はできるだけ簡単に答えます。（私の思想を自由に発表するため，張先生に通訳になってもらい，以下は中国語で話します）

　2つの方面からご報告いたします。

　1つ目はマクロの面から，私の研究課題と関係のあることからお答えしま

す。

　第1点は，何人かの先生がご指摘なさった今回の会議のテーマ，「秩序」の問題についてです。

　秩序に関しては「現状維持」と「現状打破」という2つの言い方が出ていますが，私はこの秩序についての考察は非常に重要なことだと思います。ある時間帯においては，この秩序を打破することも考えられますが，それはまだ絶対的なことではありません。

　例えば，アメリカは現状維持派，サンフランシスコ体制を維持していると言いますけれども，中国は経済が発展してきて，この現状を打破しようとしています。このことをもっとマクロ的な視点から見ると，全体的にそうだとは言えません。歴史的に考えますと，中国は，以前は現状維持派でもあったのです。

　私の考察によりますと，中国は1000年以上の間，秩序に対して平和的，発展的な考え方でやってきました。中国の文明は5000年の歴史があるのですが，そのほとんどの間で，韓国との関係は平和的な共存関係だと言えます。

　中国と日本との間でも同じですが，その歴史の中では非常にすばらしい時代もあったのです。例えば，遣隋使，遣唐使のことがありますし，それから今，世界中で中国と日本という2つの国だけが漢字を使っています。こういう点からいいますと，中国はやはり東アジアにおける現状を維持したいという考え方を持っています。

　第2点は，今回の会議でよく使われるキーワード，「地政学」という言葉の使い方や考え方について述べさせていただきます。

　この言葉は，今回の会議の主題に関わっているキーワードだと思います。

　私が個人的に思うのは，「地政学」という言葉は非常に重要だと思います。ここまでの私の研究，あるいはほかの先生方の研究を見ますと，中国の学会では結構たくさんの人が「地政学」という概念を使っていますし，たくさん

の研究成果もあります。

　歴史的に考えますと，地理的，地政的な面から東アジアにおける政治的な関係が決められています。

　もし，北の方面に向かっての線上の交流，朝鮮半島を通して日本へ流れてくるこのような交流がなければ，北への交流の道がなかったと思いますし，南の方も同じです。台湾，琉球，それから日本へ，このような流れを通して関係ができました。

　私の考察によりますと，琉球においてはかつて大航海時代という時代がありました。この時代は主に海洋貿易をしていたんですが，このときの地理的な関係とかかわっています。

　現在の東アジアの国際関係を検討する場合には，このような地理的，地政的なことを考えなければなりません。なぜ，現在は東アジア共同体という概念を出しているかというのは，やはりこのような地政学，地理的なことがあったからだと思います。

　アメリカの学者が出した「文明の衝突」に関しては，むしろ地政学的に考えればよりよい答えが出せるのではないかと私は思います。

　第3点ですけれども，今回の会議は，主に現状における国際関係について割と多く討論されていますが，大体はサンフランシスコ体制以後，現在までの国際関係についてのことです。

　個人的な考え方ですけれども，もう少し縦方向から，歴史的な方からもっと深く考えることもできるのではないかと思います。特に，数千年来の東アジアにおける政治的，文化的な関係と併せて一緒に考えるべきではないかと思います。

　東アジアにおける国際関係のもう1つの概念は，政治文化ということです。数千年来の歴史を縦の方向から考察することと，戦後の現状に関する横の方向から観察すること，そして両方のラインを併せて考えると，より深く

これらの問題について研究できるのではないかと思います。

以上はマクロ的なことについての答えですけれども，次はもうちょっと小さいことについて……。

司会 途中で申しわけないんですけれども，予定の時間を大幅にオーバーしておりますので，ミクロ的な観点からの答えは簡潔にお願いいたします。

徐 第1点は，オバマの覇権の問題です。

1940年代のスパイクマンやマッカーサーたちの考え方は，軍事力を強調していました。

オバマとヒラリーは，東アジアにおいて緊張が高まった際に，やはり軍事力を非常に強調していることは同じだと思います。オバマのこのような軍事第一主義的な考え方は，東アジアの問題において，むしろ火に油を注ぐようなことではないかと思います。

次に，簡単に言いますと，中国沿岸都市ベルトは確かに変化するプロセスがありました。この変化に対しては軍事的なのか，それとも平和的なのか，確かに問題があります。

これは海軍の戦略，軍事政策の問題に関わっていますので，私が答えられることではありません。私が学問的に考察してみますと，やはりこの都市ベルトは経済的な成果だと思います。

80％の経済力と60％の人口，そして皆，この沿岸都市ベルトに住んでいます。

このような状況のもとでもし戦争が起こったら，まず中国人自身が損をしてしまうのではないかと思います。だからこそ，中国は，絶対こういうところで軍事力を発揮することはないと思います。

また，全然防衛力がなければ問題があると思います。中江兆民の考え方とか石橋湛山の考え方は，やはり大事だと思います。

以上です。（拍手）

司会　どうもありがとうございました。

　時間が40分以上過ぎておりますので，ほかに質問されたい方がたくさんおられると思いますけれども，これで終わらせていただきます。

　どうもありがとうございました。（拍手）

　それでは最後に，齋藤先生に閉会のご挨拶をお願いいたします。

齋藤　ご紹介いただきました理工学研究所の齋藤でございます。

　滝田先生を研究代表とする第23回学術シンポジウム「21世紀ユーラシアの地政学」の閉会挨拶という大役を仰せつかりました。多分，これは日頃お世話になっております政策文化総合研究所所長の佐藤先生，あるいは，本日司会をご担当されております武山先生のご配慮によるものと考えております。

　このような場に理工学研究所の人間が来たということでちょっと違和感がある方もいらっしゃるかと思いますが，きょうのシンポジウムのタイトルにございます「地政学」は「geopolitics」という言葉で表現されております。そもそもの接頭語であります「geo」という部分は「地球」とか「土地」という意味を持っており，「geo」のつく言葉には，先ほどから出ていますように「geography」，あるいは我々が非常に親しんでおります「geology」と，いろんな形の中で我々の周辺に数多くある言葉の一つになっております。

　実は，私の専門分野は地盤工学，あるいは地盤力学という分野で，英語で表現すると「geomechanics」，あるいは「geotechnical engineering」という表現がなされております。非常にささやかな分野ですけれども，「geo」のついた分野ということで何らかの親しみを感じているというのが，きょうの1つの接点です。

　先ほどシン先生から，「地政学」の「地」は本来の意味から離れるという，その必然性のようなことが指摘されておりました。しかしながらその一方で，私は勝手に考えますと，環境という問題からすると，むしろ問題の根本

が「地」により戻されるような一面を間違いなく持っているのではないかと考えます。土地，地盤の持つ意味というのは，土地の生産性であるとか，文化，伝統，あるいは歴史，人間そのものの営みに強い影響を与えると考えることができます。

今日の大学は研究の学際化とか総合化ということを言われていますが，要するに，我々はこういうような21世紀の社会に応えることが要請されているわけです。

この度開催された第23回学術シンポジウムは，複雑化・多様化している現代社会に的確に対応するために，政策文化総合研究所を筆頭に，社研，人文研，あるいは企業研，経済研の方々が垣根を超えて運用の総合化，あるいは柔軟化をもって，内外の組織とも連携した形で，きょうが実現していると考えるわけです。

私どもの理工学研究所も同じような視点から，学内外の研究組織，機関，企業と多様に連携するために，まず1つは研究インフラの確立を考えております。来年の半ばには間違いなく設立され，本格的な運用と研究活動が展開される予定になっております。そういう意味で，多摩におけるこれまでの多くの研究の実績と我々の研究とを融合させ，分野を横断する新たな研究文化の創出に邁進できればと考えているところです。

その場合の1つの試みは，これは私のアイデアではなくて加藤副学長のものですけれども，これからの中央大学を担う役割，つまり人材育成や研究開発に対して，改めてacademic social responsibilityを研究所間の共同研究のテーマとして取り上げられないかということを申し上げたいと思います。研究所が中央大学の知的創造の先端に立つことを痛感しております。

最後になりますが，興味深く，示唆に富んだご講演を賜りましたジャワハルラル・ネルー大学のスワラン・シン教授，韓国国防大学のハン・ヨンスプ教授並びに北京大学の徐勇教授に心から御礼申し上げますとともに，ますま

すのご活躍とご発展をお祈り申し上げます。

　そして，本シンポジウムのテーマ「21世紀ユーラシアの地政学」が共同研究として今後も先進性高く展開されますことを祈念し，閉会の挨拶とさせていただきます。

　本日は，地政学の重要性，おもしろさに接することができました。

　本当にありがとうございました。（拍手）

司会　それでは，改めてきょうの講演者と討論者，通訳をされたお二方に拍手をお願いいたします。（拍手）

　長時間つき合っていただきましたフロアの方にも拍手をお願いします。（拍手）

― 了 ―

《資料2》

中韓関係の展望とインプリケーション

韓国国防大学教授

ハン・ヨンスプ

　本日のシンポジウムにお招きいただきまして，副学長の椎橋先生，また研究代表でいらっしゃいます滝田先生にまず最初に，御礼を申し上げます。

　本日，私は，韓国・中国の関係の展望と今後の意味合い，台頭する中国に対して変わる中韓関係という題目でお話を進めさせていただきます。

　まず，朝鮮半島の地政学的な情勢を見ていきますと，2つの国を取り巻く形で非常に激しい対立が周辺各国の間で存在していました。冷戦中は朝鮮半島を取り巻く各国，大国が2つのブロックに分かれたと言っても過言ではありません。1つは，アメリカ・日本・韓国を中心とする南の三角形，もう1つはソ連・中国・北朝鮮を中心とする北の三角形です。そして，冷戦の終結とともに北方の三角形が崩壊し，南のトライアングルが存続し，繁栄し続けたという事実があります。

　また，旧ソ連の崩壊により，2つの三角形の均衡は破られてしまいました。

　南方の三角形はその後も繁栄し続けたわけですけれども，同時に，朝鮮半島においても韓国が北朝鮮に対して優勢になるという情勢が出現しました。

　その後，北朝鮮と中華人民共和国との間には非常に強い結びつきが生まれ，北朝鮮は自国の経済を犠牲にして先軍政治を強いたことによって核武装もし，自国を存続させようとしております。そういった事柄があるゆえに，

北朝鮮の平和と安定という観点からは非常に脆弱な状態が出現しています。そして，最近の朝鮮半島における事件などもあって，ますます朝鮮半島における不安定要因が高まってきております。

それから，最近の平壌政府の軍事的な挑発行為から朝鮮半島におけるパワーゲームの性質が，半島内における対立から，今度はアメリカと中国との国際的な対立という様相を示すようになりました。これは北東アジアにおいて，そのような様相が醸し出されてきたということであります。その結果，米韓の軍事合同演習が実現したわけです。

この間，中国は，果たしてアメリカに対して北東アジアにおいての対抗する勢力となるのか否かということが議論されてきております。

したがって，まず長期的な観点から台頭してきている中国を前提に，アメリカと中国との関係について考察をし，その後，最近の朝鮮半島における2つの事件を取り扱い，韓国と中国との長期的な関係にどのような影響を与えていくのか考察を進めていきたいと思います。

こういった中国の台頭から予測できる四つのシナリオを，私の方からご紹介します。

まず1つは，北東アジアにおいて中国が米国に対抗し，revisionist（修正主義）の勢力となり得るのか，あるいは拡大主義の戦略を進んでいくのか，そして，いずれはアメリカに戦争を仕掛けて覇権国となろうとするのかというシナリオであります。

今申し上げた第1のシナリオは，恐らく実現する可能性は非常に低いだろうと思いますけれども，安全保障に関する専門家の間では，台頭する中国の影響力に対して非常に大きな懸念を持っております。

特に，哨戒艇の天安号に対する北朝鮮の魚雷攻撃がありましたけれども，これに関して中国は北朝鮮を支持したということがあります。それから，最近では延坪島に対する砲撃事件がありましたけれども，これに関しても北朝

鮮の支持を表明しております。

また、日本に対しても、先般の尖閣諸島事件において、やはり外交的に高圧的な政策をとってきたということで、大きな懸念を表明しております。

それから、想定される2番目のシナリオ、これは滝田先生の方から指摘があったかもしれませんけれども、アメリカの覇権というものが21世紀中頃まで続くのではないか――というのは、現在、唯一の軍事的な勢力を持ち得る覇権国はアメリカであって、中国はそういった競争力は、少なくとも2050年までは持ち得ないであろうという推定です。

3番目のシナリオは、こういったことを背景にし、世界の覇権が中国とアメリカとの間で二分されるのではないかということです。特に、北東アジアにおいてはそのような形をとるのではないか。

なぜならば、アメリカの軍事力というのは、どうしてもアフガニスタン、イラク、イランに割かなければならず、北東アジアにおいて割く力、余力がないからであります。

そうすると、中国は人民解放軍の力も背景にして、北東アジア地域においての軍事的な影響力を増していくであろうと考えられます。

4番目のシナリオは、多極化した世界に世界の情勢が移行していくのではないかということです。

つまり、パワーセンターが、アメリカ、EU、中国、日本、インド、ブラジルなどを含めた形で分散されるのではないかということになります。アジアにおいては、台頭する中国が経済力も増し、また人口動態的にも増加していき、勢力が増していくことにもなります。

今、申し上げた4つのシナリオのうち、2020年から2030年の間にどのシナリオが実現するのかということに関して、私の個人的な見方では3番目のシナリオだと考えております。つまり北東アジア地域においては、恐らく中国とアメリカによって覇権が二分割されるのではないかと考えております。

次に，韓国と中国の関係を考察してみたいと思います。

第1に韓国と中国の経済関係ですけれども，2007年に，対中貿易が実に1,600億ドルの域に達しました。これは韓国の海外貿易の20%を占めるものになっているわけです。そしてまた，韓国は中国の第1の貿易相手国となっております。このような形で，中国と韓国との経済的な相互依存の関係は深まってきております。

しかしながら，そういったことを背景にして，韓国の安全保障の専門家の間には徐々に懸念が高まってきております。それは，中国がこういった経済的なカードを，今度は北東アジア地域において軍事的な影響力を増すために利用するのではないかという懸念であります。

第2のファクターは，北東地域におけるパワーバランスの変化についてお話ししたいと思います。ここでは，どうしても北朝鮮のファクターというものを除いて語ることはできません。

最近，北朝鮮の軍事的な挑発行為が，核武装，あるいは核兵器の開発に成功したことによってますます強まってきたという観測がされております。そしてまた，最近の金正日総書記から息子の金正恩への政権移譲の問題がありますけれども，やはりまだ軍事的な実績がない，あるいは軍事上政治的な実績がないということで，今後，こういった軍事的な実績を積んでいかなくてはいけないという背景が国内的にもあります。

それでは，なぜこんなに北朝鮮が軍事的な挑発行為に走るのであろうかということですけれども，天安号事件のすぐ後に延坪島の砲撃事件などを起こしております。

まず第1に考えられるのは，金正日総書記の健康問題が非常に深刻なので，政権の移譲を加速させていかなくてはいけないという事情があろうかと思われます。

第2に，やはり息子の金正恩氏が非常に若いので，リーダーとしての資格

にまだ欠けるという事情があり，政治的な実績を積んでいかざるを得ないということがあります。

第3に，中国の金ファミリーに対する強力な支持を背景に，経済的な支援，あるいは政治的なパトロンシップなどを中国は金ファミリーに対して提供しているわけですけれども，そういった要因を背景に，非常に大胆になって，こういった軍事的な攻撃を仕掛けてきたという側面があろうかと思います。というのも，朝鮮半島において北朝鮮というのは，今全く失うものがないので，こういったパワーバランスの崩壊をねらって，できるだけそこから便益を享受したいというもくろみも背景にあります。

最後にもう1点，今度は長期的に見た中国の戦略という観点から，韓国とアメリカの関係を考察してみたいと思います。

中国が台頭してくることにより，中国の軍事力の増大に対して，アメリカのストラテジストが大きな懸念を持ち始めております。特にワシントンでは，北東アジア地域において軍事的なプレゼンスを高めようという試みをしております。その結果，米韓，日米との間の軍事的な結びつきを強めていこうという戦略をとろうとしております。

これは2国間においてもそうですし，グローバルな枠組みの中においても，その結びつきを強めていこうという傾向が見られます。このような形から，台頭する中国によって将来引き起こされるであろう不安定要因を防いでいきたいというのがねらいです。また当然，そのほかにもイラン，北朝鮮などの問題も制御したい，あるいは囲い込んでいきたいというもくろみがあります。

最後のファクターとして，中国の長期的な戦略という観点からお話ししたいのが，中国そのものについてであります。

韓国の天安号に対して北朝鮮の魚雷攻撃がありましたけれども，このときに中国はそういった事実を認識しようとはしませんでした。韓国，アメリカ，

そのほかの国際社会は，この事件に対して中国が責任ある役割を果たしてくれるだろうと期待したわけですけれども，そういったことは実際には起きませんでした。

ちょっとここでジョークを申し上げたいのは，現在，北朝鮮で一番尊敬されているアメリカ人というのはジョージ・ワシントンであります。これはなぜかというと，ドル紙幣にジョージ・ワシントンが印刷されているからです。反対に，中国で一番嫌われているのが，まさにそのジョージ・ワシントン（原子力空母）でありまして，これは黄海上で行われている韓米の共同軍事演習がきっかけになっております。

そのほかにも，中国は，北朝鮮の朝鮮半島における事件に対してとってきた根拠がいろいろあるわけです。また，アメリカの航空母艦ジョージ・ワシントンの軍事演習参加に対してなぜ反対をするのかということに関していろいろな理由がありますが，時間の制約もありますので，そこには踏み入らないで先に進めたいと思います。

いずれにしろ，中国は，長期的な安全保障上のゴールを表明してきませんでした。

しかしながら，今回，アメリカの海軍力のプレゼンスを非常に嫌っていますので，長期的な意図を，まさにここで垣間見ることができるのではないかと思います。ですので，アメリカの共同軍事演習に参加することに反対している中国の行為そのものには，何らかの長期的な戦略的意味があるのではないかと考えることができます。

それでは，時間の制約もあるので私の話をまとめさせていただきます。

中国の長期的な安全保障上の戦略を考えていった場合，決して修正主義に走ることはないであろうと思われます。北東アジア地域において，安全と安定を望むためには，協力的なパートナーとしての存在を目指すのではないかと考えられます。そして，協力的なパートナーになり得るためには，まず第

1に，韓国と北京との間でより緊密な対話をしていくべきだと思います。

これまで安全保障，あるいは軍事問題に関しての対話ははばかられてきましたし，中国が韓国とそういったテーマについて語ることも今まではありませんでしたが，こういったことは避けて通ることができません。また，北朝鮮が引き起こしているさまざまな問題に対して，韓国，中国，アメリカが共同して取り組み，問題解決に当たっていく必要があるかと思います。

そして，かつての冷戦時代の古い考え方でなく，新たな同一性を持った形の考え方，あるいは新しい思考を踏襲し，さまざまな問題の解決に当たっていかなくてはなりません。また，北朝鮮に対しては，国際社会の期待に沿った形で，中国も明確に意思を表明していかなくてはならないと思われます。

そして，長期的な安全保障の戦略に関しては，ワシントン，ソウル，東京の3者が共同で考え，模索していかなくてはなりません。そして，中国も，さらにそういった中で自己の力を発揮していくことが必要であろうかと思われます。

執筆者・訳者紹介（執筆順）

滝田　賢治	政策文化総合研究所研究員，中央大学法学部教授
Swaran　Singh	ジャワハルラル・ネルー大学教授（インド）
溜　和敏	政策文化総合研究所準研究員，中央大学大学院法学研究科博士課程後期課程（インド　ジャワハルラル・ネルー大学大学院博士中期課程修了）
趙　全勝	アメリカン大学教授（アメリカ）
杜崎　群傑	政策文化総合研究所準研究員，中央大学大学院法学研究科博士課程後期課程
徐　勇	北京大学教授（中国）
張　玉萍	東京大学教養学部非常勤講師
深町　英夫	政策文化総合研究所研究員，中央大学経済学部教授
内田　孟男	政策文化総合研究所客員研究員，元中央大学経済学部教授
塩見　英治	政策文化総合研究所研究員，中央大学経済学部教授
高橋　由明	企業研究所研究員，中央大学商学部教授
星野　智	政策文化総合研究所研究員，中央大学法学部教授
Sadi　ÇAYCI	バシュケント大学准教授（トルコ）
今井　宏平	政策文化総合研究所準研究員，中央大学大学院法学研究科博士課程後期課程（トルコ　中東工科大学 Ph. D）
斎藤　道彦	政策文化総合研究所研究員，中央大学経済学部教授

21世紀東ユーラシアの地政学
中央大学学術シンポジウム研究叢書　8

2012年3月30日　初版第1刷発行

編著者　　滝　田　賢　治
発行者　　吉　田　亮　二

発行所　　中　央　大　学　出　版　部
〒192-0393　東京都八王子市東中野742-1
電話 042（674）2351　FAX 042（674）2354
http://www2.chuo-u.ac.jp/up/

Ⓒ　2012　　　　　　　　　　　　　電算印刷(株)

ISBN 978-4-8057-6180-9